高等职业教育"十三五"规划教材

电子商务专业系列

网络支付

主　编◎马玉洪

副主编◎王　谦　明宗超

WANGLUO ZHIFU

1元加入读者圈

免费看本书课件

北京师范大学出版集团
BEIJING NORMAL UNIVERSITY PUBLISHING GROUP
北京师范大学出版社

图书在版编目（CIP）数据

网络支付 / 马玉洪主编. -- 2 版. -- 北京 ：北京师范大学出版社，2018.4

高等职业教育"十三五"规划教材. 电子商务专业系列

ISBN 978-7-303-23506-3

Ⅰ．①网… Ⅱ．①马… Ⅲ．①电子商务－支付方式－高等职业教育－教材 Ⅳ．①F713.361.3

中国版本图书馆 CIP 数据核字(2018)第 025660 号

营 销 中 心 电 话	010-62978190　62979006
北师大出版社科技与经管分社	www.jswsbook.com
电 子 信 箱	jswsbook@163.com

出版发行：北京师范大学出版社 www.bnup.com
　　　　　北京市海淀区新街口外大街 19 号
　　　　　邮政编码：100875
印　　刷：三河市东兴印刷有限公司
经　　销：全国新华书店
开　　本：787 mm×1092 mm　　1/16
印　　张：14
字　　数：219 千字
版　　次：2018 年 4 月第 2 版
印　　次：2018 年 4 月第 2 次印刷
定　　价：33.80 元

策划编辑：周光明 张自然	责任编辑：周光明 张自然
美术编辑：刘　超	装帧设计：华鲁印联
责任校对：李　菡	责任印制：李 啸 赵非非

版权所有　侵权必究

反盗版、侵权举报电话：010－62978190
北京读者服务部电话：010－62979006－8021
外埠邮购电话：010－62978190
本书如有印装质量问题，请与印制管理部联系调换。
印制管理部电话：010－62979006－8006

前　言

近年来随着信息技术的广泛应用，电子商务出现了强劲的发展势头。但是，电子商务的发展还有很多亟待解决的难题。其中支付问题就是电子商务发展的瓶颈。编写本教材旨在培养一批电子商务支付的高技能型人才，促进我国电子商务的发展。

网络支付领域正处于一个不断发展和完善的过程中。网络支付的相关知识更新极快，本书结合编者多年的教学实践和经验，融入了网络支付理论与实践的最新发展。教材知识体系结构比较新颖，科学地构建了网络支付的体系。教材内容本着高职学生易于接受、理解的原则，尽可能贴近网络支付业务实际。教材内容穿插了支付实务链接，突出网络支付的实用性、可操作性，达到学以致用的效果。本书适用于高职高专院校电子商务专业、物流专业学生及其他对此感兴趣的读者。

本书由济南工程职业技术学院马玉洪任主编。济南广播电视大学王哲，平顶山工业职业技术学院孙亚洲任副主编。济南工程职业技术学院赵刚男、李学春参编。全书由济南工程职业技术学院张学林主审。

在本书编写过程中，编者借鉴和参考了大量的出版书籍，还在互联网上搜集了大量的文献和资料，我们已尽可能在参考文献中列出，但恐仍有遗漏之处，在此我们对上述资料的作者深表感谢和由衷的歉意。

由于编者水平有限，加之网络支付属于新兴学科，发展较快，许多观点尚存在争议。因此，书中难免有不足之处，恳请读者批评与指正，以期保持教材的时代性与实用性。

编者

目　录

第一章　电子商务与网络支付

本章学习目标

➤ 了解电子商务的概念。

➤ 理解电子商务的交易过程。

➤ 理解与网络支付有关的概念。

➤ 了解网络支付面临的问题。

案例导读：安利——电子商务被资金流拖后腿

美国安利公司在中国通过电子商务成功掘金，但安利全球信息技术副总裁兼全球首席资讯官 Randy S. Bancino 接受《粤港信息日报》记者专访时表示，安利正受到资金流的困扰，目前资金流已经严重制约国内电子商务的发展。

据介绍，目前安利在中国 30 多个省市开设了超过 110 家连锁店，建立起坚实的物流基础，但资金流的薄弱，给安利进一步推行电子商务造成了比较大的困难。Bancino 告诉记者，由于资金流瓶颈，目前安利很难突破这些困难。因为在国内，电子商务跨行交易和跨地区交易远远达不到要求。他认为，电子商务在中国最急需解决的是资金流问题。

目前，安利（中国）已与银行合作，初步计划将网上订货推广到 32 个城市。但这些合作也仅限于与中国银行以及目前国内网上支付做得最好的招商银行而已。这一"矮子里挑高个儿"的无奈之举，反映了国内"幼稚"的资金流对电子商务的瓶颈效应。可以合作的银行少，合作银行的网点又太少，对于每年有超过 50% 的客户通过网上支付来购买产品的安利来说，确实是一件极为头痛的事情。

（资料来源：http：//www.chinawuliu.com.cn）

案例启示： 曾经，资金流是电子商务发展的瓶颈。随着商品经济的繁荣，各类支付结算方式不断产生，使原本融为一体的交易环节与支付环节能够在时间上和空间上分离开来。现在，商务过程从签约、订单接受到收款等以前需要手工操作的环节都可以转换到网上进行。资金的划拨变得非常便利，并且加快了资金的周转效率，降低了运营成本。由案例可见，电子商务的发展离不开与之适应的网络支付方式的发展。

▶ 第一节　电子商务简介

一、电子商务的定义

随着电子技术和因特网的发展，信息技术作为工具被引入到商贸活动中，产生了电子商务（Electronic Commerce，EC 或 Electronic Business，EB）。通俗的说，电子商务就是在计算机网络（主要指 Internet 网络）的平台上，按照一定的标准开展的商务活动。当企业将它的主要业务通过内联网（Intranet）、外联网（Extranet）以及 Internet 与企业的职员、客户、供销商以及合作伙伴直接相连时，其中发生的各种活动就是电子商务。

1997年11月，国际商会在巴黎举行了世界电子商务会议，从商业角度提出了电子商务的概念：电子商务（Electronic Commerce）是指实现整个贸易活动的自动化和电子化。电子商务涵盖的业务包括：信息交换、售前售后服务（如提供产品和服务的细节、产品使用技术指南、回答顾客问题）、销售、电子支付（如使用电子资金转账、信用卡、电子支票、电子现金等）、运输（包括商品的发送管理和运输跟踪，以及可以电子化传送的产品）、组建网上企业，等等。

任何交易，都会包含一个最基本的环节，就是资金的转移。没有适时的电子支付手段相配合，电子商务就成了"虚拟商务"，只能是电子商情、电子合同，而无法网上成交。所以在线电子支付是电子商务的关键环节，也是电子商务得以顺利发展的基础条件。

二、电子商务的主要商业模式

电子商务的交易主体主要有消费者（Consumer）、企业（Business）和政府（Goverment）。根据这些交易主体的不同，电子商务可以分为企业对企业模式、企业对消费者模式、消费者对消费者模式、企业对政府模式、政府对消费者模式等不同类型。

（一）企业对企业（简称 B2B 或 BtoB）模式

企业对企业模式的电子商务，是企业与企业之间通过互联网进行产品、服务及信息的交换。通俗的说法是指进行电子商务交易的供需双方（商家或企业）使用互联网的技术或各种商务网络平台，完成商务交易的过程。包括发布供求信息、询价/报价、拟订/签订合同、订货/接受订货、付款/收款等商务活动的完整过程。该模式可以帮助企业通过 BtoB 电子商务系统将面向上游的供应商的采购业务和下游代理商的销售业务有机地联系在一起，通过互联网进行网上营销、生产组织管理、技术合作与研发、办公自动化等，因此 BtoB 模式可以视为 e 时代企业的生存平台。

（二）企业对消费者（简称 B2C 或 BtoC）模式

企业对消费者模式的电子商务，是企业和消费者利用互联网直接参与经济活动的形式。BtoC 模式是目前电子商务发展最为成熟的商业模式之一。目前，B2C 电子商务模式企业主要有：门户网站、电子零售商、内容提供商、交易经纪人以及社区服务商等。

（三）消费者对消费者（简称 C2C 或 CtoC）模式

消费者对消费者模式的电子商务，即消费者通过网络与其他消费者之间进行的个人交易，如个人拍卖等形式。C2C 模式具有以下特点：较低的交易成本、经营规模不受限制、便捷的信息搜集、加大的销售范围和销售力度等。C2C 电子商务自身所具有的特点无形之中增大了买卖双方的经济效益，这种模式为消费者提供了便利与实惠，迅速成为电子商务普及与发展的模式，具有广阔的市场前景与发展潜力。

（四）企业对政府（简称 B2G 或 BtoG）模式

企业对政府的电子商务是属于电子政务的一部分，可以覆盖公司与政府组织间的许多事务。政府作为国家管理部门，起着引导经济、管理经济和调控经济的重要作用。面对电子商务时代的到来，政府一方面要对电子商务市场进行有效的管理，通过电子政务系统更好地为企业和公民服务，比如政府对企业税款的在线征收等；另一方面，政府本身也是一个大规模的消费集团，政府的消费需求完全可以利用电子商务平台实行公开招标和政府采购。为适应电子商务在公共计算机网络上进行经济活动的时代特点，政府的职能也应深入到公共的互联网络上来，建设一个为虚拟空间服务的电子政府，电子政府将成为支撑电子商务活动环境中的重要组成部分。

(五)政府对消费者(简称 G2C 或 GtoC)模式

政府对消费者的电子商务指在个人和政府之间进行商品和服务交易及事务处理的电子商务模式，包括政府面向个人的电子政务。主要应用于个人网上纳税、网上事务审批、个人身份办理等。

三、电子商务的交易过程

任何类型的电子商务，其交易活动均可以分为三个阶段：交易前、交易中和交易后。

(1)交易前，主要指交易各方在交易合同签订前的活动，包括在各种商务网络和Internet 上发布信息和寻找机会，通过交换信息来比较价格和条件，有时还需要了解不同国家的贸易政策。在这个阶段，卖方要根据自己欲销售的产品进行网络信息发布，买方则根据自己所需制订购货计划，进行网上信息查询、市场调查和贸易磋商，最后双方各自选择交易对象，签订购货合同。

(2)交易中，主要指购货合同签订后的贸易交易过程，这个过程需要办的手续涉及银行、运输、税务、海关和各中介方的电子单证交换。在这一阶段，买卖双方利用专用的 EDI(电子数据交换)系统或互联网传递电子票据与单证，直到办完可以将所交易商品按合同规定发货的一切手续。

(3)交易后，是一个履行合同的过程。在交易双方办完各种手续后，商品交付运输公司起运，双方通过电子商务服务跟踪货物行程，银行和金融机构按照合同处理双方的收付款，进行支付结算，出具相应的银行单证，直到买方收到所购买的商品，就完成了整个交易过程。当然紧接着还有售后服务、违约和索赔等需要进一步处理的事务。

从上述电子商务交易过程可以看出，电子交易的一个重要环节就是支付，因此支付系统的建设、应用和完善，是实现电子交易过程的基础。

四、电子商务中的"四流"

电子商务的本质是商务，商务的核心内容是商品的交易，而商品交易会涉及四个方面：商品所有权的转移、货币的支付、有关信息的获取与应用、商品本身的转交，即商流、信息流、物流、资金流。

(一)商流

商流是一种买卖或者一种交易活动过程，通过商流活动发生商品所有权的转移。商流是物流、资金流和信息流的起点，也可以说是后"三流"的前提，一般情况下，没有商流就不太可能发生物流、资金流和信息流。

(二)信息流

信息流既包括商品信息的提供、促销信息、技术支持和售后服务等内容，也包括诸如询价单、报价单、付款通知单和转账通知单等商业贸易单证，还包括交易方的支付能力、支付信誉、中介信誉等。电子商务的出现和发展，使商务中的信息处理功能发生了质的飞跃，确立了信息流在现代商务中的主导地位。

（三）物流

物流是指商品物质实体或服务的流动过程。具体指运输、储存、配送、装卸、保管、物流信息管理等各种活动。对于少数商品和服务来说，可以直接通过网络传输的方式进行配送，如各种电子出版物、信息咨询服务等。而对于大多数商品和服务来说，物流仍要经由物理方式传输。

（四）资金流

资金流主要是指资金的转移过程，包括付款、转账和兑换等过程。电子商务的一个重要环节就是支付。网络技术和电子商务的应用，使商品流通中的资金流形式也发生相应的改变。在电子商务环境中，由于资金可以以数字的形式加以传送，货币运行完全是虚拟的、数字化的，信息流取代了资金流。资金在因特网上的流转对电子商务的实现起到了举足轻重的作用。

▶ 第二节 与支付有关的概念

从商务活动的流程可知，只要有交易的发生，必然引起资金流的流动，而且是关键的流程，而资金流的流动就必然涉及商务伙伴间的支付结算活动。

一、支付的含义

支付的含义可以理解为，为了清偿商务伙伴间由于商品交换或劳务活动引起的债权债务关系所产生的经济行为。这种结清债权和债务关系的经济行为，就称为结算。因此，支付与结算含义基本相同，支付与结算可以直接理解为支付结算或支付。

支付结算是指单位、个人在社会经济活动中使用票据、银行卡和汇兑、托收承付、委托收款、电子支付等结算方式进行货币给付及其资金清算的行为。

支付结算有以下特征：

第一，支付结算必须由通过中央银行批准的金融机构进行。

第二，支付结算是一种必须以一定法律形式进行的行为。

第三，支付结算的发生取决于委托人的意志。

第四，支付结算实行统一管理和分级管理相结合的管理体制。中央银行负责制定统一的支付结算制度，组织、协调、管理和监督支付结算工作。

二、传统支付方式

传统支付方式是指通过现金的流转、票据的转让以及银行的汇兑等物理处理过程来完成款项的转移。传统支付方式主要有现金支付和票据支付两种。

（一）两种传统支付方式

1. 现金支付方式

现金有两种形式，即纸币和硬币，是由国家组织或政府授权的银行发行。在现金交易中买卖双方处于同一时空位置，而且交易是匿名进行的。现金交易支付过程的主要特点是：

（1）现金具有匿名性，只要持有现金就可用于支付，不必追究持有人的身份。因为现金本身是有效的，其价值是由发行机构加以保证的。

（2）现金支付具有分散性的特点，使用方便、灵活，交易方式简单，只需在收款人和付款人之间进行，不必在某时某地集中处理。

（3）如果收款人对现金本身的真实性无异议，现金支付过程即"一手交钱，一手交货"。交易双方可以马上实现交易，即消费者用现金买到商品，商家用商品换取现金。

（4）这种交易方式也存在一些缺陷，主要表现在：一方面，它受时间和空间的限制，对于不在同一时间、同一地点进行的交易，无法采用现金支付的方式；另一方面，由于现金携带不方便，制钞、运钞成本大，又无法核对现金持有人的身份，这种携带不方便，高成本性，以及由匿名产生的风险性决定了现金作为支付手段的局限性。所以，现金通常用于个人之间以及个人与商家之间金额较小的支付活动。

2. 票据支付方式

"票据"一词，可以从广义和狭义两种意义上来理解。广义的票据包括各种记载一定文字、代表一定权利的文书凭证，如股票、债券、货单、车船票、汇票等，人们笼统地将它们泛称为票据；狭义的票据是一个专用名词，专指《票据法》所规定的汇票、本票和支票票据。票据是出票人依据《票据法》发行的、无条件支付一定金额或委托他人及专门机构无条件支付一定金额给收款人或持票人的一种文书凭证。

与现金支付方式相比，利用票据进行交易支付的主要特点是：

（1）用票据代替现金支付，可以大大减少携带现金的麻烦和风险。

（2）票据作为支付工具，可以避免清点现金可能出现的错误，并节省了清点时间。

（3）突破了现金交易同时同地的局限，增加了实现交易的机会。

（4）票据的汇兑功能使得大额交易成为可能。

（5）票据需有出票人的签名方能生效，支付方式不再匿名。

（6）票据本身也存在一定的不足，如票据的真伪、遗失等都可能带来其他的麻烦。另外票据支付方式的成本较高，对小额支付其方便性和时效性不如现金支付。

（二）传统支付方式的局限性

随着电子商务的不断发展，上述传统的支付方式在处理效率、方便易用、安全可靠、支付成本等多方面存在着诸多局限性。

1. 支付速度与处理效率比较低

大多数传统支付与结算方式涉及人员、部门等众多因素，牵扯中间环节，并且基于手工处理，造成支付结算效率低下。传统支付方式中的现金、票据等都是有形的，在安全性、认证性、完整性和不可否认性上有较高的保障，已经有一套适合其特点的比较成熟的管理运行模式。但由于是以手工操作为主，通过传统的通信方式来传递凭证，因而存在效率低下的问题。

2. 大多数传统支付结算方式在支付安全上问题较多

伪币、空头支票等现象造成支付结算的不确定性和商务风险的增加，特别是跨区域远距离的支付结算。

3. 传统支付方式受时空限制

随着电子商务的普及，人们对随时随地的支付结算、个性化信息服务的需求日益强烈，比如随时查阅支付结算信息、资金余额信息等。传统支付方式很难满足众多用户在时间、空间和习惯上的需求，很难做到全天候、跨地区的支付结算服务。

4. 绝大多数传统支付方式应用起来并不方便

各类支付介质五花八门，发行者众多，使用的辅助工具、处理流程与应用规则和规范也不相同，这些都给用户的应用造成了困难。

三、电子支付

在商品经济高度发展的市场经济社会里，纸币和票据的流通速度已不能满足急速发展的商品流通的要求。在电子商务支付中，支付指令信息流和资金流都是电子流。这样，不管支付活动多复杂，一笔支付瞬间就可完成，大大加快了资金的流转速度。

（一）电子支付的含义与特征

电子支付指的是交易双方通过电子终端，直接或间接地向金融机构发出支付指令，实现货币支付与资金转移的一种支付方式，它是以电子方式处理交易的各种支付方式的总称。

电子支付是电子交易活动中最核心、最关键的环节，是交易双方为实现各自交易目的的重要一步，也是电子交易得以进行的基础条件。没有它，电子交易只能停留在电子合同阶段。离开了电子交易，电子支付又会变成单纯的金融支付手段。因此在进行电子交易的过程中，电子支付必不可少。

与传统支付方式相比较，电子支付具有以下特征。

（1）电子支付采用先进的技术手段以数字流转完成信息传输，各种款项的支付都使用数字化的方式进行；而传统的支付则是通过现金的流转、票据的转让、汇兑等物理实体的流转方式来完成。

（2）电子支付的工作环境基于一个开放的系统平台（如因特网）之中；而传统的支付则是在较为封闭的系统中运作。

（3）电子支付使用最先进的通信手段，而传统支付使用传统的通信媒介。电子支付对软、硬件设施的要求很高，一般要求有联网的微机、相应的软件及其他一些配套设施，而传统支付则没有这么高的要求。

（4）电子支付具有方便、快捷、高效、经济的优势。用户只要拥有一台可以上网的计算机，便可以足不出户，在很短的时间内用比传统支付方式低得多的费用完成整个支付过程。

（二）电子支付工具

支付工具是用于资金支付与结算的载体。传统支付使用的工具是现金货币、银行票据等实物工具。而在电子支付活动中，多数是通过下面这些新型支付工具进行的。

1. 信用卡

信用卡是银行或金融机构发行的、授权持卡人在指定的商店或场所进行记账消费的信用凭证，是一种特殊的金融商品和金融工具。

信用卡主要有四种功能，即转账结算功能、消费借贷功能、储蓄功能和汇兑功能。利用信用卡结算可以减少现金货币的流通量，简化收款手续；持卡人即使到外地或国外，也可以凭卡存取现金和消费，免去了随身携带大量现金的不便，而且又有安全保障；银行为持卡人和特约商户提供高效的结算服务，并为持卡人提供一定信用额度内的先消费、后还款服务。

2. 电子现金

电子现金又称为数字现金，是一种以数据形式流通的、可被消费者和商家接受的、通过 Internet 购买商品或服务时使用的货币。电子现金是以电子形式存在的现金货币，其实质是代表价值的数字。这是一种储值型的支付工具，使用时与纸币类似，多用于小额支付，可以实现脱机处理。

3. 电子支票

所谓电子支票，是客户向收款人签发的、无条件的数字化支付指令。电子支票是一种借鉴纸张支票转移支付的优点，利用电子数据传递将钱款从一个账户转移到另一个账户的电子付款形式。电子支票主要用于企业与企业之间的大额付款。电子支票的支付一般是通过专用的网络、设备、软件及一整套的用户识别、标准报文、数据验证等规范化协议完成数据传输，从而保证安全性。

4. 智能卡

智能卡最早于 20 世纪 70 年代中期在法国问世。它类似于信用卡，但卡上不是磁条，而是计算机芯片和微型存储器。它的功能包括电子支付、电子识别、数字存储。存储在智能卡上的内容是以一种加密的形式保存下来的，而且由一个口令保护，以保护智能卡中资金的安全。要使用智能卡进行支付，必须将卡插入终端设备(硬件)，该设备需要一个来自发卡银行的特殊密钥来启动有关方的资金划拨。

5. 电子钱包

电子钱包是在小额购物时常用的支付工具。电子钱包既有可能是软件形式，又有可能是硬件形式。电子钱包用户的个人资料存贮在服务器端(个人电脑上不存贮任何个人资料)，通过技术手段确保安全，从而避免了资料泄露的危险。使用电子钱包的顾客通常在银行里都是有账户的。在使用电子钱包时，将相应的应用软件安装到电子商务服务器上，利用电子钱包服务系统就可以把各种电子货币或电子金融卡上的数据输入进去。电子钱包里可以装各种电子货币。

上述这些支付工具的共同特点是：将现金或票据无纸化、电子化和数字化，利于在网络中进行资金信息的传输，实现电子支付结算。

(三)电子支付的类型

电子支付的业务类型按电子支付指令发起方式的不同，分为网上支付、电话支付、移动支付、销售点终端交易、自动柜员机交易和其他电子支付，其中最主要的是存在于 Internet 上的网上支付。

从金融学界和电子商务法学界对电子支付的研究情况来看，电子支付可有广义和狭义之分：广义的电子支付指支付中包括的所有以电子方式，或者说以无纸化方式进行的资金的划拨与结算(包括网上支付、电话支付、移动支付等)；而狭义的电子支付仅指网上支付。现在随着信息技术和电子商务的深入发展，网络支付正成为电子支付发展的新方向和主流。

▶ 第三节　网络支付概述

电子商务要求支付环节从开始到最后完成资金转账的全过程必须都是电子形式，

并且是在 Internet 开放式的网络环境下要求的电子支付方式，这样才能充分发挥电子商务的高效率与低成本运作特点。可以说，网络支付是电子商务业务流程中最关键的组成部分。为了顺应电子商务活动的开展，网络支付方式迅速发展起来。

一、网络支付概念

网络支付也称网上支付或线上支付，是电子支付的一种形式，是以互联网为基础，利用金融机构所支持的某种数字金融工具，在购买者和销售者之间进行金融交换，从而实现从购买者到金融机构、销售者之间的在线货币支付、现金流转、资金结算、查询统计等过程，由此为电子商务服务和其他服务提供金融支付。因此，可以说网上支付是采用成本更低廉、使用更方便的 Internet 网络作为电子支付运行平台的一种支付方式。

网络支付在电子商务流程中起着极其关键的作用，是不可或缺的组成部分。它是一种通过网络进行交换资金和与资金有关的信息的行为，在普通的电子商务中就表现为消费者、商家、企业、中介机构和银行等通过 Internet 所进行的资金流转。这种流转主要是通过电子支付的工具实现，如信用卡、电子现金、电子支票、智能卡、电子钱包等。这些支付工具的共同特点是，都是将现金或货币无纸化、电子化和数字化，应用以 Internet 为主的网络进行资金信息的传输和支付，辅以网络银行，实现完全的网络支付。

二、网络支付类型

（一）根据交易主体划分

根据交易主体的不同，电子商务分成 BtoC、BtoB、BtoG、GtoC、CtoC 等几种模式。在电子商务实践中发现，不同模式的交易方选择的支付方式也会有所不同。因此，根据交易主体不同，可将支付方式划分为以下几类。

1. BtoC 型支付方式

BtoC 型支付方式主要用于企业与消费者之间进行的交易。因为这两者交易时，多数情况下都是消费者为支付方，所以 BtoC 型支付涉及的金额一般不大，但要求支付方式方便灵活。目前，BtoC 型支付方式主要有信用卡支付、电子现金支付、电子钱包支付、智能卡支付以及个人网络银行支付等几种支付方式。

2. BtoB 型支付方式

BtoB 型支付方式主要在企业与企业之间进行交易时采用。这种商务模式中涉及的金额一般较大，对支付系统的安全性要求很高。目前，BtoB 型支付方式主要有电子支票支付、电子汇兑系统支付、企业网络银行支付等几种支付方式。

上述 BtoC 型支付方式和 BtoB 型支付方式的界限也并不绝对。例如，欧美等西方国家也经常把电子支票应用于消费者与消费者之间、消费者与企业间的支付。又如，信用卡属于 BtoC 型支付方式，但有时也用于企业间的小额支付。

需要说明的是，GtoC 型支付方式、CtoC 型支付方式与 BtoC 型支付方式类似，BtoG 型支付方式与 BtoB 型方式类似。

（二）根据支付金额大小分类

按照支付金额的大小，国际上将支付等级分为商业级支付、消费者级支付和微支付。

1. 商业级支付

商业级支付中涉及的金额较大，对安全性要求很高，通常在企业、政府部门之间使用。世界各国的金融机构一般都有相应的标准，如我国规定 1 000 元以上为商业级支付，美国的标准一般在 1 000 美元以上。

虽然商业级支付发生的次数相对较低，但因其每次支付额度较大，所以支付总额占全部电子支付交易额的比例很大，是一个国家电子支付系统的主动脉。例如，美国联邦储备体系 Fedwire 大额资金转账系统每笔支付平均金额为 300 万美元，Fedwire 和 CHIPS 两个大额支付系统处理的支付金额占全部支付金额的 86％以上。常见的商业级支付方式有电子汇兑、电子支票等。

2. 消费者级支付

在我国，支付金额在 5～1 000 元之间的支付为消费者级支付，这一标准在美国为 5～1 000 美元。消费者级支付主要用于满足个人消费者在商务活动中的一般支付需要。例如，购买图书、鲜花、光盘等商品所支付的金额都属于消费者级支付。消费者级支付涉及的金额不高，但其支付次数很多，一般占社会支付业务数量的 80％～90％。支持消费者级支付的工具发展较成熟，常用的有信用卡、电子钱包、智能卡、小额电子支票、个人网络银行等。

3. 微支付

微支付是指涉及金额特别小的支付，在美国为 5 美元以下，在我国为 5 元以下。微支付应用在浏览收费网页、收听在线音乐、下载手机铃声和图片等小额交易。因为微支付涉及的金额太小，使得其支付成本相对较高，因此专门用于微支付的电子支付工具较少。现在通常用电子现金、手机支付来进行微支付。

(三)根据支付信息形态分类

进行网络支付时，电子货币是以数据流的形式传输的。根据传输的信息形态不同，可以将网络支付分为电子代币支付和指令支付。

1. 电子代币支付

消费者使用电子代币支付时，网络中传输的数据流本身就是货币，和现实中的人民币、美元的意义一样，只不过是将其用特殊的数据流表示。电子现金支付就是一种典型的电子代币支付，消费者从金融机构兑换电子现金，并将电子现金存储到 IC 卡或者计算机硬盘中，当需要支付时，消费者可以用电子邮件将电子现金发送给对方，或者通过特殊的读卡器直接将电子现金转移给对方。

2. 指令支付

指令支付是指将包含币种、支付金额等信息的数据指令通过网络银行在交易双方的账户间进行转账操作，完成支付。使用指令支付的前提是支付方需要有银行账号，并存入足量的资金。

目前的电子支付方式大多属于指令支付，如信用卡支付、网络银行支付、电子支票支付、电子转账支付等。在这种支付过程中，公共网络只传输支付指令，而资金在银行专用网上传输，所以提高了支付的安全性。

三、网络支付的基本过程

基于互联网平台的网络支付过程与传统的支付结算过程是类似的，但网络支付体系必须借助银行提供的支付工具、支付系统，以及金融专用网的支持才能实现。网络支付过程包括以下步骤：

（1）用户登录网上商户（简称网商）销售网站，选购商品，确认支付方式，向网商发出购物请求。

（2）网商把用户的支付指令通过支付网关发送到网商的开户行。

（3）网商的开户行通过银行专用网络从用户的开户行（发卡行）取得支付授权后，把确认支付信息发送给网商。

（4）网商得到银行传来的授权结算信息后，向用户发送支付授权确认发货通知。

（5）银行之间通过金融专用的支付清算网络完成行间清算，把货款从用户的账户划拨到网商的账户上，并分别给网商和用户发送支付结算成功的信息。

由此可以看出，网络支付结算过程是在由支付网关、网商开户行、用户开户行，以及银行专用网络组成的网络支付通道中完成的。

四、网络支付面临的挑战

随着中国网民的增加、网络经济的发展，用电子货币进行网上支付结算的现代金融服务得到公众的普遍接受。网上消费、网上银行、个人理财、网上投资交易、网上炒股等网上金融服务逐步进入人们的生活。网络支付虽然有着巨大的优势，但在短时期内不会完全替代传统支付。特别是在发展中的中国，网络支付仍然受到信用、技术水平、法律、社会环境等各方面因素的挑战。

（一）信用不足，征信体系不健全问题

在中国，信用问题一直是发展电子商务和完善支付体系的主要障碍。建立健全社会信用体系，形成以道德为支撑、产权为基础、法律为保障的社会信用制度，对于建设诚信社会，推动经济发展，推进电子商务的发展和支付系统的完善发挥着至关重要的作用。

建立并完善社会征信体系的目的在于建设诚信社会，确立诚信观念和诚信道德，推动经济发展。它所针对的正是中国社会诚信观念和诚信道德的严峻形势。据统计，我国银行系统由于失信行为而造成的损失每年高达 5 855 亿元。

征信体系建设是社会信用体系建设的核心环节。其主要作用是通过提供信用信息产品，使金融交易中的授信方或金融产品购买方能够了解信用申请人或产品出售方的资信状况，从而防范信用风险，保持金融稳定；同时，通过准确识别企业、个人身份，保存其信用记录，有助于形成促使企业、个人重视保持良好信用记录的约束力。有没有完善的征信体系，是金融体系是否有坚实的基础和市场是否走向成熟的重要标志，可以说，征信体系是现代金融体系运行的基石，是金融稳定的基础，对社会诚信建设具有非常深远的意义。

（二）支付方式的统一问题

在电子支付中存在着若干种不同的支付方式，每一种方式都有其自身的特点，有时两种支付方式之间不能做到互相兼容。这样，当交易中的当事人采用不同的支付方式且这些支付方式又互不兼容时，双方就不可能通过电子支付的手段来完成款项支付，从而也就不能实现电子交易，因此有必要将各种不同的支付方式统一。当然，这只是理论上的一种思考，要真正做到这一点是很不容易的，这中间不仅涉及各国的金融网

络问题，也牵涉各利益集团的利益问题，此外还包括与之相关的软、硬件及其他配套设施的一致性问题，等等。

此外，就单种支付方式而言，也存在着标准不统一的问题，如国内各银行开发的网络支付结算工具各自为战，给用户带来了使用上的极大不便。

(三)观念和习惯问题

长时间以来，人们已经习惯于"一手交钱，一手交货"的交易习惯。而网络支付彻底改变了传统支付方式，可能轻点几下鼠标就花出去成千上万的钱，而且交易方看起来只是几张虚拟的网页。要改变消费者和使用多年的支付习惯，需要相关各部门做出长期、大量的工作。

(四)相关法律法规缺乏问题

迄今为止，国内法律法规还不能给网络支付业务发展提供充分的保障，涉及网络领域的立法工作还相对滞后，缺乏保障网上银行和电子商务活动有效开展的法律框架体系。例如电子货币作为一种新兴事物，其迅猛发展带来了一系列的法律问题，如参与当事人的责任与权利、电子合同的格式与效力、电子签名的使用与效力、电子商务中纠纷的仲裁与解决，以及发行主体的资格、对发行主体的监管、发行主体破产时的对策等，都有待于在法律上予以明确规定。

网络支付目前还是一个高风险的领域，法律规范的完善将有利于提高参与者的信任感，从而降低这一领域的风险。在网络支付的立法过程中，既要考虑到维护金融秩序，保证网络支付运行的稳定性，又要调动广大参与者的积极性，注意保护消费者的权益，还要与国际接轨。

(五)支付系统的风险防范问题

资金流是电子商务的核心流程与关键环节，基于网络支付的资金流运转不畅不仅会直接影响到电子商务的发展水平与发展规模，使电子商务高效率、低成本的优点得不到充分发挥，同时也会带来意想不到的金融风险。

1. 技术性风险

电子货币的应用范围不断扩大，金融系统的风险也随之增加，如计算机犯罪、黑客问题等，应加强安全技术来降低这种技术性风险。

2. 清算资金不足风险

这是指商业银行在进行资金清算时，由于种种原因，包括虚拟电子货币的不可控性，使其在中央银行用于清算的资金不足以用于清算。

3. 流动性风险

这是指由于电子货币的虚拟性使得支付过程的不可控性随之增加，突然而来的大量支付业务会让商业银行面临流动性风险。流动性资金不足会导致银行破产，因此流动性风险对银行来说是一种致命性的风险。一家商业银行的流动性风险还可能导致其他同业银行不能及时收回清算资金，严重时甚至会引起连锁反应，进而引发其他商业银行的清算资金不足风险和无力支付的流动性风险。对这些风险的防范需要加速金融立法、完善金融管理体制，强化银行业的内部管理以及对电子货币规律的研究，并采用多种方式来加强对电子支付系统的控制。

(六)网上银行系统的安全问题

在各大商业银行纷纷开展网上银行业务的同时,网上银行系统的安全问题及其有可能给用户带来的潜在危害不容忽视。

网上银行的安全性主要涉及以下三个方面:

1. 支付信息的安全性

传统支付方式的支付信息通过银行的内部网络传输,由于银行的内网和外网之间采取了严格的隔离措施,因此银行的内部网络比较安全。而电子支付的用户端信息通过互联网公开传递,这就存在着支付信息被窃取和篡改的可能。

2. 银行网站和电子商务网站的安全性

虽然目前各家网站都采取了建立防火墙和进行网络检测等安全措施,但仍然存在外部网络的威胁。

3. 用户端的安全

如果用户端只是普通的浏览用户,则存在用户端被模仿的可能性。大量的网络银行用户失窃案例均是由用户端的非法入侵造成的。用户操作不谨慎和银行密码泄露将引发网上支付系统的风险。如果银行没有对用户进行充分的网络银行安全事项教育,这种风险会更加严重。因此,银行有责任提醒用户网上业务所蕴含的风险,促使用户养成安全的上网习惯;在加强对银行系统安全防护的同时,采取技术和业务措施提高用户端系统安全,以保证用户能放心地使用网上银行,使电子支付的过程得以顺利实现。

▶ 支付实务链接:网上购物支付

三联家电网上商城(www.shop365.com.cn)是山东三联商社于 1999 年 12 月 28 日投资建设开通的。三联家电网上商城目前有四种灵活多样的支付方式,分别是:网上支付、货到付款、邮局汇款、银行转账。

三联家电网上商城购物流程如下:

(1)登录三联家电网上商城(www.shop365.com.cn),选择您想购买的商品,点击"购买"。

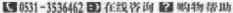

商品名称：	九阳豆浆机
规格型号：	JYDZ-29
品牌：	九阳
容量：	1.2L
电机功率：	180W
加热功率：	750W
功能分类：	豆浆机
	适用范围：2-4人
	耗电量：0.16度
	可制作：五谷豆浆、全豆豆浆、果蔬豆浆、玉米汁
简介：	资料来源：厂方 产品信息与图片仅供参考，请以实际购买产品的说明书为准。如给您带来不便，敬请谅解！

放大

特价：¥459 元
优惠51天

购买　收藏　比较

此价格仅限于济南市区
其他地区购买请参照配送服务！
图片仅供参考，商品以实物为准。

图 1-1　货品介绍及是否购买

（2）根据您的需要若想撤销订单，点击"清空购物车"；若继续购买别的商品，点击"继续购物"，确定购买单并付款选择"去收银台"。

我的SHOP365

个人资料 | 我的订单 | 历史订单 | 收藏夹 | 我的积分

商品名称	数量	市场价	网上优惠价	合计（元）	操作
九阳豆浆机 JYDZ-29	1 [调整数量]	499	459	459.00	取消

网上支付优惠价限单个商品使用，如果您订购两种以上的商品，请分开购买进行网上支付，网上竞买资格也需单独购买。

　清空购物车　　继续购物　　去收银台　　　　　　　总计：459.00

图 1-2　订单界面

(3)输入会员名称和密码登录，新用户需先做注册。

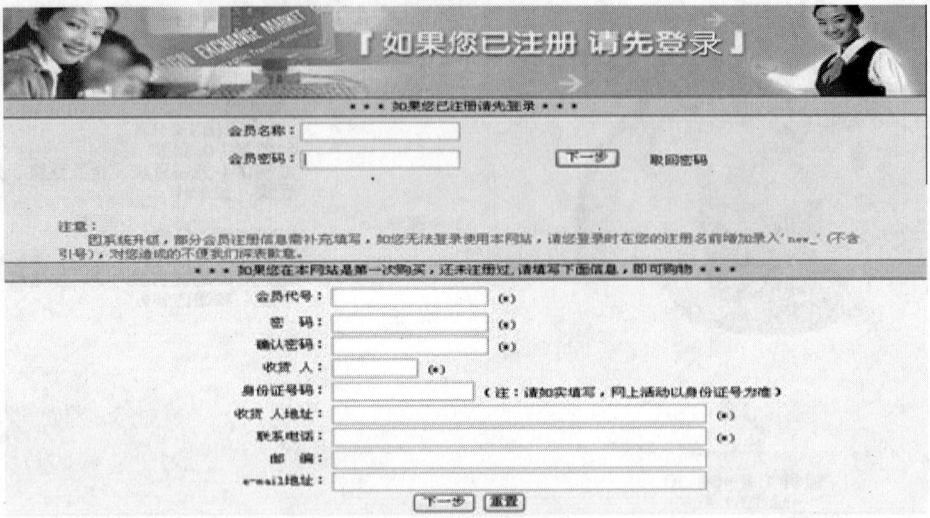

图 1-3　新用户注册

(4)填写联系方式，支付方式选择"中国建设银行"，点击"下一步"。

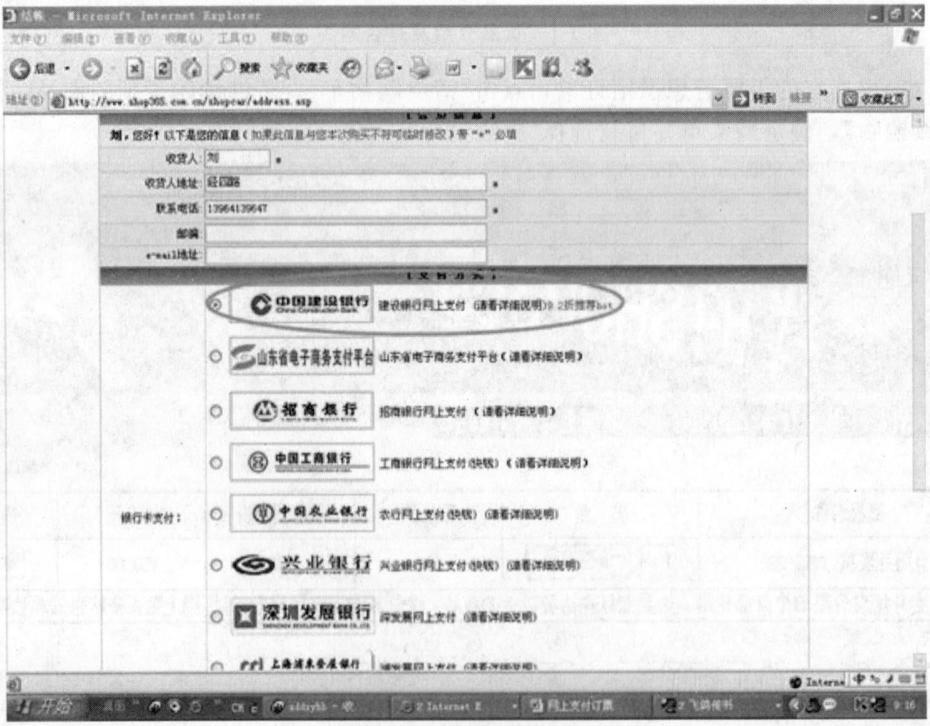

图 1-4　选择支付银行

(5)确认订单信息，点击"就这么定了"。

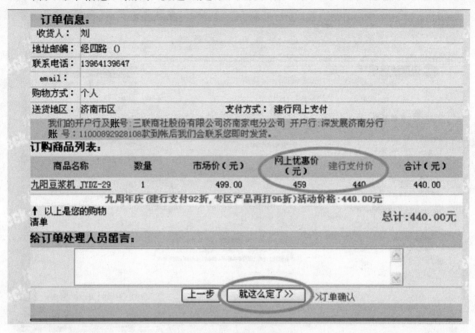

图 1-5 确认信息

(6)点击"中国建设银行网上划款"。

图 1-6 划款

（7）系统自动链接到我行个人网银支付界面，登录个人网银并点击"下一步"。

图 1-7　支付界面

（8）选择付款账号输入交易密码或动态口令，验证证书后完成支付。

图 1-8　完成支付

本章小结

随着信息技术和因特网的发展，电子商务发展迅速。电子商务的一个重要环节就是支付。从电子商务的基本模式与交易过程看，网络支付是电子商务发展的关键条件。电子商务的环境要求支付从开始到最后完成资金转账的全过程必须都是电子形式，并且是在 Internet 开放式的网络环境下的电子支付方式，这样才能充分发挥电子商务的高效率与低成本运作特点。作为电子支付的一种重要的业务类型，网络支付在电子商务流程中起着极其关键的作用，是不可或缺的组成部分。网络支付结算过程是由支付网关、网商开户行、用户开户行以及银行专用网络组成的网络支付通道完成的。根据交易主体不同，可将网络支付划分为 BtoC、BtoB、CtoC、GtoC、BtoG 等几种类型。网络支付虽然有着巨大的优势，但在短时期内不会完全替代传统支付方式。特别是在发展中的中国，网络支付仍然受到信用、技术水平、法律、社会环境等各方面因素的挑战。

复习思考题

1. 什么是电子商务？
2. 简述各种电子商务模式及其支付结算的特点。
3. 传统支付方式有哪些？它们分别具有什么样的优缺点？
4. 电子支付有哪些特征？
5. 什么是网络支付？简述网络支付的基本过程。
6. 网络支付需要解决哪些问题？

技能实训题

登录卓越网 http：//www. amazon. cn、国美电器网上商城 http：//www. gome. com. cn、海尔商城 http：//www. ehaier. com、易趣网 http：//www. ebay. com. cn，查询这些网站提供的支付方式有哪些(如货到付款、邮局汇款、银行卡支付、直接付费、银行电汇等)？试用上述不同支付方式完成网上购物，比较各种支付方式的优缺点。

案例分析

第 22 次互联网统计报告之：B2C 电子商务与支付

2008 年 7 月 24 日，CNNIC 发布第 22 次中国互联网络发展状况统计报告，报告如下：

网络购物是互联网作为网民实用性工具的重要体现，随着中国整体网络购物环境的改善，网络购物市场的增长趋势明显。目前的网络购物用户人数已经达到 6 329 万人，有 25.0% 的网民青睐网上购物，跻身十大网络应用之列。

经济发达城市的网络购物普及率更高。根据中国互联网络信息中心(CNNIC)6 月份发布的统计报告，上海网民的网络购物使用率达到 45.2%，是网络购物最为普及的城市。其次是北京，网民中的网络购物使用率为 38.9％。

在经济发达城市中，网络购物中电子支付和物流环节等对网络购物的限制要比其他低一级城市更小一些，且这些城市中的网民网龄相对较长，对互联网的使用较为熟悉，也带动了网络购物的发展。

比较国外的发展状况，韩国网民的网络购物比例为 57.3％，美国为 66％。均高于中国网络购物的使用率，中国应着力推动电子商务的发展。

网上支付和网上银行是与网络购物密切关联的两个网络应用。在网络购物、尤其是 C2C 网络购物中，网上支付手段的使用已经较为普遍，B2C 网络购物在网上支付手段方面也逐渐丰富，这两项网络应用的发展可以促进网络购物的发展。

网上支付和网上银行的发展都较为迅速，网民对两者的使用率分别达到 22.5％和 23.4％。尤其是网上支付，半年用户增量达到 2379 万人，半年增长率达到 71.7％。

案例思考题：

1. 网络购物快速发展应具备什么条件？

2. 如何提高支付方式中网络支付的比例？网络支付能否成为网上购物支付的主流？说明原因。

第二章　电子货币

本章学习目标

➤ 理解电子货币的概念及其特征。

➤ 掌握电子现金的概念。

➤ 识别银行卡的种类和功能。

➤ 理解电子支票的概念。

➤ 了解电子货币发展面临的风险。

案例导读：支付进入"电子货币时代"

"由于这几年网上银行、电子支付、电子货币的发展，我们完全可以自豪地说，中国整个社会进入了非现金支付时代！"日前，中国人民银行支付结算司司长欧阳卫民做客中欧陆家嘴国际金融研究院，在第25期中欧陆家嘴金融家沙龙上如是说。

欧阳卫民表示，从20世纪90年代开始到现在，20年时间里，整个社会的支付量每年都在成倍增加。然而，社会流通当中的现钞量几乎没有增加，一直稳定在3万亿元左右。去年，全国的支付量是1130万亿元，其中，700万亿元是大额支付系统完成的电子支付。300万亿元是各大银行完成的交易，也是通过各家商业银行的电子支付完成的。127万亿元是我们中国银联的银行卡系统完成，剩下3万亿元就是现钞。如果说，没有现代化支付系统的建设，我们恐怕要多建造100个中国印钞厂，成千上万的印刷工人在那里印钞票。

实际上，从成本上看，中央财政为人民币的印刷、保管、运输、销毁花的成本非常大。据欧阳卫民介绍，光是中国人民银行在各地建的金库，这些投资算下来，可以再建一个陆家嘴。目前，我们还有很多押钞运钞公司，运输也是成本。不仅如此，现在的货币一定要保证七八成新，一旦旧了之后就要进行销毁。统计显示，现在零售交易上使用的现金，其成本大概是 1.7% 左右，而电子货币是 0.6% 左右。所以，电子货币的使用，对整个社会节省开支是非常有效的。

从欧洲经验来看，他们规定，电子货币的发行主体只能是金融机构，也就是说只允许有正规牌照的机构或者银行来发行。欧洲人将各类机构的电子货币视为存款，只有银行才可以发行电子货币。但是美国却规定，只有实体企业而不是储蓄机构才能发行电子货币。美国人就认为银行不能干，只有非银行才能干。国内目前也是非银行机构充当了电子货币的发行主体。

统计显示，目前中国银行卡的发卡机构为196家，其中消费和转账金额达到61.45万亿元。有100多家非金融机构也在从事网上支付业务，包括支付宝、上海环迅等企业，这些网上银行业务，去年交易金额是263.9万亿元，其中非金融机构不到0.3万亿元。此外，还有各类电子货币发行机构306家，主要是非金融机构包括公交卡发行机构等。众多的电子货币方便了百姓的生活，但也需要有序监管。

（资料来源：http://www.ce.cn）

案例启示：货币本质上是起一般等价物作用的特殊商品。纵观人类社会的发展，货币作为商品交易的媒介在相应地发生形态上的改变。迄今为止，大致经历了"实物货币——金融货币——信用货币"几个阶段。在电子技术迅速发展的今天，电子货币取代传统的纸币而成为主要的交易和支付手段已表现为一种世界性的发展趋势。作为信息技术和网络银行业务相结合的一种新型货币形式，电子货币正影响并改变着我们的生活。电子货币是电子商务活动的基础。随着网络和计算机技术的发展，电子货币形式不断地发展和创新、越来越多，如电子现金、信用卡、智能卡、电子支票、电子钱包等。

▶ 第一节　电子货币概述

　　货币本质上是具有一般等价物作用的特殊商品，同时体现了一定的社会生产关系。从历史来看，货币的形态有实物货币、金属货币、纸币、电子货币等。其中电子货币是现代商品经济高度发达和银行转账与结算技术不断进步的产物，代表了现代信用货币形式的发展方向，体现了现代支付手段的不断进化。

一、电子货币的概念及其特征

　　所谓电子货币，是以金融电子化网络为基础，以商用电子化机具和各类交易卡为媒介，以电子计算机技术和通信技术为手段，以电子数据形式存储在银行的计算机系统中，并通过计算机网络系统以电子信息形式传递实现流通和支付功能的货币。它的本质在于消费者或企业能够以在线方式通过提供信息交换完成货币的转移。简单地讲，电子货币就是在通信网络中流通的"金钱"，是通过网络进行的金融电子信息交换。

　　电子货币的特征主要表现在如下几个方面：

（一）形式方面的特征

　　传统货币以贵金属、纸币等有形形式存在，而且形式比较单一。电子货币则不同，它是一种电子符号或电子指令，其存在形式随处理的媒体不同而不断变化，如在磁盘上存储时是磁介质，在网络中传播时是电磁波或光波，在CPU处理器中是电脉冲等。电子货币在形式方面的特点体现了它的虚拟性。

（二）技术方面的特征

　　电子货币使用电子化方法并且采用了安全对策。电子货币的发行、流通、回收的过程是用电子化的方法进行的。为了防止对电子货币的伪造、复制、非正当使用，电子货币不是依靠普通的防伪技术，而是通过用户密码、软硬件加解密系统以及路由器等安全保护技术，构成高度的保密对策。电子货币在技术方面的特点体现了它的安全性。

（三）结算方式的特征

　　电子货币在支付结算中资金的应用状况表现为预付型、即付型和后付型。预付型的特征是"先存款，后使用"，如目前广泛使用的银行借记卡、路费储值卡等。即付型是指在购买商品时从银行账户即时自动转账支付，如目前使用的ATM或银行POS机进行商务结算时的现金卡。后付型则是目前国际通行的真正的信用卡（贷记卡）的结算方式，其特点是"先消费，后付款"，如使用中国工商银行发行的牡丹卡在POS机上的透支消费。

（四）流通规律的特征

电子货币中有的只允许一次换手，即只使用一次就得返回发行者，如电子支票；也有的可多次换手，并不一定要马上返回发行者处，如电子现金。无论属于第几次换手的电子货币的持有者，均有权向发行者提出对资金的兑换请求。

（五）使用上的特征

电子货币在使用和结算中特别简便。电子货币的使用和结算不受金额限制、不受对象限制、不受区域限制，且使用极为简便。

（六）电子化方法的特征

电子货币可分为"支付手段的电子化"和"支付方法的电子化"。"支付手段的电子化"是指对货币价值本身进行电子化，电子货币即电磁记录本身保有"价值"，可以理解为"电子等价物"，如电子现金。"支付方法的电子化"是指在支付结算中，并不是真正"等价物"本身在网上传递，而是"等价物串"转移的电子指令完成支付结算。如ATM转账结算、银行POS机的信用卡结算以及通过互联网的银行转账与结算。

此外，电子货币还有可控性、依附性和起点高等特征。

二、电子货币产生和发展的原因

电子货币产生于美国。早在1952年，美国富兰克林国民银行就率先发行了银行信用卡，这标志着一种新型商品交换中介的出现。今天，电子货币已经拥有了各种智能卡、数字现金、电子支票、电子钱包等多种形式，并且发展快速，其原因包括以下几个方面：

（一）利润最大化是电子货币产生的基本原因

由于金融行业的竞争日益激烈，使传统业务所带来的利润越来越微薄，这就迫使金融企业进行不断的创新。对于电子货币的提供商而言，发行电子货币既可以作为金融创新以寻找利润增长点，又可作为一种新颖的服务手段来吸引客户以增加潜在的收益。

（二）电子商务的兴起内在地需要电子货币的发展

随着网上购物、虚拟交易等电子商务模式让人们有了新的消费体验的同时也感到支付上的不便。对能够快捷安全地进行支付的新货币形式就有了内在的需求，电子货币不但可以满足这一需求，而且也具备了基本的货币特征，能够为人们所广泛接受，所以电子货币在这种环境下迅速发展也就顺理成章了。

（三）加密技术的发展给电子货币的发展提供了技术支持

电子货币本身必须是安全的，安全才可以广泛地进行流通。今天包括各种信用卡、储值卡、数字现金等电子货币形式被普遍接受，信息技术和加密技术的发展对电子货币的安全性给予了极大的保障。

（四）交易费用是电子货币产生并发展的根本原因

纵观货币形态的演化历史，都体现着这样一种内在机制，就是货币自身的物质价值与其代表的商品价值的逐渐剥离；同时其大小和重量也逐渐变小，慢慢地从可见演化为不可见；这些演变无外乎都是为了提高货币流通效率，降低流通费用，从而降低商品的交易费用，这也是电子货币产生并发展的根本原因。

三、电子货币与传统货币的区别

电子货币可以说是货币史上的一次重大变革。电子货币与传统货币之间存在下列明显的区别。

(一)发行机制与发行主体不同

电子货币是不同发行主体(中央银行、商业银行、非银行金融机构、信息产业或其他企业)自行开发设计发行的产品,使用范围受到物理设备、相关协议的限制,被接受和使用的程度依赖于各发行者的信誉和实力,其发行机制针对不同的商户根据不同的产品进行调整,而且发行效力不具有强制性。而传统货币则是由中央银行或特定机构垄断发行的,中央银行承担其发行的成本和收益,发行机制由中央银行独立设计、管理与控制,并被强制接受、流通与使用。

(二)发行量的基础关系不同

传统货币的流通规律中,货币的需求量与商品价格总额成正比,与货币流通速度成反比,而电子货币的发行量仅与人们的认同程度相关,它是以人们在商业银行开立的账户为基础的。

(三)存储空间和传递方式不同

传统货币需要保存在钱箱、保险箱或金库里,需要占用很大的空间。而电子货币所占的空间极小,装有各种电子货币的电子钱包、信用卡、硬盘等存储的货币数额都可以不限;传统货币需要随身携带,大量的货币需要运钞车和保安人员押运,运送时间长,传递数量和距离十分有限。而电子货币利用网络和通信技术进行电子化传递,传递的只是各个金融机构间的数字信息,又可在极短时间内将资金传递到联网的任何地方去。所以电子货币既打破时空的界限,又快捷、方便、安全。

(四)货币形态和币值的可分性不同

电子货币是一种虚拟货币,不具有物理形态,其币值的空间具有无限可分割性,可以满足任何小单位的交易支付,而传统货币具有物理形态,币值是固定的,是不可无限分割的。

(五)货币真伪辨别技术的不同

电子货币的更新、防伪只能通过技术上的加密算法或认证系统来实现。由于货币真伪辨别技术发展迅速,电子货币的防伪技术必须及时更新,以防范系统性的攻击行为。传统货币防伪主要依赖物理设置,并且货币的使用和流通具有一定的地域性,防伪设计是在货币流通之前;而电子货币的防伪是在货币流通之中时刻进行着。

(六)匿名程度不同

传统货币既不完全匿名,也不能做到完全非匿名,通过交易或多或少的可以了解到一些支付方的情况。相比而言,电子货币要么是匿名的,几乎不可能追踪到其使用者的个人信息;要么是非匿名的,不仅可以详细记录交易,甚至保存交易者的所有情况。

(七)交易方式不同

传统货币通常需要面对面进行交易,而电子货币基本上不需要面对面进行交易,交易双方不见面、不接触是电子货币的重要特点。

(八)流通地域范围不同

传统货币的使用具有严格的地域限制，除欧元以外，一国货币一般都是在本国被强制使用的唯一货币，而电子货币打破了地域的限制，只要商家愿意接受，消费者可以较容易地获得和使用各国货币。

四、电子货币的优势

(一)降低商业银行的经营成本

发行电子货币必将减少现金使用，节省现金流量，实现无纸化交易，从而大大降低商业银行的经营成本。商业银行和其他金融企业、非金融企业拥有电子货币的发行权后，商业银行的职能将发生重大转型，传统银行以存款、贷款、转账结算为主的资金信用中介和结算中介的功能将逐渐弱化。

(二)加快资金周转速度，提高资金使用效益

采用电子货币进行存取款、消费、结算、信贷及各种金融活动时，其资金清算是通过银行计算机转账系统和信息通信网络流通而进行的，其流通形式表现为电子流而不是纸张流，高速运行的电子流可以最大限度地缩短资金在途时间，资金回笼速度加快。同时，电子货币还具有一定消费信贷功能。即先向银行贷款，提前使用电子货币支付，这是传统货币所不具备的。这些方面既有利于提高社会资金利用程度，又能够提高银行和企业资金的使用效益。

(三)简化结算手续，提高效益

首先，电子货币采取转账形式，既可省去使用现金的烦琐手续，又可免除客户携带现金安全风险大的顾虑。其次，由于 ATM、POS 等高科技银行作业的产生，使结算可以不受银行营业时间、营业场所的限制，客户可以得到全天候、全方位的服务。再次，采用电子货币结算，无须填写各种结算凭证，可以省去许多麻烦，节约更多时间，因此更能吸引顾客，能达到准确、迅速的目的，无论工作数量或是工作效率，都是传统操作不能比拟的。所有这些，无疑都将大大提高银行效益。

目前，电子货币主要有三种形式：银行卡、电子现金和电子支票。此外，某些金融机构开发出了电子钱包软件，它方便用户管理和使用各种电子货币，并供用户存储交易信息和进行安全电子支付。

▶ 第二节　电子货币的类型

一、银行卡

(一)银行卡的概念

银行卡是由商业银行(含邮政金融机构)向社会公开发行，具有消费信用、转账结算、存取现金等全部或部分功能，作为结算支付工具的各类卡的统称。是商业银行签发的允许信用良好者据以赊购商品和劳务的身份证明卡(信用凭证)。

银行卡通常用塑料磁性卡片制成。银行卡上印有持卡人姓名、号码、有效期等信息，这些信息凸印在卡片上，可以通过压卡机将信息复制到能复写的签购单上。为了加强保密性及利用电子技术，银行卡的磁条上面通常也记录有持卡人的账号等有关资料，这些资料人的肉眼是看不见的，可供 ATM、POS 等专门电脑终端鉴别银行卡真伪时使用。持卡人在约定的商店或服务部门购买商品或享受服务时，不必支付现金，只需将银行卡交商店或服务部门在签购单上压印卡号，填写金额，然后经持卡人签字，商店或服务部门即可送发卡机构办理收款，持卡人与商店或服务部门的资金结算由发卡机构完成。

(二)银行卡的功能

银行卡业务是集结算和信用两项基本功能为一体的一种业务。申领银行卡须经发卡机构或专门机构征信，规定一定的信用额度，才能发给资信情况可靠的公司或有稳定收入的消费者使用。消费者持卡购物或享受服务后，受理银行卡的特约商户每天将持卡人的签购单送交发卡机构，由发卡机构代理向持卡人收账。

1. 吸存工具

这是银行卡最初的发卡目的，吸收存款。银行利用自身的客户资源和网点资源发行银行卡，使其充当银行负债的工具。

2. 结算工具

随着 POS、ATM 机的普及，用卡环境不断改善，发卡银行以各种营销手段来扩大发卡规模，与商户进行联合促销，鼓励持卡人用卡消费。持卡人实现了无现金购物，给其带来了很大方便。银行也利用自身的资金、网络、网点等优势，发展银行卡，使其成为以赢利为目的的中间业务。

3. 信用工具

随着社会经济的发展，银行既把银行卡业务作为中间业务，同时又根据银行卡业务本身的特点，逐步把银行卡作为一种产业来经营。在产品开发上，开始扩大贷记卡的发行，并采取各种手段来鼓励持卡人使用循环信用。

4. 企业银行联机

企业单位的计算机与银行主机系统联机后，就可与银行进行日常的银行业务交易。为此，企业要事先申领银行卡，建立相应账号后即可启动联机系统。

5. 家庭银行联机

家庭银行系统，是个人在家里通过计算机和网络，来同银行主机联机，启动交易，并进行查询或转账等交易。在此之前，客户要事先申领银行卡，建立相应的账号，才能启动这个系统。

6. 进行电子商务

客户要通过互联网从事电子商务活动完成交易，可通过相应的银行卡账户完成电子转账工作，实现网上购物或网上缴纳各种费用。

现在银行不断创新，相继推出了银行卡存取款、消费、转账、融资贷款、电话银行、代收代付、证券资金、自助划拨等业务。银行卡功能已从最初的现金支付代替工具向包括融资功能在内的综合化方向发展。

(三)银行卡的种类

银行卡按不同的标准有不同的分类。

1. 银行卡按性质分可分为贷记卡(Credit Card)、借记卡(Debit Card)、复合卡(Combination Card)和现金卡(Cash Card)四种

(1)贷记卡(信用卡)。

最早发行的银行卡是贷记卡，贷记卡一般也称为信用卡，是银行向可信赖的客户提供无抵押的短期周转信贷的一种手段。发卡银行根据客户的信用等级，给持卡人一个信用额度，持卡人无需先在发卡机构存款，即可按此信用额度在任何特约商店消费，也可在 ATM 机上预支现金。它的特征是"先消费，后还款"。

（2）借记卡。

在贷记卡的基础上银行又推出借记卡。借记卡是一种"先存款，后支用"的信用卡，即借记卡的持有人必须先在发卡行有存款，才能消费或在 ATM 机上提取现金。持卡人在特约商店消费后，通过银行转账系统，直接将客户在银行中的存款划拨到商店的账户上。

（3）复合卡。

为方便客户，银行也发行同时具有借记卡和贷记卡两种性质的银行卡，叫复合卡，我国称之为准贷记卡。复合卡持有人必须先在发卡行存储一定金额的备用金，持卡人消费或提现后，银行立即进行扣款操作；持卡人在用复合卡消费或提现时，如果账户余额不足，可在发卡行规定的额度内适当透支。

（4）现金卡。

上述三种卡中，实际上并未存储持卡人所拥有的银行存款或个人信用。这些相关数据是存储在银行的数据库中，这三种卡只是存储了持卡人的账号信息。而现金卡存储了卡号信息和持卡人在卡内持有的现金数。持卡人持现金卡消费时，商家直接从卡内将消费余额扣除，整个消费过程无需银行的参与。现金卡通常由银行发行，或由银行和商业机构联合发行，卡内存储的是电子货币。

2. 按介质类型划分

现代银行卡的卡片片基是由高性能的 PVC 塑料制成，数据载体有两类：一类数据存储在磁条中，相应的银行卡是磁卡；另一类是数据存储在集成电路中，相应的银行卡是 IC 卡。

（1）塑料卡。

20 世纪 50 年代末，发达国家率先用塑料卡制成信用卡，客户消费时，必须先出示此卡以示身份，验明无误后，即可享受信用消费。塑料卡与计算机无关。

（2）磁卡。

磁卡诞生于 1970 年，它是在塑料卡片上粘贴一条磁条而成。磁条是存储介质，用于存储信用卡业务相关数据，使用时必须有专门的读卡设备才能读出其中所存储的数据信息。

磁卡中存储数据的磁条有三个磁道，可记录相关信息，但存储容量小，在 100 字节以下，其中第三磁道可进行读写操作，其他两个磁道是只读磁道，记录有关持卡人姓名、标识号、有效期、账号、国家代码、有效日期、服务类型等信息。

磁卡的制作相对简单，成本较低，通常需要联机系统支持。磁条中的数据易于破译和复制，因而磁卡较容易被复制、读写，效率低、可靠性有限。据统计，全球每年由非法信用卡造成的损失达 10 亿美元以上。

（3）IC 卡。

IC 卡（Integrated Circuit Card）也称智能卡，存储介质是集成电路芯片（如微型

CPU 与存储器 RAM 等），用来存储用户的个人信息和电子货币信息。智能卡除了支付功能以外，还可以附加其他功能，如身份认证等，满足持卡人的多样化需求，可多种系统共用一张卡。

(4)激光卡。

激光卡也称"光卡"，国际标准称之为"光储卡"，是在塑料卡片中嵌入激光存储器而成的。激光卡是一种新型的存储介质，在美国、欧洲、日本等发达国家已经开始使用。光卡的特殊性表现如下：信息存储量大、安全性好、经久耐用。

(四)我国银行卡产业发展历程

我国银行卡产业发展历程大体可划分为四个阶段：

第一阶段：1985 年至 20 世纪 90 年代初期，为起步阶段。1985 年 3 月，我国第一张银行卡"中银卡"在中国银行珠海分行问世，1986 年，中国银行发行了国内第一张信用卡——人民币长城信用卡。

第二阶段：20 世纪 90 年代初期至 1996 年初，为各行大中城市分行独立发展银行卡业务阶段。1993 年 6 月国务院启动了金卡工程。金卡工程建设的总体目标是要建立起一个现代化的、实用的、比较完整的电子货币系统，形成和完善符合我国国情，又能与国际接轨的金融卡业务管理体制，基本普及金融卡的应用。

第三阶段：从 1997 年至 2001 年底，为我国银行卡逐步实现联网通用阶段。

第四阶段：2001 年至今，为我国银行卡联网通用深入发展阶段。

从 2002 年 1 月 10 日开始，包括工商银行、农业银行、中国银行、建设银行、交通银行等 80 余家银行在内的金融机构都陆续发行"银联"标识卡。2002 年 3 月 26 日，我国正式成立了自己的银行卡组织——中国银联，实现银行卡全国范围内的联网通用，推动我国银行卡产业的迅速发展，实现"一卡在手，走遍神州"，乃至"走遍世界"的目标。

(五)信用卡组织

不同品牌的信用卡是由不同的信用卡组织发行的。

1. VISA 简介

VISA 国际组织是目前全球最大的信用卡集团，它致力于开发全球性的产品、系统的网络，并为其会员提供高效率的授权和结算服务。VISA 并不直接向持卡人发卡，也不与特约商户直接发生业务关系，而是为会员提供一个经营框架，在框架范围内，会员可根据既定的章程和规则向持卡人和特约商户提供在全球范围内可被接受的支付手段。每一会员可自行筹划符合当地市场需求的 VISA 产品与服务项目，自行决定经营模式、支付规则及收费标准。

在中国，经中国人民银行批准，VISA 分别于 1993 年和 1996 年在北京和上海成立代表处，并拥有包括银联在内的 18 家中资会员金融机构和 5 家外资会员银行。到 2009 年 6 月 30 日，在中国发行的 VISA 国际卡累计达到 86 万张，占中国发行国际卡份额的 70% 以上。

在电子商务方面，"VISA 验证"服务为持卡人和特约商户提供安全、便捷的网上购物支付方式。

2. Master Card 简介

万事达国际组织于 20 世纪 50 年代末至 60 年代初期创立了一种国际通行的信用卡

体系，旋即风行世界。1966 年，组成了一个银行卡协会（Interbank Card Association）的组织，1969 年银行卡协会购下了 Master Charge 的专利权，统一了各发卡行的信用卡名称和式样设计。随后十年，将 Master Charge 改名为 Master Card。Master Card 是全球第二大信用卡集团，它是一个服务于全球多家金融机构的非营利性协会组织，其会员包括商业银行、储蓄与贷款协会以及信贷合作社。Master Card 的宗旨是为会员提供全球最佳的支付系统和金融服务。

Master Card 自己不发行银行卡，由其会员发行的银行卡包括消费卡、学生卡、小商务卡、公司卡、政府卡和智能卡。Master Card 已发展成为仅次于 VISA 国际的全球第二大信用卡国际组织。

中国银行系统中的中国银行、中国工商银行、中国建设银行和中国农业银行等大多数商业银行都已加入 Master Card 国际组织。

3.JCB 简介

1961 年，JCB 作为日本第一个专门的信用卡公司宣告成立。此后，它一直以最大公司的姿态发展至今，它是代表日本的名副其实的信用卡公司。在亚洲地区，其商标是独一无二的。其业务范围遍及世界 100 多个国家和地区。JCB 信用卡的种类成为世界之最，达 5000 多种。JCB 的国际战略主要瞄准了工作、生活在国外的日本实业家和女性。为确立国际地位，JCB 也对日本、美国和欧洲等商户实现优先服务计划，使其包括在 JCB 持卡人的特殊旅游指南中。

4. 中国银联

中国银联是经国务院同意，中国人民银行批准设立的中国银行卡联合组织，成立于 2002 年 3 月，总部设于上海。目前已拥有近 300 家境内外成员机构。

作为中国的银行卡联合组织，中国银联处于我国银行卡产业的核心和枢纽地位，对我国银行卡产业发展发挥着基础性作用，各银行通过银联跨行交易清算系统，实现了系统间的互联互通，进而使银行卡得以跨银行、跨地区和跨境使用。在建设和运营银联跨行交易清算系统、实现银行卡联网通用的基础上，中国银联积极联合商业银行等产业各方推广统一的银联卡标准规范，创建银行卡自主品牌；推动银行卡的发展和应用；维护银行卡受理市场秩序，防范银行卡风险。

中国银联的成立标志着"规则联合制定、业务联合推广、市场联合拓展、秩序联合规范、风险联合防范"的产业发展新体制正式形成，标志着我国银行卡产业开始向集约化、规模化发展，进入了全面、快速发展的新阶段。在中国银联与各家商业银行的共同努力下，我国银行卡的联网通用不断深化。截至 2009 年 9 月底，境内联网商户达 147 万户，联网 POS 机具达 227 万台，联网 ATM 机达 18.8 万台，一个规模化的银行卡受理网络在我国已经形成。随着联网通用的不断深化和国内银行卡受理环境的不断改善，银行卡交易额呈现快速递进增长。2008 年全国银行卡跨行交易金额达到 4.6 万亿元，是银联成立前 2001 年的 50 倍。银行卡消费额在社会消费品零售总额中的占比由 2001 年的 2.7％上升到目前的 30％。

为把境内商业银行的服务通过银联网络延伸到境外，中国银联积极展开国际受理网络建设。截至 2009 年 12 月，银联卡已在境外 83 个国家和地区实现受理。与此同时，中国银联还积极推动境外发行银联标准卡，为境外人士到中国工作、旅游、学习提供支付便利，目前已有 10 多个国家和地区的金融机构正式在境外发行了当地货币的银联标准卡。银联卡不仅得到了中国持卡人的认可，而且得到了越来越多国家和地区持卡人的认可。

二、电子支票

(一)电子支票的概念

所谓电子支票，英文一般描述为 E-Check，也称数字支票，是将传统支票的全部内容电子化和数字化，形成标准格式的电子版，借助计算机网络(Internet 与金融专用网)完成其在客户之间、银行与客户之间以及银行与银行之间的传递与处理，从而实现银行客户间的资金支付结算。简单地说，电子支票就是传统纸质支票的电子版。它包含和纸支票一样的信息，如支票号、收款人姓名、签发人账号、支票金额、签发日期、开户银行名称等，具有和纸质支票一样的支付结算功能。

在使用上，电子支票与纸质支票一样需要经过数字签名，被支付人数字签名背书，使用数字凭证确认支付者/被支付者的身份、支付银行以及账户，金融机构就可以使用签名和认证过的电子支票进行账户存储。

电子支票的样式如图 2-1 所示：

该支票中各标号分别代表：①使用者姓名及地址；②支票号；③传送路由号(9 位数)；④账号。

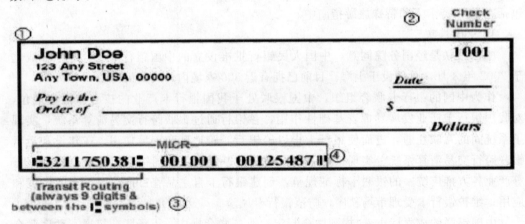

图 2-1　电子支票示例

(二)电子支票支付的特点

1. 电子支票支付的优点

(1)与传统支票类似，用户比较熟悉，易于被用户接受，可广泛应用于 B2B 结算。

(2)电子支票具有可追踪性，所以当使用者支票遗失或被冒用时可以停止付款并取消交易，风险较低。

(3)通过应用数字证书、数字签名及各种加密/解密技术，提供比传统纸质支票中使用印章和手写签名更加安全可靠的防欺诈手段。加密的电子支票也使它们比电子现金更易于流通，买卖双方的银行只要用公开密钥确认电子支票即可，数字签名也可以被自动验证。

2. 电子支票支付模式的缺点

(1)需要申请认证，安装证书和专用软件，使用较为复杂。

(2)不适合用于小额支付和微支付。

(3)电子支票通常需要使用专用网络进行传输。

(三)电子支票安全性要求

1. 电子支票的认证

电子支票是客户用其私钥所签署的一个文件。接收者使用支付者的公钥来解密客户的签名。这样将使得接收者相信发送者的确签署过这一支票。

2. 公钥的发送

发送者及其开户行必须向接收者提供自己的公钥。提供方法是将他们的 X.509 证书附加在电子支票上。

3. 私钥的存储

为了防止欺诈，应向客户提供一个实体卡，以实现对私钥的安全存储。

4. 银行本票

银行本票由银行按如下方式发行：发行银行首先产生支票，用其私钥对其签名，并将其证书附加到支票上。接收银行使用发行银行的公钥来解密数字签名。

三、电子支票的应用实例

目前，基于 Internet 的电子支票系统在国际上仍然是新事物，处于发展之中。电子支票型电子货币系统主要包括 Net Bill 系统、Net Cheque 系统和 FSTC(Financial Service Technology Consortium，美国金融服务技术国际财团)实施的"电子支票项目"等。

1. Net Bill

Net Bill 是由美国匹兹堡的卡内基·梅隆大学(Carnegie Mellon)与美国的梅隆银行(Mellonbank)合作设计开发的一个电子支票系统。它被设计成能够在因特网上传递文本、图像、软件之类信息商品。其目的是提高账户转账的效益，即顾客只需支付极少的手续费，银行即可提供结算服务。

Net Bill 中的简单业务由客户、商家和中心服务器三方参与。把客户使用的软件简称为支票簿，把中心服务器使用的软件简称为钱柜。商家从钱柜收到客户想买或卖什么的信息。

2. Net Cheque

Net Cheque 系统是在 1995 年由南加利福尼亚大学的信息科学学院开发的。购买者和销售者需要在 Net Cheque 有一个账号。为了使系统真正安全，该系统采用了一个 Kereberos 标识和一个口令。为了用支票付款，必须安装某种专门的客户机软件，该软件的功能就像一个支票本。顾客可以使用该软件向贸易商发送加密了的支票。贸易商可以从银行提钱，或在与供应商的交易中使用支票。一个专门的清算账目网络对支票进行验证并给贸易商发送一个"OK"消息，然后贸易商就可以将商品送出去了。该系统主要问题是交换证书和给支票进行签名所需的公钥付款基础设施。因为在 1995 年，还没有出现这样的公钥付款基础设施，而且在同一个时间，基于交易的信用卡也开始发展起来。Net Cheque 的另一个弱点是它的初始顾客和贸易商的基数太小。

Net Cheque 系统中使用 Kereberos 实现认证，并且中心服务器在认为有必要时，可对所有主要的业务进行跟踪。使用 Kereberos 时，要求每个用户产生一个用于签署支票的票据，而票据常常会出现过期的问题，因此要求有一个更好的在线环境。另一主要问题是 Kereberos 环境仅在两方之间建立安全联系，因此无法使得某人签署的支票可由任何其他人种验证。用户 B 不能验证用户 A 对支票的签字，因为票据仅在用户 A 和银行之间建立一种安全的联系。这一问题的解决方法是要求支票的产生者对银行和接收者分别建立两个不同的签名字段。Net Cheque 系统利用 Kereberos 标签来产生电子签名，并对支票进行背书。Net Cheque 包括支票数额、货币单位、日期、账户号码、收款人、客户签名以及商户和银行的背书等。其中前五项是明文，后几项对于收票行来说是可以验证的。在签发支票时，用户产生支票的明文部分。用户从 Kereberos 服务器上获得一个标签 T，用来向银行证实自己的身份，并与银行共同享有一个密钥，再根据支票内容产生一个校验和，并把它放在一个证明器中，生成用户签名。

3. E-Check

FSTC 电子支票 E-Check(Electronic Check)由于只涉及较少的人工步骤，在现在的商业实践中，E-Check 处理技术相对简便。电子支票包含与纸质支票一样的信息，并且是建立在同样的法律框架的基础之上的。电子支票可以直接在用户之间进行交换，而且它可以代替在今天使用纸质支票的所有远程交易。顾客签写电子支票并将它发送给收款人。收款人将电子支票存入银行，得到银行存款，然后，付款人的银行向付款银行结算该电子支票。付款银行使电子支票生效并从顾客的账户中收取支票金额。电子支票提供了可以通过因特网以安全的方式处理银行交易的能力。银行可以自动地验证电子支票的合法性，这样，就可以减少所有被涉及的用户被欺骗的损失。使用金融服务标识语言 FSML(Financial Service Markup Language)、数字签名以及数字证书，可以使系统非常安全。

FSTC(Financial Service Technology Consortium，金融服务技术国际财团)是由美国的银行、大学、企业、研究机构以及政府机关等，组合成立的非营利性团体，参加的主要银行有：美洲银行、波士顿银行、曼哈顿银行、化学银行、花旗银行、国家银行等，它以提高美国金融服务业的竞争力为目的。FSTC 推行了一系列电子货币试验项目，其中，最引人注目的当属电子支票项目。该项目的基本内容是，使用密码技术将支票内容，例如，支付人和支付金额等数据加密之后，用电子邮件授信进行结算。另外，该项目有关支付的详细数据，例如，对该支票是为哪笔支付而签发的问题进行说明的数据，也可以连同支票一起授信。这一特点，可以说是为了实现金融 EDI 对赊销债权的回收状况能够自动核对而特意设计的内容。

四、电子现金

(一)电子现金的概念

电子现金(E-Cash)又称数字现金，是一种以数据形式流通的货币。它把现金数值转换成为一系列的加密序列数，通过这些序列数来表示现实中各种金额的币值。用户在开展电子现金业务的银行开设账户并在账户内存钱后，就可以在接受电子现金的商店购物了。

电子现金是纸币现金的电子化，具有与纸币现金一样的很多优点，随着电子商务的发展，必将成为网络支付的一种重要工具，特别是涉及个体、小额 C2C 电子商务时的网络支付与结算。

(二)电子现金的制作

电子现金是由荷兰的 David Chaum 在 1982 年最先开发出来的，它已经基本形成了一套可行的电子现金制作与应用体系，目前应用中的电子现金大都遵循这个体系。电子现金有着较为严格的制作程序，并且充分利用数字签名等尖端安全技术，以保证电子现金的防伪与可靠。电子现金的制作过程相当于客户从银行购买或兑换电子现金的过程。

(1)客户在发行电子现金的银行建立资金账户，存储一定的现金，并领取相应的客户端电子现金应用软件。

(2)客户在自己的计算机上安装电子现金应用软件，利用此软件产生一个原始数字代币及其原始序列号 X。

(3)客户端借助软件通过将原始序列号 X 与另一个随机数(隐藏系数)相乘，得到一个新的序列号 Y，与原始数字代币一起，发送到电子现金发行银行。

(4)银行收到客户传来的相关信息后，只可以看见这个新序列号 Y 与数字代币的联合体，银行用其签名私钥对其进行数字签名，认可申请人的电子现金价值，并从客户资金账号中扣去对应资金余额。

(5)银行将经过数字签名的新序列号 Y 与数字代币的联合体回送客户。

(6)客户收到后再用隐藏系数分解新序列号 Y，变换出这个数字代币的原始序列号 X，这时收到的经过签名的数字代币与原始序列号 X 联合体就是产生的一定价值的电子现金。客户可把这个电子现金存在硬盘上、IC 卡中或电子钱包中以备使用。

在上述的步骤中，可以一次产生多个电子现金，即批量操作，不断产生的过程就是不断在银行进行兑换的过程，客户的资金账号中的余额也相应地减少。任何收到这些带有发行银行数字签名的电子现金的实体均可以去这个发行银行兑换成相应货币，如纸币。

采用这种产生机制的一个突出特点是，银行不能追溯到刚产生的数字现金客户，因为银行看不到电子现金的原始序列号 X，所以也不知道具体哪些电子现金现在归谁所有。这种隐蔽签名(Blind Signature)技术，是由荷兰阿姆斯特丹 Digi Cash 公司的创始人 David Chaum 发明的具有专利权的数学算法，可用来实现银行对电子现金的认证，而且允许电子现金的匿名，就像纸币的匿名性一样。

(三)电子现金的分类

目前，广为接受的电子现金有两种模式：e 现金(E-cash)和 IC 卡型电子现金。

(1)e 现金是一种在线电子现金，可储存在计算机硬盘中，将代表纸币或辅助币所有信息进行电子化的数字信息块。这个数字信息块可以认为是遵循一定规则排列的一定长度的数字串。例如，"01100100"这个数字串表示 100 元人民币，如果在某台计算机的硬盘中预存了一个"01100100"字符串，就表示硬盘存储了 100 元的电子现金。就像这样，现金数值转换成了一系列的加密序列数，通过这些序列数来表示现实中各种金额的币值。用户在开展电子现金业务的银行开设账户，并在账户内存钱后就可以在接受电子现金的商店购物了。

e 现金代表：荷兰求索公司的 Digi Cash 以及 Net Cash。

(2)IC 卡型电子现金，是一种存在 IC 卡的存储器内，由消费者在自己的钱包里保存的虚拟货币。这种 IC 卡是一种专门用于存储电子现金的智能卡。其中，最典型的就是 Mondex 系统。Mondex 系统使用 IC 卡作为货币价值的计数器，即可以将 Mondex 的 IC 卡看成记录货币余额的账簿。在从卡内支出现金或是向卡内再存入现金时，通过改写卡内的余额记录进行处理。因此，Mondex 类似于存款货币，Mondex 的专用 IC 卡相当于存款账户。

(四)典型的电子现金系统

下面介绍几种目前国际上使用的电子现金系统。

1. E-Cash

E-Cash 是一种实现无条件匿名的电子现金系统，由 Digi Cash 公司（www. digicash. com）开发，也是最早的电子现金系统。目前使用该系统发布 E-Cash 的银行有十多家，包括 Mark Twain，Eunet，Deutsche，Advance 等世界著名银行。在使用 E-Cash 时，买方和卖方必须在发放 E-Cash 的银行建立一个账户，银行向他们提供 Purse 软件，用于管理和传送 E-Cash。然后，资金从常规账户输入到 Purse 软件上，并且在被支出前存储在买方的内置硬盘上。

2. Mondex

Mondex(www. mondex. com)是由英国最大的 West Minster 银行和 MidLand 银行为主开发和倡议的以智能卡为存储介质的电子现金系统，它属于预付式电子现金系统的一种，类似智能卡的应用模式。Mondex 于 1995 年 7 月在英国斯温顿市正式开始使用，可以说是全球唯一国际性的电子现金系统，也是现今最先进最完整的智能卡系统。日本 1997 年引入 Mondex，澳大利亚四家银行、新西兰六家银行都准备推广 Mondex，香港汇丰和恒生银行已经发行 40 000 余张 Mondex 智能卡。

3. Cyber Cash

1994 年 8 月，Cyber Cash(www. cybercash. com)开始提供一种 Cyber Coin 软件，用于处理小额电子现金事务。在资金传输方面，Cyber Coin 与 Digi Cash 相似，资金从常规银行账户上传输给 Cyber Coin 钱夹，然后，买方能用这些钱进行各种事务处理。

4. Net Cash

Net Cash 是由美国南加利福尼亚大学信息科学研究所（www. isi. edu）设计的电子现金系统，具有高可靠性和匿名性，且能安全地防止伪造。系统中的电子现金是经过银行签字的具有顺序号的比特串。其主要特点是通过设置分级货币服务器来验证和管理数字现金，比较安全。Net Cash 产生的电子现金由如下字段组成：货币服务器名称（负责产生这个现金的银行名称及 IP 地址）、截止日期（电子现金停止使用的日期，到期后，银行将使其顺序号不再流通，同时银行还将记录未兑现账单数据库的余额）、顺序号（银行记录尚未兑现的有效账单的顺序号）、币值（电子现金的数量及货币类型）。

5. IBM Mini-Pay

IBM 的 Mini-Pay 系统提供一种电子现金模式，主要用于网上的微额交易。该产品使用 RSA 公开密钥数字签名，交易各方的身份认证是通过数字证书来完成的，电子现金的证书当天有效。

随着电子现金系统不断完善，电子现金一定会像商家和银行界预言的那样，成为方便的网络支付工具。

五、电子钱包

(一)电子钱包的概念

所谓电子钱包，英文为 E-Wallet 或 E-Purse，它是一个客户用来进行安全网络交易，特别是安全网络支付并储存交易记录的特殊计算机软件或硬件设备，如同生活中随身携带的钱包一样，特别在涉及个人的、小额网上消费的电子商务活动中，应用起来很方便而又具有效率。

电子钱包本质上是个装载电子货币的"电子容器"，可把客户有关网上购物的信息，如信用卡信息、电子现金、所有者身份证、地址及其他信息等集成在一个数据结构里，以备整体调用。需要时，只要点击一个相应的图标，就可以把这些信息自动填写在订单上并发送给网上商场，加快购物的速度，是给消费者带来便利且又能方便地辅助客户取出钱包中的电子货币进行网络支付的新式虚拟钱包。在电子商务中应用电子钱包时，真正支付的不是电子钱包本身，而是它装载的电子货币。

(二)电子钱包的形式

电子钱包主要有两种形式：一种是特殊的计算机软件，另一种是特殊的硬件装置。

(1)前者常称为电子钱包软件，主要通过互联网进行在线支付，如微软公司开发的 Microsoft Wallet。

(2)后者常表现为一张智能卡，即 IC 卡，可存储电子现金等电子货币。它不仅可以在线支付，也可以在安装有终端设备的商场刷卡支付。有一些书上则直接把智能卡叫电子钱包。二者的应用方式基本相同。

本节主要介绍软件式的电子钱包。消费者要使用电子钱包支付，通常需要安装一个客户端软件，该软件一般都是免费提供的，可以直接从相关的银行网站上下载。

(三)电子钱包的组成体系

使用电子钱包进行网络支付，需要在客户端、商家服务器与银行服务器建立支持电子钱包支付结算的体系。为使电子钱包可靠运作，其组成体系上一般还要包括商家与银行支持的电子钱包服务系统、客户端电子钱包软件以及电子钱包管理器等构件。

1. 电子钱包服务系统

使用电子钱包，要在电子钱包服务系统中进行。目前世界上最主要的三大电子钱包服务系统是 Visa Cash，Mondex 和 Proton。

2. 电子钱包客户端软件

电子钱包客户端软件安装在用户的计算机上。该客户端软件负责与发卡行的电子钱包管理器进行通信，接收用户输入的 SET 购买指令，并将指令安全地传送到发卡行电子钱包管理器上，再将执行结果安全地取回并显示给用户。电子商务活动中的客户端电子钱包软件通常是免费提供的。许多著名信息厂商研发了许多客户端电子钱包软件，像 Microsoft 的 Microsoft Wallet，IBM 的 Consumer Wallet 和 Cyber Cash 的 Internet Wallet。这些电子钱包软件通常设计为浏览器的 Plug－In 软件，加载在 IE 或是 Netscape 的浏览器上。

3. 电子钱包管理器

在电子商务服务系统中还设有电子货币和电子钱包的功能管理模块，统称为电子钱包管理器。电子钱包服务器安装在银行或第三方金融机构，它为多个用户提供了有关账号管理、历史交易记录管理及支付处理的服务。它负责与电子钱包用户端进行通信，接收并执行电子钱包用户端传送过来的指令，并将结果以安全的通信方式发送到电子钱包用户端。电子钱包服务器在特定端口监听来自用户端的请求并与用户端协商建立一个 SSL 链接，以便双方可以安全通信。客户可以用它来改变保密口令或保密方式，查看利用电子钱包网络支付的记录以及银行账号上收付往来的电子货币账目、清单和数据。电子商务服务系统中还包括电子交易记录器，顾客通过查询该记录器，可以了解自己都买了些什么物品，购买了多少，也可以把查询结果打印出来。

(四)电子钱包实例

目前世界上几种常用的电子钱包是：

1. Agile Wallet

Agile Wallet 由 Cyber Cash 公司开发，可处理消费者结算和购物信息，提供快速和安全的交易。用户第一次用 Agile Wallet 购物时需要输入姓名、地址和信用卡数据。以后访问支持 Agile Wallet 的商家网站时，在商家的结算页面上会弹出有顾客购物信息的 Agile Wallet 框。用户验证了框内信息的正确性后，用鼠标点击一次就可完成购物交易。用户还可将新的信用卡和借记卡信息加入到受保护的个人信息中。

2. E-Wallet

Launch pad 公司的 E-Wallet 是一个免费的钱包软件，消费者可下载并安装到自己的计算机上，而不像其他钱包那样存在中心服务器上。和其他钱包一样，E-Wallet 将顾客个人信息和结算信息存在钱包里。E-Wallet 甚至还专门为用户留出放照片的地方（就像真正的钱包一样）。购物完成时，只需点击图标并输入密码，然后从 E-Wallet 中选定信用卡并拖到结账表中，E-Wallet 就能把你在安装软件时所提供的个人信息填写到表中。为保护你的个人信息，E-Wallet 还有加密和密码保护措施。

3. Microsoft Wallet

Microsoft Wallet 预装在 Internet Explorer4.0 及以上版本(英文版)里，其功能与大多数电子钱包一样，在用户需要时可自动填写订单表。Microsoft Wallet 是微软公司为钱包的标准化而推出的。你输入到 Microsoft Wallet 里的所有个人信息都经过加密并用密码进行保护。它的新版本还能同电子现金系统、网络银行账户及其他结算模式交互。目前它支持运通卡(American·Express)、万事达卡(Master)和维萨卡(Visa)。

▶ 第三节　电子货币面临的风险及其防范对策

一、电子货币面临的风险

电子货币的发展在给我们带来方便、快捷和低成本服务等诸多好处的同时，也带来了以下风险。

(一)法律风险

1. 电子货币的发行主体难以确定

我国目前并没有关于电子货币的专门立法，仅仅在 1999 年颁布的《银行卡业务管理办法》及 2004 年颁布的《电子签名法》中对电子货币有所涉及。《银行卡业务管理办法》规定了储值卡属于银行卡，却没有明确规定非银行是否可以发行储值卡。《电子签名法》主要是规定了电子签名及其认证，为电子签名技术应用于电子货币提供了法律保障，却没有涉及电子货币概念、电子货币发行主体等相关问题。发行主体的不确定性极易造成对电子货币监管的失控。

2. 电子货币相关方发生纠纷的责任难以确定

电子货币从根本上改变了传统的支付方式，电子货币通过计算机网络系统，能在瞬间完成资金的支付和划拨。资金划拨涉及的当事人很多，除了顾客本人、网上银行等发行主体外，还包括资金划拨系统经营主体、通信线路提供者、计算机制造商或软件开发商等众多相关方。当出现某种故障无法准确进行资金划拨时，很难确定各方所应承担的法律责任。

3. 客户隐私权有泄露风险

一方面，电子货币的发行主体通常也发行私人和公共密钥、从事密钥的管理，而密钥事关客户的个人数据隐私，这些资料一旦公布，对客户将造成较大的影响。另外，也不排除电子货币发行主体向第三者出售这些数据资料牟利的可能性。另一方面，发行主体保存着电子货币使用者的交易记录及其他基本信息，如果将这些合法收集的资料用于所声明的目的以外的事项，将给当事人造成重大损失。可见，电子货币有可能带来客户的隐私权保护问题。

(二)安全风险

1. 安全认证的标准不统一

电子货币不同于纸质货币，纸币可以通过物理手段防伪，而电子货币依赖于加密算法、数字签名等技术手段。当电子货币的编码和关键技术数据被掌握时，伪造起来很容易，从而严重影响正常的货币流通秩序。这就要求对电子货币安全技术系统的认定具有相配套的法律约束和保障，但是我国已有的网上银行所采用的安全认证方式各不相同，国家并没有一个明确的标准。

2. 虚拟交易安全性下降

电子货币将以前封闭的系统环境转变成开放的环境，电子货币产品也增加了一些诸如鉴定、认可、完整性方面的问题，安全崩溃可能在消费者、商家或发行者任何一个层次上发生。比如，恶意透支、混入病毒、盗取密码、制造伪卡、黑客入侵等都对电子货币的安全性提出了挑战。

(三)信用风险

(1)对于非金融机构发行电子货币而言，电子货币业务尚处于监管真空，其业务没有实行准入管理。在这种情况下，发行主体吸存了社会公众大量的预付资金，这种"先接收付款，后提供商品"的经营模式，容易引发信用风险。

(2)对于信用卡来说，由于缺乏信用约束，如果一些人利用虚假证明、伪造身份证件、担保资料等骗取银行信用，或者持卡人恶意透支，拒不履行义务或逃避履行义务，就构成了电子货币的信用风险。

（3）由于电子货币发行主体或客户之外的原因导致的错误、渎职和欺诈等结果或行为，也会迫使发行主体承担信誉风险。例如在提供电子服务过程中，由于电力终端、网络拥塞等各种原因可能导致通信中断，如果不能对未完成的操作进行撤销和备份，就容易引起数据错误，从而影响电子货币发行主体的信誉。

（四）洗钱风险

（1）法律上对传统洗钱方式进行控制的重点在银行，主要是通过银行对交易的记录和调查来预防和发现洗钱犯罪活动。这是因为，在电子货币出现以前，洗钱犯罪活动是以银行为中介进行的，银行具有控制客户活动的能力，而且洗钱活动时利用了有形货币。然而电子货币的出现则对反洗钱提出了挑战。随着越来越多的非银行机构成为电子货币的发行主体，许多发行人为了使电子货币更具有吸引力而为电子货币的使用提供了便利，比如匿名性、消费者之间自由转让等，这就使得对电子货币的每笔交易进行跟踪变得十分困难。对于在网络上交易的用户来说，有些电子货币甚至允许个人之间的资产在没有统一清算、没有金融机构干预的情况下实现"钱包到钱包的交易"，而不必向对方透露有关财务信息。这种交易行为依靠系统设计完成，不会留下传统上的犯罪证据，给反洗钱的执法机构带来了难以逾越的障碍。

（2）随着电子货币的不断推广与电子货币支付体系的完善，世界上任何地方的人都可以与其他地方的人使用电子货币通过网络即时交易，而不受任何地域限制。电子货币的使用将引发管辖权上的法律冲突。由于涉及隐私权的保护，不同国家在对电子货币监管上存在差异。这使得洗钱者能够更容易地隐藏交易资金的真实属性。同时，网基类电子货币划拨很难确定发生的地点。在调查这类案件时，执法者首先就会面临管辖权的冲突。这些都对国际刑事司法合作提出了更高的要求。

（五）削弱货币政策效果风险

尽管目前电子货币仍然依托于传统的通货，但其日益广泛的应用，将不可避免地对传统的通货产生替代效应，并衍生出一定的金融风险，直接导致了网络经济社会中货币供给渠道、货币乘数和供给机制的变化，使中央银行的货币控制能力受到影响的有效性会逐渐下降。现金流量是中央银行用来控制私人银行货币及信贷扩张的杠杆。从货币供应量来看，电子货币部分替代流通中的货币，部分通货以数字化、虚拟化形式出现，而中央银行发行的用于流通的货币是整个货币供给的一部分，因此对流通中货币的影响会直接影响到货币供给；从货币需求量来看，电子货币对货币需求的影响主要表现在电子货币部分替代流通中的现金，加快了货币流通速度，从而对货币的需求会减少。因此，电子货币的出现会对货币供应量、超额准备金和基础货币等货币政策中介指标产生影响，使他们难以测度，会潜在地影响到货币政策的制定，削弱货币政策的效果。

二、防范电子货币风险的对策

（一）建立健全电子货币法律法规体系

（1）通过立法适当限制电子货币的发行主体。电子货币的发展应靠市场的力量，而不是用强制的方式指定由谁来发行或经营。但电子货币发行主体也要符合一些条件，比如经过事先批准，满足最低资本要求，具有健全和谨慎的经营机制等。通过限制发行主体的准入条件，从源头上控制电子货币的风险。

(2)以法律的形式确定电子货币相关方的权利和义务。根据电子货币的发展，研究、制定和明确电子货币规范化运作的一系列相关法律法规，明确界定电子货币涉及的各方当事人的权利、义务范围以及争端解决机制，以解决目前电子货币交易过程中各方权责不清的现象，保护各方的正当权益，一旦发生纠纷时能够追究相应的责任。

(3)明确规定对电子货币隐私权的保障。

(二)加强电子货币的安全控制

(1)统一电子货币的安全技术标准和认证方式，建立合理有效的电子货币识别制度。按照系统工程的理论和方法，根据管理信息系统原理，按一定的标准和规范，确立统一的发展规划和技术标准，有利于统一监管和防范安全风险。

(2)电子货币的开发者、发行主体应建立内部风险控制和管理秩序，能够识别、衡量、监管和控制各种潜在的风险，既要防范计算机犯罪、防病毒、防黑客，还应防止自然灾害恶意侵入、人为破坏、金融诈骗等，确保信息的完整性和对消费者隐私权的保护，提供安全、可靠、可用的电子货币产品，保护电子货币交易各方的合法利益。

(三)防范电子货币的信用风险

(1)实行电子货币发行主体的资格准入制度，根据电子货币发行机构电子货币余额向其征缴准备金，防止人为地放大社会信用规模而放大信用风险。

(2)建立良好的信用评估体系，电子货币的发行主体要对客户的信誉状况、财产状况做很好的分析和预测，设法了解客户以往进行电子交易时的信用状况、信贷记录等。同时对客户的数字证书进行核实和备份，用来在以后的交易中对客户的数字签名进行验证，以降低信誉风险发生的可能。

(3)电子货币发行主体要通过制定应急计划来建立对服务中断事件的处理方法，从而限制内部处理中断、服务或产品传送中断的风险。应急计划包括数据恢复、替代性的数据处理能力、紧急备用人员和客户服务支持。

(四)加强对电子货币洗钱的防范

(1)建立严格的身份认证制度和交易记录制度。

(2)扩大反洗钱责任人的覆盖面。除了银行类金融机构外，承担反洗钱义务的责任人还应该包括非银行的电子货币发行主体和互联网服务提供商，督促其履行反洗钱义务，打击运用电子货币的洗钱活动。

(3)加强打击电子货币洗钱的国际合作。

(五)加强货币政策执行效果

如果电子货币已经成为社会普遍接受的产品，进入一个稳定增长阶段，对基础货币的替代足以影响到货币政策的执行，中央银行就应逐步调整货币政策中介目标，并改变货币政策操作机制。我国目前仍以货币供应量作为货币政策的中介目标，中央银行对货币供应量的调控是通过调控和影响商业银行的准备金来实现的。因此，如果要继续以货币供应量作为货币政策的中介目标，那么我国货币当局应同时对传统货币和电子货币进行管理，将电子货币也纳入货币供应量的考察范围进行调控。而且，应该对电子货币发行机构实行准备金管理，以便可以通过调整电子货币的准备金比率影响电子货币的供应量，进而实现货币政策的操作目标。

▶ 支付实务链接：招商银行"一卡通"

"一卡通"是招商银行向社会大众提供的、以真实姓名开户的个人理财基本账户，它集定活期、多储种、多币种、多功能于一卡，多次被评为消费者喜爱的银行卡品牌。是国内银行卡中独具特色的知名银行卡品牌。招行从 1995 年 7 月发行"一卡通"以来，凭借高科技优势，不断改进其功能，不断完善综合服务体系，创造了个人理财的新概念。

一卡通申请：持本人有效身份证件到招商银行营业网点办理开户手续。如代办一卡通，需同时出示代理人身份证明。

一卡通功能：集定活期、多储种、多币种、多功能于一卡，具有"安全、快捷、方便、灵活"的特点。

(1)一卡多户。具有人民币、美元、港币、日元、欧元等币种的活期、定期等各类储蓄账户。

(2)通存通兑。在招行同城任一网点办理各储种存取款业务；在全国各网点办理人民币、港币、美元活期账户异地存取款业务。

(3)自动转存。凡存有整存整取存款且到期后，银行自动按原存期连本带息代为办理存款转存。

(4)自助转账。在招行柜台申请自助转账服务功能后，可以直接使用招行电话银行、自动柜员机、查询终端及网上个人银行，办理以下业务：

① 人民币或外币同一币种同一钞汇类的同名账户的同城"一卡通"、存折之间相互划转；

② 特别说明：办理同一"一卡通"内的人民币或同外币同一钞汇类型账户间的定活互转。无需到柜台办理申请手续，由电脑系统自动开通。

(5)商户消费。在招行和中国银联以及当地金卡工程的特约商户直接进行消费结算。

(6)自动柜员机提款。在招行开户地自动柜员机上办理人民币活期取款、修改密码、第三方转账及查询活期账户余额等业务；在招行非开户地自动柜员机上可办理人民币活期取款；还可在加入中国银联或当地金卡工程的他行自动柜员机上办理人民币活期取款、活期账户余额查询业务。

(7)自助存款机。在招行开户地自助存款机可办理人民币活期、整存整取、零存整取等存款业务；非开户地存款业务即将开通。

(8)查询服务。招行柜台、自助银行、电话银行、网上银行等各种渠道，为客户提供存款利率、汇率、业务简介及各类账务查询。

(9)电话银行。招行电话银行提供自动语音服务和人工服务。

① 直接拨打 95555 或开户地的电话银行，并根据自动语音提示可以办理账务查询、转账、挂失等业务。

② 95555 电话银行人工服务可提供 24 小时业务咨询服务和受理客户的投诉。

(10)手机银行。招行手机银行(WAP 版、网页版)，无须开通和注销，只要您的手机可以上网，在浏览器中输入招行手机银行网址：http：//mobile.cmbchina.com ，即可访问招行手机银行。

(11)网上个人银行专业版。在招行柜台申请"网上个人银行专业版"功能后，通过网上银行办理个人账务查询、转账、汇款、网上支付、外汇买卖等业务。

(12)网上个人银行大众版。凭招行一卡通即可直接通过网上个人银行(大众版)办理如下个人银行业务：查询账户余额和交易、转账、修改密码等，另外客户还可以通过其申请网上支付卡、自助充值和缴费、投资国债、申请个人消费贷款等。

(13)网上支付。在招行柜台或网上银行申请"网上支付"功能后，通过招行网上商城中的特约商户在线选购全国各地商品或享受其他服务，同步完成消费款项的支付。

(14)银证转账。在招行柜台或招行特约券商处申请银证转账服务功能后，通过招行电话银行、网上银行等自助设备，可实现活期账户与指定券商处开立的证券保证金账户之间的资金相互划转。

(15)银基通。在招行柜台申请银基通服务功能并开立银基通账户后，可通过柜台、网上银行、电话银行办理各项开放式基金认购、申购、赎回等交易及查询业务，其他各项开放式基金转托管、非交易过户等业务在柜台办理。

(16)外汇买卖。在招行柜台申请个人外汇买卖业务后可以在招行电话银行、自助终端、柜台、手机银行、网上银行等多渠道办理外汇买卖委托、查询等业务。客户可轻松参与并投资于国际外汇市场获取一定的投资汇报。

(17)助贷款。在与招行签署协议后，以存入招行一卡通内的自有本外币定期储蓄存款做质押，通过电话银行、网上银行和自助终端等自助设备向招行申请获得贷款并可通过以上渠道自助还款。

(18)自助缴费。在招行柜台或电话银行、网上银行、手机银行等渠道申请自助缴费服务功能后。通过招行电话银行、网上银行向招行的特约收费单位自助交纳各类费用。

(19)代理业务。根据单位或个人书面委托，银行可为单位或个人办理工资发放或代缴各种费用。

本章小结

本章主要介绍了电子支付工具——电子货币。电子货币是商业银行的金融创新工具。电子货币与传统货币存在本质的区别。电子货币与传统货币相比有自身的优势，即：快捷方便、处理简单、简化汇兑。目前，我国各大银行都发行了各自的银行卡，中国人民银行为方便银行间的互通，自2002年1月10日推出了银行卡联网通用标识——"银联"。而国际银行卡市场上的主要品牌包括VISA、Master Card等，能够方便客户在国际间进行交易。本章对电子现金、电子支票以及电子钱包概念及主要功能进行详细阐述，为今后适应网络支付奠定了扎实的基础。在世界各地，电子支付工具正在发展当中并取得了极大的成功，得到众多用户和系统运营商的青睐。未来的电子货币网络支付必然涉及与金融领域相关的银行、证券、保险、邮电、医疗、文体娱乐和教育等众多行业，市场潜力巨大。电子货币必将会改变贸易方式以及我们的生活方式。

复习思考题

1. 什么是电子货币？电子货币与传统货币相比有哪些优势？
2. 什么是银行卡？银行卡有哪些类型？
3. 国外有哪些主要信用卡组织？
4. 什么是电子现金？电子现金有哪些特点？
5. 什么是电子支票？典型电子支票系统有哪些？
6. 简述电子货币面临的风险有哪些？如何防范？

技能实训题

登录我国各大银行的网站和一些相关论坛，了解并整理每个银行所发银行卡的类型，以及每种银行卡具有哪些功能。

案例分析

网络货币与电子货币

近年来，由于网络游戏等领域的飞速发展，人们对于互联网上的事物往往冠以"虚拟"一词。因此，有人把互联网上正在使用的货币称为"虚拟货币"。其实，像"腾讯Q币""新浪U币""盛大元宝""网易POPO币"等，都应该算是"网络货币"，并不是科学意义上的电子货币，它们并不具有真正货币所具有的特征。

以腾讯Q币为代表的网络货币，其实就是用于计算用户使用腾讯等网站各种增值服务的种类、数量或时间等的一种统计代码，用户可以通过Q币等使用相关增值服务。比如，Q币由腾讯公司销售。用户通过腾讯公司及其合作伙伴以及授权经销商购买Q币并充值到自己的QQ号码对应的个人账户中。

"网络货币"并非由金融机构发行，无法得到社会的普遍认同。无论是腾讯Q币，还是新浪U币，抑或是盛大元宝、网易POPO币，它们都仅仅是一家互联网厂商推出的、用于代表自己所提供的某种商品或服务的数据符号而已。至今为止，没有哪家银行参与到这种"网络货币"的推出之中。由于厂商之间往往存在某种竞争性，为了保护自身的商业利益，他们的"网络货币"体系往往是相互独立的。因此，"网络货币"并不能够像人民币或电子货币一样得到整个社会的普遍认同，并在现实社会中流通。它只是一种虚拟货币。

"网络货币"仅是一种提货凭证，"单向流通"的特性使其无法起到一般等价物的作用，推出"网络货币"的厂商，一般都是互联网服务企业，它们推出"网络货币"的最终目的是为了给用户提供一个消费自己所提供的商品或服务的一种便利的支付渠道。

由于互联网服务往往具有"额度小""发生频繁"等特点，互联网企业都在寻找一种能够使用户"一次支付，多次使用"的渠道。显然，先让用户使用一定数额的现金购买"提货凭证"，然后再使用该"提货凭证"换取厂商所提供的服务，是一个不错的解决方案。在这种情况下，用户往往只需要在购买"提供凭证"时支付真正意义上的现金或电子货币，而在互联网服务商那里只需要凭自己的用户名和密码，就可以将购得的"提货

"凭证"换成自己希望得到的数个商品或多次服务。这种便利性是不言而喻的。

毫无疑问，"网络货币"就是我们所说的数据化的"提货凭证"。既然是"提货凭证"，它往往只能兑换该互联网服务商的产品或服务，却无法得到另外的服务商和用户的认同。除非我们能够把这种"提货凭证"自由合法地兑换为真正意义上的现金或电子货币。

目前，几乎所有推出"网络货币"的厂商，都不提供"网络货币"兑回现金的服务。而双向甚至多向流通，正是货币能够充当一般等价物的基础所在，"单向流通"的特性决定了"网络货币"是无法充当一般等价物的。

类似 Q 币的网络服务收费模式，不具有货币的基本属性，也不能称其为所谓的"电子货币"，其不具有一般等价物的交换功能，不能在不同法律主体之间等价交换；不能逆向为人民币。在法律性质上更类似于电话充值卡等，用户以人民币购买 Q 币，不是为了其交换或投资功能，仅是能够实现在腾讯提供的诸多互联网增值服务中灵活的、小额的选择服务。以人民币购买 Q 币环节支付即已完成，就像购买任何实物的商品；用户购买 Q 币后，即与腾讯这一确定的单一主体建立了合同关系，而不是像对人民币一样具有物权。

（资料来源：http：//www.xmsme.gov.cn）

案例思考题：

1. 腾讯为什么推出 Q 币？Q 币有什么特点？
2. 为什么说网络货币不是电子货币？二者有什么区别？

第三章　网络支付系统

本章学习目标

➢ 理解网络支付系统的概念、功能。

➢ 掌握 ATM、POS 系统终端的使用。

➢ 理解 SWIFT 与 CHIPS 的业务联系。

➢ 了解现代化的支付系统 CNAPS 的作用。

➢ 了解微支付的定义和移动支付的应用。

案例导读：中国现代化支付系统的发展进程

中国现代化支付系统(CNAPS)是中国人民银行为适应我国经济发展的要求，充分利用现代计算机技术和通信网络技术开发建设的高效、安全处理各银行办理的异地、同城各种资金汇划业务及其资金清算和货币市场交易资金清算的应用系统。

目前，中国现代化支付系统业务覆盖全国所有省、自治区和直辖市，连接中国境内办理结算业务的各银行金融机构、香港和澳门人民币清算行以及中央债券登记结算公司、中国银联、中国外汇交易中心、全国银行同业拆借中心和城市商业银行汇票处理中心，提供实时全额资金清算服务、净额资金清算服务、支付管理信息服务。

2005 年 6 月人民银行建成大额实时支付系统(简称大额支付系统)(HVPS)，并实现该系统与各银行业金融机构行内支付系统、中央债券综合业务系统、银行卡支付系统、人民币同业拆借和外汇交易系统等多个系统以及香港、澳门人民币清算行的连接，为银行业金融机构及金融市场提供安全高效的支付清算服务，支持香港、澳门人民币清算业务。

2006 年 6 月，人民银行建成小额批量支付系统(简称小额支付系统)(BEPS)，该系统支撑多种支付工具的应用，实行 7×24 小时连续运行，为银行业金融机构的小金额、大批量跨行支付清算业务提供了一个低成本的公共支付平台。

2007 年 7 月，人民银行建成全国支票影像交换系统(CIS)，运用影像技术将实物支票转换为支票影像信息，处理银行机构跨行和行内的支票影像信息交换，实现支票全国通用。近年来，人民银行不断改善全社会金融服务环境，推动了现代化支付系统的建设，有效促进了社会资金的安全高效运转，提高了全社会资金的使用效率。当前，我国现代化支付系统在经济领域中已发挥越来越重要的作用，它每天清算的资金量数额巨大。

2008 年 7 月，人民银行建成境内外币支付系统，并正式宣布获代理结算资格的银行名单。获得境内外币支付系统代理结算银行资格的商业银行分别是：中国工商银行为欧元、日元代理银行；中国银行为美元代理结算银行；中国建设银行为港币代理结算银行；上海浦东银行为英镑、加拿大元、瑞士、法郎等货币代理结算银行。

案例启示：网络支付系统是电子商务走向成功的关键因素。网络支付要顺利完成，需要具有与之对应的网络支付系统为基础。网络支付系统的建设涉及国家、银行、商家、用户等很多利益相关者。经过多年努力，目前我国已经有了大额支付、小额支付、微支付的网络支付系统，为网络支付和电子商务发展创造了条件。

▶ 第一节 网络支付系统概述

随着电子商务的蓬勃发展，传统的支付结算方式在电子商务交易中暴露出运作速度慢与处理效率低等许多弱点，不能满足电子商务对支付结算的需求，因此，与电子商务相匹配的网络支付系统应运而生。

一、网络支付系统的概念

网络支付系统是电子商务系统的重要组成部分，它指的是消费者、商家和金融机构之间使用安全电子商务手段交换商品或服务，即利用现代化支付手段，将支付信息通过网络安全的传送到银行或相应的处理机构，以实现网络支付的系统。网络支付系统是融购物流程、支付工具、安全技术、认证体系以及金融体系为一体的综合大系统。

二、网络支付系统的构成和功能

(一)网络支付系统的基本构成

网络支付系统是一个由买卖双方、网络金融服务机构、网络认证中心、电子支付工具和网上银行组成的大系统。网络支付系统的基本构成如图 3-1 所示，主要有用户、商家、银行、支付网关、CA 认证中心、支付工具和支付协议。

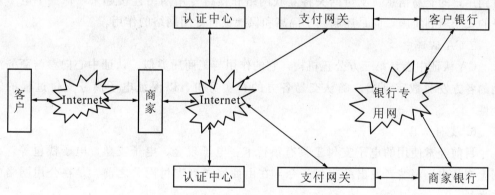

图 3-1　网络支付系统的基本构成

1. 客户

客户是指与某商家有交易关系并存在未清偿的债权债务关系的一方(一般是债务)，客户用自己已拥有的支付工具(如信用卡、电子钱包等)来发起支付，是支付体系运作的原因和起点。

2. 商家

商家一般是指交易中拥有债权的一方，它可以根据用户发起的支付指令向银行系统请求货币支付。商家一般准备了专用的后台服务器来处理用户发起的支付过程，包括用户身份的认证和不同支付工具的处理。

3. 银行

电子商务的各种支付工具都要依托于银行信用。作为参与方的银行方面会涉及用户开户行、商家开户行、银行专用网等方面。

（1）用户开户行：是指用户在其中拥有自己账户的银行，用户所拥有的支付工具就是由开户行提供的，用户开户行在提供支付工具的同时也提供了很行信用，即保证支付工具的兑付。在利用银行卡进行支付的体系中，用户开户行即为发卡行。

（2）商家开户行：是指商家在其中拥有自己账户的银行，支付过程结束时资金应该转到商家在开户银行的账户中。商家将用户的支付申请提交给开户行后，就由商家开户行进行支付授权的请求并完成与用户开户行之间的清算。商家的开户行是依据商家提供的合法账单来操作，因此又被称为收单银行。

（3）银行专用网：是银行内部及银行之间进行通信的网络，具有较高的安全性。中国的银行专用网主要包括中国国家现代支付系统、人民银行电子联行系统、工商银行电子汇兑系统和银行卡授权系统等。

4. 支付网关

支付网关是公用网和银行专用网之间的接口，支付信息必须通过支付网关才能进入银行支付系统，进而完成支付的授权和获取。支付网关的建设关系着支付结算的安全以及银行自身的安全。

电子商务交易中同时传输了两种信息：交易信息与支付信息。这两种信息在传输过程中不应被无关的第三者阅读，此外，商家不应看到用户的支付信息，银行也不应看到用户的交易信息。支付网关将互联网络和银行专用网络连接起来，保证了电子商务的安全顺利实施，同是还起到了隔离和保护银行专用网络的作用。

5. CA 认证中心

CA 认证中心是第三方公正机构，它的作用与工商局类似。认证中心向参与商务活动的各方发放数字证书，确认交易各方的真实身份，以保证电子商务支付过程的安全性。

6. 支付工具

目前经常使用的电子支付工具有银行卡、电子现金、电子支票、电子钱包等。在网上交易中，消费者发出的支付指令，在由商家送到支付网关之前，是在公用网络中传送的。

7. 支付协议

支付协议的作用就是为公用网络上支付信息的流通制定规则并进行安全保护。目前比较成熟的支付协议主要有 SET 协议、SSL 协议等。一般来说，协议对交易中的购物流程、支付步骤、支付信息的加密、认证等方面做出规定，以保证在复杂的公用网中的交易双方能快速有效、安全的实现支付与结算。

（二）网络支付系统的功能

从前面的介绍可知，与传统支付系统相比，网上支付系统要复杂得多。网上支付系统具有的功能也比传统支付要多，具体来讲有以下几个方面。

1. 使用数字签名和数字证书实现各方的认证

为保证交易的安全性，应对参与贸易的各方身份的有效性进行认证，通过认证机构向参与交易的各方发放数字证书，以证实其身份的合法性。

2. 使用加密技术对业务进行加密

可以采用单钥体制或双钥体制来进行加密，采用数字信封、数字签名等技术来加强数据传输的保密性，以防止未被授权的第三者获取信息的真正含义。

3. 使用信息摘要算法以确认业务的完整性

为保护数据不被未授权者建立、嵌入、删除、篡改、重放，而完整无缺地到达接收方，可以采用资料摘要技术，通过对原文生成信息摘要一并传送给接收方，接收方就可以通过摘要判断所接收的信息是否完整。接收方若发现接收的信息不完整，则应要求发送端重发以保证其完整性。

4. 当交易双方出现纠纷时，保证对业务的不可否认性

这用于保护通信用户应对来自其他合法用户的威胁，如发送用户否认他所发送的信息，接收方否认他已接收到的信息等。支付系统必须在交易过程中生成或提供证据来迅速辨别纠纷中的是非，可以通过仲裁签名、不可否认签名等技术来实现。

5. 能够处理贸易业务的多边支付问题

网上贸易支付要牵涉客户、商家和银行等多方，其中发送的购货信息与支付指令必须链接在一起，因为商家只有确认了支付指令后才会继续交易，银行也只有确认了支付指令后才会提供支付。但同时，商家不能读取客户的支付指令，银行也不能读取商家的购货信息，这种多边支付的关系可以通过双重签名等技术来实现。

6. 整个网上支付结算过程的便捷

对网上交易各方，特别对客户来讲，应该是方便、易用的，手续与过程不能太烦琐，大多数支付过程对客户与商家来讲应是透明的。

7. 能够保证电子支付结算的速度

即应该让商家与客户感到快捷，这样才能体现电子商务的效率，发展电子支付结算的优势。

三、网络支付系统的发展

网络支付系统的发展是与电子银行业务的发展密切相关的，从历史的角度来看，网络支付系统经历了五个发展阶段：

第一阶段：银行利用计算机处理银行之间的业务，办理结算。

第二阶段：银行计算机与其他机构计算机之间资金的结算，如代发工资等业务。

第三阶段：利用网络终端向客户提供各项银行业务，如客户在自动柜员机（ATM）上进行取、存款操作等。

第四阶段：利用银行销售点终端（POS）向客户提供自动的扣款服务，这是现阶段电子支付的主要方式。

第五阶段：支付可随时随地通过互联网进行直接转账结算，形成电子商务环境，这种方式称为网络支付。

目前 EFT（电子资金转账）系统是银行同客户进行数据通信的一种有力工具。通过它，银行可以把支付系统延伸到社会的各个角落。如零售商店、超级市场、企事业单位及家庭等，从而为客户进行支付账单、转账、咨询、缴纳税金、进行房地产经营等金融活动提供方便、快捷的服务。

在网络时代，EFT 系统的应用已经发展成一个集 Intranet、Extranet 和 Internet 的

广泛的电子支付网络系统。调查显示，越来越多的网民在网上购物时选择网络支付。

四、网络支付系统的分类

根据每次交易额的大小不同，网络支付系统可以分为三类：大额支付系统、小额支付系统、微支付系统。各类系统的主要特点概述如下：

(一)大额支付系统

大额支付系统主要处理银行间大额资金转账，通常支付的发起方和接收方都是商业银行或者在中央银行开设账户的金融机构。大额系统是一个国家支付体系的核心应用系统。现在的趋势是，大额支付系统通常由中央银行运行，处理贷记转账。大额支付系统对支付交易虽然可做实时处理，但要在日终进行净额资金清算。大额支付系统处理的支付业务量很少(1%~10%)，但资金额超过90%，因此大额支付系统中的风险管理特别重要。

(二)小额支付系统

小额支付系统分为脱机小额支付系统和联机小额支付系统两类。小额支付系统的主要特点就是交易金额小、业务量大、交易资金采用净额结算。

脱机小额支付系统，亦称批量电子支付系统，主要指 ACH(自动清算所)，主要处理预先授权的定期贷记(如发放工资)或定期借记(如公共设施缴费)。支付数据以存储介质或者数据通信方式提交清算所。

联机小额支付系统指 POS 机系统和 ATM 系统，其支付工具为银行卡(信用卡、借记卡等)。

(三)微支付系统

微支付，即 Micro Payment，是指款额特别小的电子商务交易，类似零钱应用的网络支付方式。支付数额上，美国发生的支付金额一般在 5 美元以下，中国相应为 5 元人民币以下，这不是统一标准。目前手机移动支付系统比较适合这种应用状况。另外，一些企业还开发了电子零钱系统，也是实现微支付的方式之一。

▶ 第二节　联机小额支付系统

一、ATM 系统

(一)ATM 系统简介

ATM 是自动柜员机(Automatic Teller Machine)的英文缩写。ATM 系统是一种多功能、全天候的自动服务系统，是用户利用银行发行的银行卡在自动柜员机上自行执行存取款、转账等功能的一种自助电子银行系统。它是银行柜台存取款系统的延伸，用该系统可把银行的服务扩大到银行柜台以外的地方。因此，ATM 系统是无人管理的自助的出纳装置。ATM 既可安装于银行内，也可安装于远离银行的购物中心、机场、工厂和学校，可提供全天候(每天 24 小时)的日常的银行业务服务。

ATM 系统自 1967 年推出以来，得到了迅速发展，它是客户与金融机构最典型的银行卡授权支付系统的代表，是电子资金转账(EFT)系统中应用最早、最成功的系统之一。

(二)ATM 系统主要功能

1. 取现功能

在规定限额内为客户提供自动取款功能，通常 ATM 对每笔取款业务都要做严格的检查。如判定是否为合法客户、取款次数是否超限、取款操作是否超时、是否为挂失户、是否有足够余额等检查。合格则付钞，整个处理过程通常只要几十秒钟时间。

2. 存款功能

主要用于吸收小额现金和备付转账款项。现代的 ATM 机具有纸币识别功能，能识别纸币的真伪和面额。存款检验无误后，系统即将存款金额过账到客户的账户内。

3. 转账、支付功能

ATM 还能提供丰富的转账功能如公用事业费、薪水的转账、支票账户、储蓄账户、信用卡账户之间的转账等。提供抵押货款的偿还和小额贷款的偿还，使用 ATM 更为灵活方便。

4. 账户余额查询功能

主要提供各种信息查询，如账户余额、未登折交易笔数及有关利率、汇率等各种信息。有些 ATM 将查询结果直接打印在客户凭条上，不在显示屏上直接显示。

5. 非现金交易功能

如修改密码，每位持有银行卡的用户都拥有一个相应的密码，一旦用户认为有必要时可在 ATM 上利用其提供的功能模块完成修改密码工作。具体操作时必须先准确输入原密码，然后根据提示信息，两次准确输入密码，经确认后便完成修改。

6. 管理功能

例如，查询营业过程中现金耗用、填补及调整后的数据；安全保护功能等。

(三)ATM 系统特性

ATM 服务方式与柜台操作方式相比具有明显的优越性，主要表现在：

1. 自我服务，方便易学

ATM 提供给用户一个自我服务的环境，基本上不用排队等候，不直接面对银行职员，且使用简便，操作界面友好，有各种菜单式的提示信息，稍有一点文化的人都易学会使用。

2. 效率提高

ATM 处理速度可达到人工处理速度的 5 倍以上，每笔业务的处理一般只需 40 秒左右的时间，加快了业务处理的速度，提高了银行的工作效率。

3. 跨越时空提供服务

ATM 能够为客户提供 24 小时全天候的连续服务，并且不受地理位置限制，可以遍布各银行、商店、宾馆、机场、车站等地，随时随地为客户提供多功能的服务。

4. 安全、保密、可靠

ATM 有完善的数据入口检查，有可靠的数据处理保密措施，有安全的密码生成方法和严格的密码管理原则，并提供一系列自我检测、自我防护措施，提高了系统的可靠性，使客户能放心大胆地使用。

(四)ATM 系统基本组成

(1)持卡人。持有可被 ATM 系统使用的银行卡用户。

(2)ATM 终端设备。

(3)发卡银行。它们是共享系统的成员行，发卡行对外发行银行卡。

(4)清算银行。它负责共享系统内跨行账务清算的处理单位，一般由中央银行担任。

(5)交换中心。它负责共享系统内各种交易信息的转接处理和管理工作。上述ATM 系统各成员之间，通过交换中心，连接成一个大型的共享网络。交换中心可由某个发卡银行，也可由多个发卡行合作经营管理，还可由第三方担任。在共享 ATM 系统里，成员行的持卡人可在共享网络的任何一台 ATM 上进行存取款交易。

(五)ATM 的工作流程

ATM 的工作流程以取款业务为例，分为以下几个步骤：

(1)接收银行卡。客户凭磁卡使用 ATM 时，根据 ATM 提示的操作方法，将银行卡插入相应的孔由 ATM 读出银行卡磁条中信息判别其合法性，如果是黑名单上的卡、已挂失的卡、已销户卡，则做吞卡处理；如果是非本机所能使用的卡，则退出磁卡；如果是合法卡，则进入第(2)步。

(2)接收密码。客户根据提示输入相应密码，为确保安全，此密码不能在屏幕上显示出来，ATM 将此密码与磁卡读入的密码进行核对，若不相符则提示密码错需重新输入，累计出错三次以上则做吞卡处理，如果此卡确系此客户输入密码错，则可凭身份证去银行指定网点取回，如果此卡非此客户所有，这样可保护合法持卡者的利益。

(3)接收功能选择。客户根据提示选择相应的功能代码，如输入错误则须重输。

(4)接收金额。取款时客户需要输入取款额，ATM 对其进行合法性判别，如果取款金额超出一次最多限额、未达最低限额或不是 ATM 所提供票面额的整数倍(如 100元的整数倍)等，则需要重新输入金额直到符合规定为止；如余额不足时，则 ATM 做退卡处理，客户必须加入存款才能使用。

(5)ATM 处理。所有的项目检查均为合法，则由 ATM 自动处理打印日志、打印客户收据、配款、付钞、向主机系统传送数据等。

(6)退出银行卡。业务处理完毕或无法处理业务则由 ATM 退出银行卡，客户在规定时间内需取走，超过时限(如 30 秒)ATM 自动吞卡，以保护持卡人的利益。

(六)ATM 系统的安全措施

ATM 完成自动、实时银行业务的处理，安全、可靠极为重要。ATM 提供了以下三项安全措施：

1. 密码的安全措施

除了 ATM 对密码的输入不做显示，超过三次输错密码做吞卡处理及允许用户修改自身密码以外，ATM 还提供了一套完善的密码生成方法，通常以客户个人授权密码(PIN)及相关数据形成的明文数据和密钥作为参数，运用传统的 DES 密码算法，将其转换为加密数据。

2. 数据的可靠传输

为确保各项数据安全、可靠、正确无误地传输，通常采用通信密钥和传输数据进行变换处理，形成不可识别的非最终结果的乱码，以乱码形式进行传输，接收方收到数据后按规定的算法对其进行解乱码处理，恢复为原始数据，再做进一步处理。

3. ATM 的自身防护措施

ATM 通常处于远离银行的地方，为确保其安全、可靠，ATM 有一套自身防护措施，如当遇强大外力时，ATM 会自动关机并发出警报；当通信线路发生故障时，ATM 自动停机并暂停业务处理，直至故障修复；ATM 还能随时打印每笔业务的处理情况及设备运转情况，供银行职员随时检测 ATM 的运行情况。

二、POS 系统

(一)POS 系统简介

POS 是销售点终端(Point of Sales)的英文简写，它是通过自动设备(如收银机)在销售商品时直接读取商品条形码或 OCR 码(光字符码)的信息，并通过网络传送至有关部门进行分析利用以提高商家经营效率的系统。

POS 终端由主控设备、客户密码键盘和票据打印机三部分组成。主控设备包括磁卡阅读器、信息显示器和数据输入器。磁卡阅读器识别客户类磁卡的信息；信息显示器提供交易信息；数据输入器有键盘、条形码、光字符阅读等多种形式。客户密码由客户密码键盘输入，票据打印机输出交易单据。

POS 系统自 1968 年出现以来，经历了几个发展时期：第一代是使用借记卡的专有系统。第二代是共享的，即联机的 POS 系统，既可用借记卡，也可用信用卡进行购物消费。第三阶段是随电子商务快速发展，出现了为完成网上购物、网上支付和电子转账的 POS 系统。

POS 通常安装在商店、宾馆、餐厅、超市等场所，通过同银行主机联网可迅速完成消费结算。POS 销售点终端系统实现了银行、客户与商业部门三方之间的联系，将银行传统业务扩展到了新的领域，渗透到商业、服务领域的经营活动中。

(二)POS 系统的主要功能

目前，被广泛采用的共享 POS 系统可提供下列多种服务：

1. 自动转账支付

自动完成顾客的转账结算，即依据交易信息将客户在银行开立的信用卡账户的部分资金自动划转到商家在银行开立的账户上，具体指 POS 能完成消费付款处理、退货收款处理、账户间转账处理、修改交易处理、查询交易处理、查询余额处理、核查密码处理并打印输出的账单等功能。

2. 自动授权

POS 系统具有信用卡的自动授权功能，如能自动查询信用卡、止付黑名单，自动检测信用卡是否为无效卡、过期卡，自动检查信息卡余额、透支额度等，使商家在安全、可靠的前提下迅速为客户处理信用卡交易。

3. 信息管理

在 POS 系统完成一笔交易后，POS 还具有自动更新客户和商家在银行的档案功能，以便今后查询，同时，也可更新商家的存货资料及相关数据库文件，以提供进一步的库存、进货信息，帮助决策管理。

(三)POS 系统的优越性

POS 系统的推广使用，使银行、商场、客户三方的交易都能在短时间内迅速完成，使三方都可以获益，其主要表现在：

1. 减少现金流通

使用 POS 系统后，客户只需随身携带一张银行卡，就能方便地进行消费结算，甚至在必要时还可提取少量现金以供急需。在 POS 系统中，现金已被电子货币所代替，从而减少了货币的印刷、运送、清点和保管，提高了整个社会的经济效益。

2. 加速资金周转

POS 系统的使用，使客户在数秒内就能完成与商户资金的转账结算，保证商户资金及时到账，明显提高资金周转率。

3. 确保资金安全

随身携带现金或支票进行消费往往不安全，尤其进行大额交易时会带来诸多的不便。使用 POS 就能防止此类现象的发生，即使丢了信用卡，通过挂失仍能保证资金安全。传统的支付方式使商户手中留有过多现金，也给其安全带来一定的威胁，使用 POS 后，商户就不会因为手头存有过多现金而担忧。

4. 提供有用信息

POS 系统一方面能为商户提供各种实时的商品交易信息；同时各种金融交易信息在银行主机系统中被归类、汇总、分析后，也可以帮助银行分析形势，确定适应形势发展的目标。

（四）消费者使用 POS 时的注意事项

1. 核对购物单据上的金额是否正确

消费者在商场内持卡消费时，根据银行卡交易要求，收银员会要求消费者在交易单据上签字。需要提醒消费者的是，签字以前，应先确认是否为自己的卡号，并仔细核对签购单上的金额及币种是否与实际消费情况一致，只有正确无误才可签名。

2. 信用卡操作特别之处

为了方便消费者使用，有的信用卡在使用时甚至不需要输入密码，即使核对密码也不核对身份证明，收银员只需核对使用者的签名。这在方便了消费者的同时也给信用卡制造了一些不安全因素，消费者的信用卡一旦丢失或者遗落都很可能遭遇被盗刷的可能，因此，消费者保存信用卡时应该格外小心。如果在购物时刷卡消费"受阻"，除了磁条原因外，还有可能是消费金额超过目前的信用额度导致拒付，所以持卡人应该及时掌握信用卡余额情况，以免发生拒付现象。此外，短时间内刷卡次数过多也是原因之一，银行为防止银行卡被多次窃用现象的发生，在受理程序设置了短时间多次刷卡的屏障，这时须由收银员致电银行授权中心进行"人工授权"。

3. 交易错误时勿忘撕毁交易单据

若发生交易错误或取消交易的情况，消费者应该将错误的交易单据撕毁，此外，应要求销售员开具一张抵消签账单以消除原交易后，再重新进行交易，或取得商家的退款说明。交易单据是交易凭证，因此，交易单据一定要妥善保存，除了以备日后核查外，还可以避免被仿冒使用。

4. 购买不确定商品尽量少使用银行卡

购物后免不了出现对商品不满意或者不合适的情况，退货、更换在所难免。要提醒消费者的是，在购买一些不确定的商品时应尽量避免刷卡，原因是，退换货时，金额已经划走，退款程序相对麻烦，导致退货款不能及时返回卡中。

▶ 第三节　大额资金支付系统

大额支付，尤其是各大商业银行间的巨额资金的转账支付甚至跨国支付需要专业网络和大额支付系统的支持。国际汇兑信息通常是通过 SWIFT 系统传输的，而国际资金结算通常是通过 CHIPS 系统来完成的。我国基于中国金融骨干网（CNFN）的中国国家现代化支付系统（CNAPS），将为我国大额资金支付与结算提供可靠的保障。

一、SWIFT(Society Worldwide Interbank Financial Telecommunication)

(一)SWIFT 的产生和发展

20 世纪 50 年代以来，国际贸易急速发展，计算机及通信技术的应用日益广泛。开始时银行收到的从各地发来的电文格式不同，必须经过人工转换后才能输入计算机进行处理，很不方便，而且传递速度也慢，还容易出错。解决这个问题的办法是建立采用统一电文格式的全球性金融通信网络。

20 世纪 70 年代初，欧洲和北美的一些大银行决定建立一个国际金融通信系统。该系统要能正确、安全、低成本和快速地传递标准的国际资金调拨信息。于是，这些大银行于 1973 年 5 月正式成立 SWIFT，及全球金融通信协会。1977 年夏，完成了 SWIFT 网络系统的各项建设和开发工作，并正式投入运营。SWIFT 系统实现了国际银行间金融业务处理自动化。

1980 年 SWIFT 连接到中国香港，中国银行作为中国第一家入会 SWIFT 成员，1985 年正式开通 SWIFT 服务。中国工商银行 1990 年正式加入，此后，中国农业银行、中国建设银行、中信实业银行、交通银行和中国投资银行等也陆续加入 SWIFT。随着中国金融的繁荣，中国在 SWIFT 的发报率高速增长，现在的 SWIFT 网络已经成为中国商业银行进行国际结算、外汇买卖、清算兑付的通信主渠道。

(二) SWIFT 的逻辑结构

SWIFT 网络覆盖全球，它将全球各个国家的电子汇兑系统用通信网络互联起来，为其成员提供低成本、高效率的服务。

该网络有三个操作中心(Operating Centers，简称 O.C.)。三个 O.C. 分别是 Belgium O.C.(在比利时的布鲁塞尔)，Netherlands O.C.(在荷兰的阿姆斯特丹)，USA O.C.(在美国弗吉尼亚州)。O.C. 是 SWIFT 的核心。SWIFT 通过这三个 O.C. 将发报行和收报行连接起来。这三个 O.C. 通过全双工链路穿成一个环，必要时可以互相备用。原则上每个国家有一个区域处理中心(Regional Processor，简称 R.P.)。少数较小国家可共用一个 R.P.，因此，R.P. 也称国家处理中心(National Processor)。O.C. 通过全双工国际数据通信链路同 R.P. 连接，各成员行则通过国内数据通信链路同 R.P. 连接。

支付电文通过 SWIFT 的传输过程为：如果香港的一家成员银行(源行，即业务发生行)，欲通过 SWIFT 向巴黎的一家成员行(目标行，即业务结束行)发送一份汇款电文，源行的计算机系统将电文发往香港的区域处理中心 R.P.，然后，经由 USA O.C. 和 Nethedands O.C. 发往巴黎的 R.P.，再由后者将电文发送到目标行的计算机系统中去。这份汇款电文数据传输流程如图 3-2 所示。

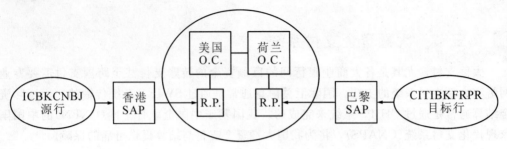

图 3-2　SWIFT 传输示意图

(三) SWIFT 提供的通信服务

SWIFT 的目标是，在所有金融市场为其成员提供低成本、高效率的通信服务，以满足成员金融机构及其终端客户的需求。包括我国在内的全球的外汇交易电文，基本上都是通过 SWIFT 传输的。需要指出的是，SWIFT 仅为全球的金融机构提供通信服务，不直接参与资金的转移处理服务，也就是说，在网络支付机制中起传递支付结算电文的作用，并不涉及支付电文收到后的处理细节。SWIFT 提供的通信服务主要包括：

(1)提供全球性通信服务。189 个国家和地区的 6673 个金融机构同 SWIFT 网络实现连接。

(2)提供接口服务。使用户能低成本、高效率地实现网络存取。

(3)存储和转发电文服务。1999 年转发的电文达 10 亿条。

(4)业务文件传送服务。SWIFT 提供的银行间的文件传送 IFT(Interbank File Transfer)服务，用于传送处理批量支付结算和重复交易的电文。

(5)电文路由(Message routing)服务与具有冗余的通信能力。

特别要指出的是，SWIFT 服务提供的 240 种以上的电文标准中，专门有支持大额资金支付结算的支付系统电文或转账电文。

SWIFT 系统提供的各类电文通信服务，全部采用标准化的处理程序和标准化的电文格式。这样，SWIFT 系统的通信服务可直接由计算机自动处理，中间不必经过转换和重新输入。实现从端到端的自动处理可以减少出错几率，提高交易处理效率和自动化水平，降低成本，减少风险。一笔通信服务通常 10 分钟内就可提交，传输一笔交易电文仅收费 US＄0.36。如 1999 年时 SWIFT 的年通信量为 10 亿笔，平均每天传送的电文超过 418.5 万笔，每日通过 SWIFT 传送的支付电文的平均金额超过 5 万亿美元。

二、CHIPS(Clearing House Interbank Payment System)

由于 SWIFT 只能完成国际银行间支付指令信息的传递，要真正进行资金调拨还需要另外一套电子业务系统，这就是 CHIPS。CHIPS 具体完成资金调拨即支付结算过程。

(一)CHIPS 概述

20 世纪 60 年代末，随着经济快速发展，纽约地区资金调拨交易量迅速增加。纽约清算所于 1966 年建立了 CHIPS 系统，中文为"纽约清算所银行同业支付系统"。

CHIPS 系统具体完成资金调拨即支付结算过程。现在，世界上 90％以上的外汇交易，是通过 CHIPS 完成的。可以说，CHIPS 是国际贸易资金清算的桥梁。

到 20 世纪 90 年代初，CHIPS 发展为由 12 家核心货币银行组成，有 140 家金融机构加入的资金调拨系统。CHIPS 的参加银行，除了利用该系统本身调拨资金外，还可接收往来银行的付款指示，透过 CHIPS 将资金拨付给指定银行。这种层层代理的支付清算体制，构成了庞大复杂的国际资金调拨清算网。因此，它的交易量非常巨大，而且在逐年增加。

CHIPS 采用层层代理的支付清算体制，构成庞大复杂的国际资金调拨清算网。其体系如图 3-3 所示。

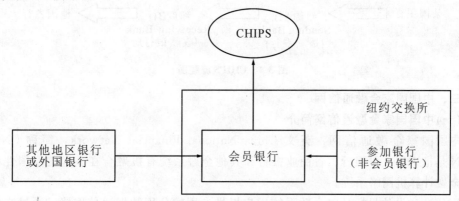

图 3-3　CHIPS 体系结构示意图

会员银行在纽约美联储有存款准备金，具有清算能力，拥有 CHIPS 系统的标识码。参加银行的金融业务需要通过会员银行的协助才能清算和支付。其他地区银行是纽约地区之外具有外汇经营能力的美国银行，外国银行是设于美国纽约的分支机构或代理行，当然外国银行也可以选择 CHIPS 中的会员银行作为其代理行。

（二）CHIPS 逻辑构架

CHIPS 的运作框架是典型的"SWIFT&CHIPS"模式。两个不同国家和不同银行之间，进行一笔资金清算需要完成信息流与资金流的两个过程，其逻辑步骤为：

第一步：汇款银行先找到 CHIPS 的会员银行，由该会员银行作为其代理银行，会员银行则确认其 UID 识别号码（当然自己本身是会员银行，则不用找。）

第二步：汇款银行向其代理银行发送电子付款指示，要求代理银行于某日扣其来往账，将该款项拨付给收款银行的代理银行。

第三步：汇款银行的代理行收到电文后，核对并处理电文，然后按照一定的标准格式将所有数据经过 CHIPS 网络传送到 CHIPS 中心计算机存储起来。

第四步：中心计算机接到汇款银行的代理行的"解付"命令之后，将此款项通知通过 CHIPS 传送到收款银行的代理行中。

第五步：收款银行的代理行根据收款银行的 UID 通知收款银行接收汇款，完成汇款。

CHIPS 利用网络传输完成国际资金电子支付与结算，而一笔国际电子汇兑由于源行和目标行相距非常遥远，往往经过不同国家多个同业的转手才能完成。例如中信银行的客户 A 要求自己开户行即中信银行给叙利亚的渣打银行的客户 B 支付一笔款项，若上述两行有业务往来，则可以直接通过 CHIPS 划拨；若该两行以前未曾有过业务往来，则需要一个中间的第三者银行来协助处理。设两行均与德意志银行有所往来，但中信银行为 CHIPS 非会员银行，渣打银行与德意志银行均是 CHIPS 的会员银行，则中信银行可以先将款项通过 CHIPS 汇兑给德意志银行，德意志银行再将汇款转入渣打银行的账户中，并通知渣打银行知晓该款项的收益人为客户 B。渣打银行接到通知以后，通过自身的银行系统通知客户 B 汇款已达账。也就是说，CHIPS 机制可能涉及多个银行。其流程如图 3-4 所示。

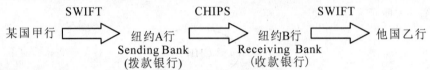

图 3-4　CHIPS 流程图

三、中国国家金融通信网

(一)中国国家金融通信网简介

中国国家金融通信网，英文 China National Financial Network，简称 CNFN。CNFN 是把中国人民银行、各商业银行和其他金融系统有机融合在一起的全国性和专业性金融计算机网络系统。

CNFN 建设的目标是向金融系统用户提供专用的公用数据通信网络，通过文件和报文传输向应用系统(如电子支付系统)提供服务；通过该网络我国的金融机构可连接全国各领域成千上万企事业信息系统，为广大的客户提供全面的支付服务和金融信息服务；最终成为中国国家现代化支付系统 CNAPS 的可靠网络支撑(物理结构上有点类似 SWIFT 网络)；为充分发挥金融通信网的投资效益，实现一网多用，在规划网络建设时，将通信子网与资源子系统分离，建设独立应用的全国金融通信网络。

(二)中国国家金融通信网的结构

1. 二级三层的网络结构

CNFN 分别在北京和无锡设立了中国处理中心 NPC(National Processing Center)，也称主站。这两个 NPC 的结构和处理能力都相同，且互为备份。两个 NPC 之间由单路单载波的高速卫星线路(通信速率为 512～2048Kbps)和地面高速 E1 线路(2.048Mbps)相连。正常运行时，由主 NPC(北京主站)控制和管理全网，一旦发生灾难，备用 NPC(无锡主站)就实时地接管主 NPC 的所有业务。

CNFN 网络分成二级三层。网络的三层节点中，一级节点是 NPC，二级节点是城市处理中心 CPC(City Processing Center)，也称小站，三级节点是中国人民银行县支行处理节点 CLB(Country Level Bank)。上述三层节点组成了二级网络，由 NPC 与 600 个 CPC 构成了国家级主干网络；CPC 与 CLB 构成区域网络。

国家级主干网是以中国人民银行的卫星通信网为主体，以中国金融数据地面通信骨干网和邮电部门的公用数据通信网 DDN 为辅助信道。卫星网与地面网互为备份，相互补充。

CPC 与 CLB 构成区域网络。区域网的物理线路，根据当地通信状况可选用中国金融数据地面通信骨干网、DDN、X.25 或 PSTN；少数边远地区或有特殊需要的地区，仍可采用卫星通信网构成区域网。CNFN 网络结构如下图 3-5 所示。

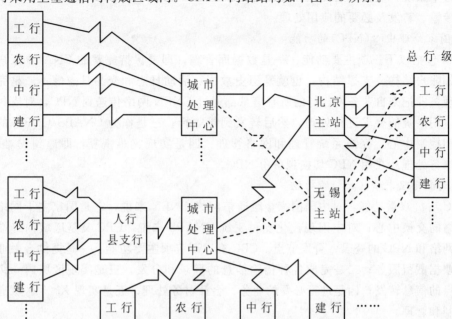

图 3-5　CNFN 网络结构示意图

2. 物理通信线路

CNFN 的物理通信线路包括卫星通信线路和地面通信线路两大部分。

(1)卫星通信线路。

CNFN 采用卫星通信网作为国家级主干网络,用于两个主站之间、主站与小站之间的数据通信。卫星网络采用集中控制、集中管理的星型拓扑结构。它要求所有的城市处理中心 CPC,将其收集的支付业务全部发送到国家处理中心 NPC,再由后者转发到各分中心。为防止在 NPC 形成瓶颈,主干网的通信体制采用时分复用和时分多址 TDM/TDMA(Time Division Muitiplexing / Time Division Muitiplexing Access)技术,保证主站具有大通路。主站到小站的通信,采用时分复用 TDM 技术,而小站到主站采用时分多址 TDMA 技术。

城市处理中心 CPC 通过卫星通信网向国家处理中心 NPC 发送信息时,采用 TDMA 时分多址技术,相反,从 NPC 向 CPC 发送信息时,采用时分复用 TDM 技术。

(2)地面通信线路。

地面部分主要由中国金融数据地面通信骨干网和邮电部分的公用数据通信网(DDN 和 X.25)组成。CNFN 的地面通信线路,既可作为卫星通信线路的备用信道,又可作为 CNFN 的区域网。视当地通信状况,区域网的物理线路可选用中国金融数据地面通信骨干网、DDN、X.25 或 PSTN。CPC 与当地商业银行的连接,可根据当地通信状况选用中国金融数据地面通信骨干网、DDN、X.25 或 PSYN。CLB 与当地商业银行的连接,可采用拨号线路、租用线路、无线通信等多种通信媒体。

(三)三级节点的功能

在中国国家金融通信网络 CNFN 的三级节点中,国家处理中心 NPC 的职能是控制和管理整个系统，负责应用处理；城市处理节点 CPC 和县处理节点 CLB 主要完成信息采集、传输、转发及必要的应用处理。

1. 国家处理中心（NPC）的功能

NPC 包括以下三项主要功能：一是数据库管理，即要保持完整的 CNAPS 账户数据库，如账户结构、支撑结构，也就是历史数据、活动日志和交易日志等；二是完成交易处理，即把来自业务发起行的所有信息都通过 CNFN 网络传送到 NPC，对支付业务根据应用系统的要求进行处理，然后转发到接收行；三是作为 CNAPS/CNFN 的通信主站和控制中心，完成系统管理和网络管理；四是实现灾难恢复，即遇到灾难时，保证将事务处理从在用 NPC 切换到备份 NPC。

2. 城市处理中心（CPC）的功能

CPC 肩负双重功能，对中国国家金融通信网络 CNFN 来说，它是国家主干网络与区域网络的交换中心；对中国现代化支付系统 CNAPS 来说，CPC 又是区域内终端用户访问网络和 NPC 的登录、分发节点。CPC 有以下五项主要功能：一是提供金融业务处理纸票据截留服务；二是完成各种传输信息的登录和分发；三是实现区域内一级和三级节点的信息转发；四是进行必要的业务、会计财务处理；五是实现 X.25 区域通信网的控制和管理。

CPC 由五大应用处理中心组成，它们分别是：同城清算所、城市清算处理中心；城市银行卡授权中心；城市政府债券簿记中心；城市金融管理信息处理中心。

3. 县处理节点（CLB）的功能

CLB 的主要功能包括金融业务处理纸票据截留服务；各种传输信息的登录和分发；县内金融信息向二级处理节点转发；必要的业务和会计财务处理；必要的通信控制和管理。因 CLB 的通信量和业务处理量都不大，在满足性能的前提下，结构以简单为好。

四、中国现代化支付系统

（一）CNAPS 简介

中国现代化支付系统（英文 China National Advanced Payment System，简称 CNAPS）是在国家级金融通信网上运行的我国国家级的现代化的支付系统，是集金融支付服务、支付资金清算、金融经营管理和货币政策职能为一体的综合性金融服务系统。

CNAPS 和 CNFN 的建设是我国金融电子化建设的核心项目。

（二）CNAPS 中的典型金融应用系统

CNAPS 是建立在国家金融通信网 CNFN 上的，由 CNFN 提供标准的接口、应用软件开发平台及联机事务处理（OLTP）环境等。为支持国际金融业务，CNAPS 的信息格式基本上采用 SWIFT 的报文格式标准。下面简单介绍 CNAPS 中的几个典型金融应用系统。

1. 大额实时支付系统（HVPS—High Value Payment System）

HVPS 是逐笔实时处理的全额清算系统，用于处理同城和异地的跨行与行内的大额贷记支付，以及处理时间紧急的其他贷记业务。主要用于行际和行内的清算资金余额转账、企业间的资金调拨，以及投资支付和其他大额资金支付。

在中央银行开设有备用金或清算账户的金融机构，可通过该系统及时划拨大额资金，如证券市场和货币市场的资金调拨与结算，银行内部和银行之间的资金头寸调拨等。此类支付活动的金额大、风险大，要求实时逐步全额最终完成。考虑到系统的安全，以及我国商业银行目前必须在中央银行保持较高比例法定储备金等情况，中央银行将允许大额资金的参与者在限额内出现隔夜透支。对账户余额不足的支付指令，采用排队等待机制，等待有足够的资金进入该账户时，则自动支付。

中央银行通过该系统将能对我国80％的资金进行直接的监督和控制，能对每个清算账户资金关寸进行实时跟踪，从而实现有效的宏观调控。因此，该系统对社会经济、支付体系和金融体系本身的平稳运作关系重大，对系统的安全性要求很高。

大额支付系统的主要处理过程是：

(1)发起行收到发起人(客户)发来的支付指令，检验无误后，借记发起人账户，并立即将支付指令逐笔发送给发报行。

(2)发报行收到发起行发来的支付指令，检验无误后，以排队顺序逐笔定时转发给全国处理中心。

(3)全国处理中心收到发报行发来的支付指令，检验无误后，在发起行清算账户存款余额或透支限额内，借记发起行、贷记接收行清算账户，并将支付指令定时转发给收报行。对清算账户余额不足或超过透支限额的，采用排队等待机制，当有足够的资金进入该账户时，则自动支付。

(4)收报行收到支付指令，检验无误后，将其发送到接收行。

(5)接收行收到支付指令，检验无误后，贷记收益人账户，并通知收益人。同时，以反向顺序经收报行、全国处理中心、发报行向发起行发送完成支付的确认信息。

2. 小额批量电子支付系统(BEPS—Bulk Electronic Payment System)

该系统适用于诸如付款到收款存在时间差的支付、预先授权的循环支付(如代发工资、代付房租、水电费、电话费、税金和保险费等)、截留票据的借记和贷记支付等。这类支付金额不大，时间要求不高，但交易笔数大，为提高效率和降低成本，一般采用批处理方式，净额结算资金。BEPS可有效地加快资金流动，减少现金、支票和各类票据的流通量，降低风险，节约转账成本，方便客户。

该系统的输入方式，既允许基于纸质凭证(如支票等)输入，也允许基于脱机或联机输入。若用纸质凭证输入，最佳方案是先经票据自动清分机阅读和清分，将这些物理凭证转换成逻辑凭证，然后以电子方式进行电子支付处理。

该系统的客户可以是直接参与者，即在中央银行开设有结算账户的金融机构，也可由直接参与者代理的间接参与者。

BEPS的主要处理过程是：

(1)发起行将支付指令按小额贷记(如汇兑、委托收款划回等)、事先授权借记(如银行支票、银行本票和旅行支票等)和定期借记(如收取税款、水电费、房租等)进行分类。对当日发送的小额贷记和事先授权借记支付，分别借记、贷记发起人账户。对定期借记支付记入定期借记登记簿，待生效日前未被退回时，销去登记簿，贷记发起人账户；对生效日前被退回的定期借记支付，销去登记簿中相应的支付指令。做完上述账务处理后，向发报行发送支付指令。

(2)收报行收到支付指令后，按规定时间批量发送给全国处理中心。

(3)全国处理中心对收到的支付指令，按接收行清分，批量发送给收报行。

(4)收报行将收到的支付指令转发给接收行。

(5)接收行对收到的小额贷记、事先授权借记和定期借记分别贷记、借记接收账户并通知接收人。对不属于本行事先授权的借记支付、发起人与接收人之间无协议、接收人存款不足的定期借记支付，应在收到支付指令的当日16：30前退回收报行。收报行于18：00～21：00按批发送给全国处理中心。

(6)日终时，人民银行分(支)行对当天发出的小额贷记、事先授权借记和当日生效的定期借记支付，按清算账户计算应收、应付差额，发送给全国处理中心，由全国处理中心进行清算处理，借记或贷记清算账户。对当日发送和收到的定期借记支付分别按直接参与者记入定期借记登记簿。生效日已轧差清算或生效日前被退回的定期借记支付，则销去原登记。

3. 银行卡授权系统(BCAS—Bank Card Authorization System)

银行卡授权是发卡银行对持卡人超限额交易的审批过程，是银行卡在使用过程中保证安全、准确、顺利地完成交易的重要环节。

建立一个区域性和全国性的银行卡授权系统，就能支持区域性和全国性的共享ATM和POS系统，实现"持一卡走遍神州"的目标。在CNFN建立全国银行卡授权中心，就可将全国各地的区域性银行卡授权系统互联成全国性银行卡授权系统，大大地推动全国共享的自助银行体系的建立和发展。

4. 政府债券簿记支付系统(GSBES—Government Stock Book Entry System)

GSBES是政府债券簿记报价、交割、清算、托管的簿记系统。通过该系统可进行债券交易处理，以电子方式完成债券结算和过户。中央银行作为国家的财政代理，只提供国家债券的发行和清算服务，中央银行可通过买入和卖出政府债券，实施其货币政策。政府债券的买卖均是大宗交易，一般是通过大额支付系统来完成债券交易的资金结算部分的业务。为同步完成证券交割和资金结算，GSBES系统与大额支付系统配置了接口。

5. 金融管理信息系统(FMIS—Financial Management Information System)

FMIS负责对支付业务处理过程中产生的信息进行采集、汇总、加工、提炼，并广泛收集其他各类金融、经济信息。通过该系统能及时、全面、准确地收集诸如信贷资金信息、流动资金信息、货币发行回笼信息、财政金库信息、外汇管理信息、物资与资金流向信息、国内资金市场信息和国际资金市场信息等各类金融信息。中央银行可应用这些信息进行金融经济分析，通过修订和控制法定准备金率、贴现率，加强储备金的管理，并对商业银行进行监督和检查，进而加强中央银行的宏观调控能力。

6. 国际支付系统(IPS—International Payment System)

该系统是我国与国外进行支付往来的外汇资金支付系统。CNAPS与SWIFT有接口，国际支付信息通过SWIFT网络传送，通过国外代理银行账户完成资金结算。

▶ 第四节 微支付和移动支付

一、微支付

(一)微支付的定义

微支付即 Micro Payments，是指在互联网上进行的一些小额的资金支付。微支付适用于 B2C、C2C 最活跃的商品交易，特别是数字音乐、游戏等数字产品，如网站为用户提供搜索服务、下载一段音乐、下载一个视频片段、下载试用版软件等，所涉及的支付费用很小，往往只要几分钱、几元钱或几十元钱。

(二)微支付应用要求

面对这些微支付的商务，广大商家和客户的共同要求是发展快捷、简单易用、成本低廉的网络支付系统。微支付方式本质上属于网络支付方式，但由于微支付其特殊的应用目的，在满足一定安全性的前提下，微支付方式在设计与应用上必须达到以下基本要求：

(1)很低的运作成本。这是首要问题，要在支付机制上努力降低或取消不必要的费用，比如商家直接控制退款，建立预先支付账户，在通信、处理、存储过程中减少计算量等。

(2)结算快捷。要求延迟可以达到忽略的程度。减少像信用卡支付中使用大量密钥运算、银行授权等导致延迟情况的发生，比如离线授权，每次购买过程中只有一个或没有公钥操作，把支付信息附在 Internet 标准的信息请求中以减少额外通信，批量购买等。

(3)微支付操作简单方便。实现"单击支付"，无须额外窗口，界面设计尽量简单实用，交互次数少。

(4)微支付系统可以支持多操作系统、使用多种货币结算功能。具有普遍性和可伸缩性。

(5)采用微支付购买、销售、管理均很容易。

(6)微支付方式用户易于接受，并且保证一定的安全性。

(三)微支付的应用模式

微支付目前存在三种模式，即分别以银行、移动运营商和第三方支付商主导的微支付产业链。

1. 商业银行模式

虽然中国各类商业银行更注重大额以及中等额度的支付，但大多已经开通了个人网上银行业务，支付者可以使用申请了在线转账功能的银行卡转移资金到同城或异地账户，适用于微支付交易。

商业银行模式具有以下优点：

(1)效率高。直接利用银行网络进行支付，支付指令立即生效，收款人立即可以得到收款确认，一般在十分钟内。

(2)费用相对低廉。如建行同城交易不收费，每笔异地同行转账服务费为千分之六，最低 1 元最高 30 元，这对百元左右的微支付是很划算的。

(3)安全性高。经过数字签名处理的支付命令一般无法被未经授权的第三方破解。

同时，这种商业银行模式也有以下缺点：

(1)步骤烦琐。付款人需要向银行申请个人认证，并下载安装证书，如果希望在多台电脑终端使用，还需要对证书的导入导出使用方法加以了解，这些烦琐的步骤足以令消费者在交易前神经崩溃，不符合微支付需要的便捷特点。

(2)买方利益缺乏保障。银行不提供中介认证服务，买方无法确定卖方是否在收款后履行交易，交易后纠纷也难以处理。

(3)小额交易不便。异地同行转账最低1元手续费，对几元钱的微支付来说很不方便。此外，很多银行缺乏异地跨行支持业务，或者需要多个工作日才能到账，导致交易不便。

2. 移动运营商模式

移动通信运营商运用自己的支付平台，支持微支付交易。移动用户通过手机发出指令完成交易，支付交易金额包含在手机费中，而商家可直接从移动运营商处提现。

移动运营商模式的优点有：手机用户规模足够大，足以涵盖网上交易用户；短信、语音方式操作简单，容易实施。

移动运营商模式的缺点有：运营商承担恶意欠费用户导致的坏账风险；运营商规定的10%～15%的高额渠道费用，商家难以承受。

3. 第三方支付模式

目前来看，第三方支付主导的微支付产业链模式比较普遍，特别是国际以 ebay 业务为支撑的 papal，国内以阿里巴巴业务为支撑的支付宝，都发展到一定的规模，已经比较深入地开展了微支付交易领域的服务。

第三方支付模式具有下列优点：

(1)费用成本低。这对交易双方具有很大的吸引力，很多第三方支付都以免费策略来占领市场。兑换一定数额电子现金后，可避免每次交易都经过银行网络交付手续费的过程，解决了几元金额类型的微支付难题。

(2)便捷。与传统现金以及储值卡使用方式相似，易于国人接受。

(3)安全。提供第三方公证仲裁等服务，为交易双方提供安全交易机制，促进交易的生成。

第三方支付模式具有下列缺点：

(1)第三方支付商之间的流通壁垒。第三方支付商的电子现金彼此不互通，限制交易的广泛展开。

(2)公证环节导致交易流程时间加长。这是为确保交易安全交易双方必须承受的代价。

二、移动支付

(一)移动支付含义

顾名思义，移动支付是使用移动设备(如移动电话、智能手机、PDA)，通过移动通信网络，实现资金由支付方转移到受付方的支付方式。本书涉及的移动支付特指用手机作为支付手段。移动支付可用于多种支付情况，如购买数字产品(铃声、新闻、音乐、游戏等)和实物产品、公共交通(公共汽车、地铁、出租车等)、票务(电影、演出、展览等)、公共事业缴费(水、电、煤气、有线电视等)和现场消费(便利店、超市等)。

移动支付作为一种崭新的电子支付方式,具有方便、快捷、安全、低廉等优点,消费者只要拥有一部手机,就可以完成理财或交易,享受移动支付带来的便利。

(二)移动支付方式的发展

移动支付 20 世纪 90 年代初期在美国出现,随后在日本和韩国出现并得到了迅速发展,现在它们已经成为世界上移动支付领域的领跑者。2002 年以来,中国银联分别和中国移动、中国联通合作开展了移动支付业务。随着中国 3G 网络建设带来的高带宽,基于 3G 互联网的手机支付应用会逐渐普及到人们生活中。

(1)通过手机短信接入方式支付,是中国最早的手机支付,这种方式从 2001 年运营商就开始推广,很多手机用户都体验过。比如,我们在网上购买一款电脑杀毒软件,其中就有手机支付方式,输入手机号码确认付款后,手机会收到一个短信密码验证,输入后就完成交易支付。目前短信接入是使用最为广泛的手机支付方式。但是这种方式只能是小额支付,大金额的支付运营商并不支持,而且功能也比较简单。

(2)第二种手机支付方式是手机 WAP 网站,购物后通过手机来支付。很多 WAP 上的商家通过自己的支付方式与手机用户完成交易。但是这种方式发展也比较缓慢,主要制约因素是当时 2G 通信网络比较慢,用户会失去耐心。

(3)第三阶段则是最近几年发展起来的远程支付和近端交易。远程支付的典型应用则是通过手机里面的交易平台完成远程交易转账或付款。近端交易的典型应用则是刷卡手机,这是各大运营商都在推广的方式。

(三)移动支付的运营模式

移动支付的运营模式由移动支付价值链中各方的利益分配原则及合作关系所决定。根据移动支付产业链中各参与方的实力对比以及开展移动支付业务的主动性,目前移动支付的运营模式主要有以下几种:网络运营商独立运营、金融机构独立运营、网络运营商与金融机构联合运营、第三方运营商运营模式。

1. 网络运营商独立运营模式

运营商独立运营的商业模式没有金融机构参加,产业链关系比较简单,移动运营商是该产业链中的唯一业务提供者。移动运营商既是移动支付业务数据传输网络提供者,又是移动支付账户的管理者。移动运营商采用两种方式管理移动支付账户:一种是将移动支付款项直接记入电信账单;另一种是开设单独的账户专门结算移动支付款项,用户需要事先在账户中存入现金才能使用。移动运营商的收益主要来自两部分:从商家获得每笔交易的服务佣金;从消费者获得通信费,包括短信费、WAP 浏览费等。

这种商业模式的优势是产业链关系简单,运营商具有绝对的掌控权。劣势有三:其一,运营商由于缺乏管理和运作金融类业务的经验以及处理金融风险的能力,支付额度受到极大的限制,只能开展支付额度较小的移动支付业务;其二,由于经营金融类业务受到严格的管制,运营商通常只能经营与移动通信业务相关的支付;其三,运营商的资费账单结算周期对比传统支付业务过长。

2. 金融机构独立运营模式

银行也可以借助移动运营商的通信网络,独立提供移动支付服务。银行有足够的在个人账户管理和支付领域的经验，以及庞大的支付用户群和他们对银行的信任，移动运营商不参与运营和管理，由银行独立享有移动支付的用户，并对他们负责。

银行独立运营的方式在韩国取得了瞩目的成效。所有提供消费金融服务的银行纷纷投资移动支付业务，银行希望人们投入到移动支付的行列，这将大大减少成本，因为手机处理业务的花费比面对面处理业务的费用少得多。

3. 网络运营商与金融机构联合运营模式

这个运营模式中网络运营商与金融组织进行互补，发挥各自的优势，共同运营移动支付服务。网络运营商提供移动支付业务数据传输网络，金融机构负责管理移动支付账户。此种模式下，移动支付的主要收入来源与运营商独立模式相似，也是从商家获得每笔交易的服务佣金和从消费者处获得通信费。但这部分收入要在网络运营商和金融机构之间分配，分配比例由移动运营商决定。

此种模式的优势有二：其一，由于有了金融机构的参与，承受金融风险的能力极大增强，支付额度的限制大大减小，信用安全等级提高；其二，商家的销售款项由金融机构负责结算，运营商独立运营业模式中结算周期过长的问题得到解决。但从当前发展来看，由于缺乏行之有效的合作模式，金融机构对和移动运营商合作开展移动支付业务的积极性不高。

4. 第三方运营商运营模式

第三方运营商独立于银行和移动网络运营商，利用网络运营商的通信网络资源和金融机构的各种支付卡，进行支付的身份认证和支付确认。

此种模式最典型的例子是瑞典的 PayBox。南非 MoPay 和我国上海捷银提供的移动支付业务也属第三方运营模式。以瑞典 PayBox 为例，第三方运营的移动支付业务流程如下：

(1)消费者给商家他(她)的手机号或者 PayBox 化名手机号；

(2)商家将消费者的手机号和商品金额发送到 PayBox；

(3)PayBox 通过 TVR 的方式，给消费者打电话，并请消费者确认消费；

(4)消费者确认消费并将 PIN 码发送至 PayBox；

(5)PayBox 通知德意志银行从消费者账户中将消费金额转账到商家账号；

(6)通过语音或短信的方式通知商家商品款已经转账到商家账号。

第三方运营商运营模式的最大优势是：可以利用其支付平台，为消费者提供跨银行和运营商的移动支付服务。劣势是：没有用户基础，业务推广难度大。通常第三方机构需要有网络运营商或银行的背景，否则，业务很难开展起来。

▶ 支付实务链接：民生银行手机钱包

"手机钱包"是中国移动、中国银联、联动优势科技有限公司联合各大银行共同推出的一项全新的移动电子支付通道服务。通过把客户的手机号码与银行卡等支付账户进行绑定，使用手机短信、语音、WAP、K—Java、USSD 等操作方式，随时随地为拥有中国移动手机的客户提供移动支付通道服务。使用该通道服务可完成手机缴费、手机理财、移动电子商务付费等个性化服务，具体包括：查缴手机话费、动感地带充值、个人账务查询、手机订报、购买数字点卡、电子邮箱付费、手机捐款、远程教育、手机投保、公共事业缴费等多项业务。随着客户对移动电子商务的要求的不断变化，"手机钱包"的功能也将不断扩展和加强。

1. 申办条件

中国移动通信有限公司签约的个人手机用户；持有一张商业银行发行的个人银行卡。

支持银行卡如下：

中国工商银行：牡丹信用卡、牡丹借记卡、牡丹灵通卡；

中国民生银行：民生借记卡；

上海浦发银行：东方借记卡；

其他地区银联及银行：请访问各地区频道查看。

2. 网上银行开通

第一步：客户访问网站 www.cmbc.com.cn，开通手机钱包如图 3-6 所示；

图 3-6　中国民生银行主页

第二步：弹出手机钱包客户服务协议，用户阅读后，如无异议，点击"同意"如图3-7所示；

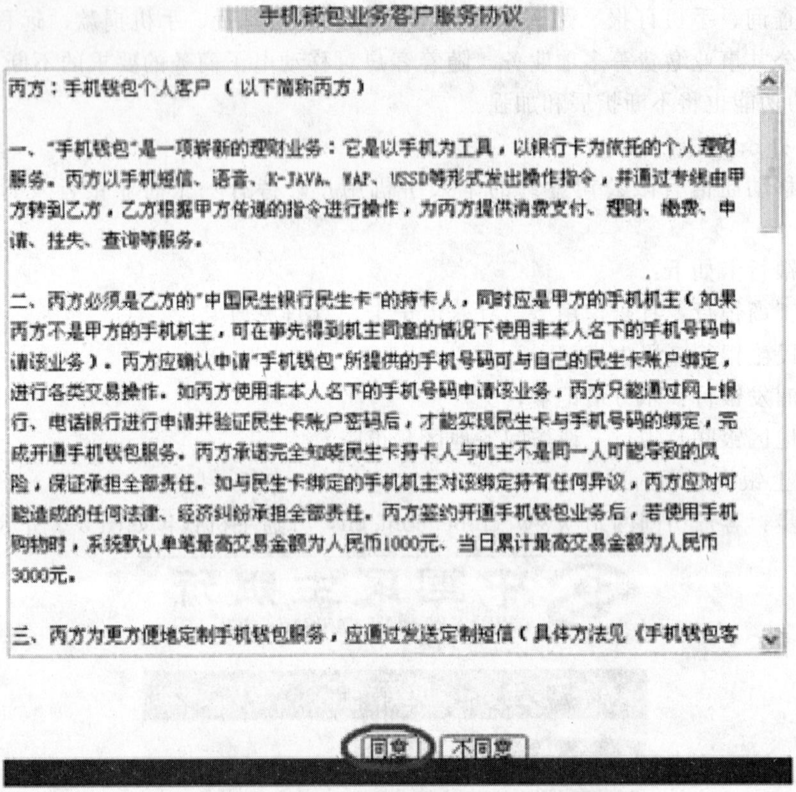

手机钱包业务客户服务协议

丙方：手机钱包个人客户（以下简称丙方）

一、"手机钱包"是一项崭新的理财业务：它是以手机为工具，以银行卡为依托的个人理财服务。丙方以手机短信、语音、K-JAVA、WAP、USSD等形式发出操作指令，并通过专线由甲方转到乙方，乙方根据甲方传递的指令进行操作，为丙方提供消费支付、理财、缴费、申请、挂失、查询等服务。

二、丙方必须是乙方的"中国民生银行民生卡"的持卡人，同时应是甲方的手机机主（如果丙方不是甲方的手机机主，可在事先得到机主同意的情况下使用非本人名下的手机号码申请该业务）。丙方应确认申请"手机钱包"所提供的手机号码可与自己的民生卡账户绑定，进行各类交易操作。如丙方使用非本人名下的手机号码申请该业务，丙方只能通过网上银行、电话银行进行申请并验证民生卡账户密码后，才能实现民生卡与手机号码的绑定，完成开通手机钱包服务。丙方承诺完全知晓民生卡持卡人与机主不是同一人可能导致的风险，保证承担全部责任。如与民生卡绑定的手机机主对该绑定持有任何异议，丙方应对可能造成的任何法律、经济纠纷承担全部责任。丙方签约开通手机钱包业务后，若使用手机购物时，系统默认单笔最高交易金额为人民币1000元，当日累计最高交易金额为人民币3000元。

三、丙方为更方便地定制手机钱包服务，应通过发送定制短信（具体方法见《手机钱包客

同意　不同意

图 3-7　服务协议界面

第三步：根据页面提示，输入"银行卡号、手机号码、银行卡查询密码"，选择开通功能，然后点击"确认"如图 3-8 所示；

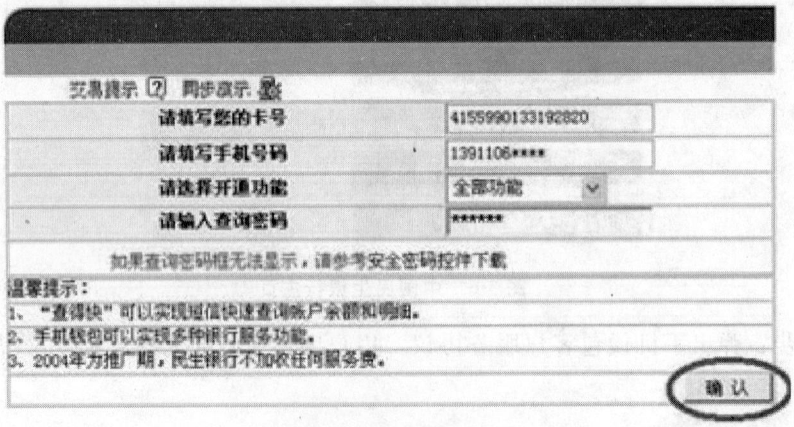

交易提示　同步演示	
请填写您的卡号	4155990133192820
请填写手机号码	1391106****
请选择开通功能	全部功能
请输入查询密码	******

如果查询密码框无法显示，请参考安全密码控件下载

温馨提示：
1、"查得快"可以实现短信快速查询账户余额和明细。
2、手机钱包可以实现多种银行服务功能。
3、2004年为推广期，民生银行不加收任何服务费。

确认

图 3-8　开通确认

第四步：确认后弹出手机钱包开通成功信息如图 3-9 所示。

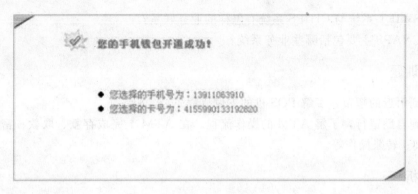

图 3-9　确认成功

3.U 币账户

没有适合捆绑银行卡的用户，申请手机钱包，将开通手机钱包 U 币账户。

U 币账户是"手机钱包"的补充支付方式，是用于中国移动电子商务交易支付的中间账户系统，U 币服务满足了银行对小额移动电子商务结算处理的需求和商户对小额商品交易管理的需求，为因各种原因未能捆绑银行卡的客户提供了一种补充支付方式。

客户在定制手机钱包服务的同时即免费开通 U 币账户，U 币账户的初始金额为 0 点（或 0 元），最高不超过 500 点，客户可采用多种方式向 U 币账户进行充值（具体充值方式、限制各省或有差异），充值点数与人民币的比值是 1∶1。客户可将指定金额的资金划转到 U 币账户，日后进行多次小额付费。

U 币账户的充值方式包括：手机钱包银行卡账户充值、银行卡网络银行充值、其他手机钱包用户 U 币账户转账、手机话费体验充值。

本章小结

网络支付系统是电子商务系统的重要组成部分，它指的是消费者、商家和金融机构之间利用现代化支付手段，将支付信息通过网络安全地传送到银行或相应的处理机构，以实现网络支付的系统。

网络支付系统可以分为三类：大额支付系统、小额支付系统、微支付系统。小额支付系统主要是 POS 系统、ATM 系统。小额支付系统的普遍应用，带给银行卡持卡人更多的好处和方便。大额支付，需要专业网络和支付系统的支持。国际汇兑信息通常是通过 SWIFT 系统传输的，而国际资金结算通常是通过 CHIPS 系统来完成的。我国金融信息网（CNFN）的中国国家现代化支付系统（CNAPS），是一个非常庞大的复杂金融系统工程。CNAPS 将为我国大额资金支付与结算提供可靠的保障。移动支付作为一种微支付系统支付方式，具有方便、快捷、安全、低廉等优点，其发展前景将值得期待。

复习思考题

1. 简述网络支付系统的概念及功能。
2. 网络支付系统可以分为哪三类？每类系统有什么特点？
3. POS 系统对银行、商家、消费者有哪些好处？
4. 什么是微支付？微支付应用有什么要求？

5. SWIFT 系统与 CHIPS 系统有怎样的业务联系？

6. CNAPS 主要包括哪些业务系统？

技能实训题

1. 到附近的超市，了解 POS 机的支付流程。

2. 到自助银行，了解 ATM 的操作流程。在 ATM 上完成存款、取款、密码修改、余额查询、转账操作等。

案例分析

3G 来临手机支付到火候了！

2009 年 1 月 7 日，工业和信息化部为中国移动、中国电信和中国联通发放 3 张第三代移动通信(3G)牌照，此举标志着中国正式进入 3G 时代。3G 牌照的下发将为中国移动支付市场的长远发展带来利好，中国移动支付市场的发展前景将更加值得期待。据信息产业部数据统计，截至 2008 年年底，中国手机用户总数超过 6 亿户，如此庞大的手机用户群体是移动支付扎实的物质基础。支付手段的电子化和移动化是不可避免的必然趋势，对于中国的移动支付业务而言：庞大的移动用户和银行卡用户数量提供了诱人的用户基础，信用卡使用习惯的不足留给移动支付巨大的市场空间，发展前景毋庸置疑。

计世资讯(CCW Research)研究认为，随着 3G、4G 通信技术能够实现手机现场支付的 RFID 技术(包括 NFC 技术和 SIMpass 技术等)的不断创新以及金融业信息化需求的不断提升，未来三年内，移动支付市场将由"慢车"状态跨度到"快车"状态，2010 年将成为市场快速增长的拐点。

计世资讯(CCW Research)研究预计，2010 年由于产业链的不断成熟、用户消费习惯的形成和基础设施的完备，中国移动支付将进入产业成熟期。2010 年手机支付将会成为中国银联的首要电子支付渠道之一，交易量达到甚至超越互联网渠道水平，银联和移动深度联手，既共同分担成本，又快速做大市场规模，这是移动支付发展的应有之道。

据中国银联的最新统计数据显示，截至 2009 年 6 月末，全国手机支付定制用户总量突破 1920 万户，上半年共计实现交易 6268.5 万笔，支付金额共 170.4 亿元。目前，开通了手机支付业务的银联客户，通过手机可以实现包括手机话费查询及缴纳、水电燃气费缴纳、彩票投注、航空订票等多种支付服务。同时，在上海、济南、宁波等地，性能更为强大的第三代手机支付的试点应用工作正在进行中。

据介绍，自中国银联与各商业银行和移动通信运营商联合推出手机支付业务以来，该项业务发展迅速，尤其是 2009 年上半年，交易笔数和交易金额较去年同期分别增长 42.4% 和 63.7%。

案例思考题：

1. 分析我国移动支付产业链的构成。

2. 从电子商务的发展角度，说明移动支付的前景。

3. 总结我国移动支付运营的经验，可以采取哪些措施促进移动支付的发展？

第四章　网络支付模式

本章学习目标

➤ 掌握不同信用卡网络支付模式的流程和特点。

➤ 理解智能卡网络支付模式特点。

➤ 了解电子现金的网络支付流程。

➤ 了解电子支票支付流程。

➤ 掌握电子钱包概念及其网络支付流程。

案例导读：网上支付交易额 5 年增长近 30 倍

根据艾瑞咨询的《2009～2010 年中国网上支付行业发展报告》（简称《报告》）统计，2009 年，我国网上支付交易额达 5766 亿元人民币，与 2008 年的 2743 亿元相比，增长 110.2％。艾瑞咨询分析师蒋李鑫表示，2009 年，网上支付用户规模增长同样迅猛，相比 2008 年的 5200 万元增长至 9000 万元，增幅达 73.1％。2005～2009 年，国内网上支付交易额连续五年增幅超 100％，交易规模增长近 30 倍。《报告》还预测，2012 年网上支付交易规模将超 2 万亿元。

《报告》表示，网上支付的飞速发展主要得益于三个因素。其一，第三方网上支付交易额仅占中国非现金支付交易额比重的 0.1％，仅占银行卡支付交易额的 3％左右，有极高的增长潜力；其二，网上支付安全性和易用性的提高，使得已有用户的使用"黏性"进一步提高；其三，网上支付平台积极而踏实地深耕应用行业，如航空、公共领域等，在推动电子商务化和支付便利化进程的同时，也提高了交易规模。

案例启示：网络支付是以金融网络为基础，以商用电子化设备和电子支付工具为媒介，货币以电子数据形式存储在银行卡或计算机数据库的账户中，并通过计算机网络系统传递电子信息实现流通和支付功能。目前在互联网上出现的较典型的支付方式包括：银行卡支付方式（信用卡、借记卡）、电子现金支付方式和电子支票支付方式等，它们在支付和结算过程中都有自己的特点。

▶ 第一节　信用卡网络支付模式

信用卡支付是目前网络支付中最常用的方式。从 1994 年最初应用于网上业务到现在，信用卡网络支付模式分为无安全措施的信用卡支付模式、第三方代理人支付模式、基于 SSL 协议的简单加密支付模式和基于 SET 协议的信用卡支付模式。

一、无安全措施的信用卡支付模式

无安全措施的信用卡支付模式是一种最简单的支付模式。持卡人利用信用卡进行支付时几乎没有采取技术上的任何安全措施。买方通过网络从卖方订货，而信用卡信息通过电话、传真等非网上方式传送，或者信用卡信息在互联网上传送，但无任何安全措施。卖方与银行之间使用各自现有的银行商家专用网络授权来检查信用卡的真伪。

其工作流程如图 4-1 所示。

图 4-1 无安全措施的信用卡支付流程

这种支付模式具有以下特点：

(1)由于卖方没有得到买方的签字，如果买方拒付或否认购买行为，卖方将承担一定的风险；

(2)信用卡信息可以在线传送，但无安全措施，买方(即持卡人)信用卡信息在传输过程中被盗取或被卖方获得，资金流失的风险大；

(3)出现的时间较早，主要在电子商务不成熟的时期使用。

二、第三方代理人支付模式

提高信用卡事务处理安全性的一个途径就是在买方和卖方之间启用第三方代理人，目的是使卖方看不到买方信用卡信息，避免信用卡信息在网上多次公开传输而导致信用卡信息被窃取。

(一)第三方代理人支付方式流程

第三方代理人支付方式的业务流程如下(见图 4-2)：

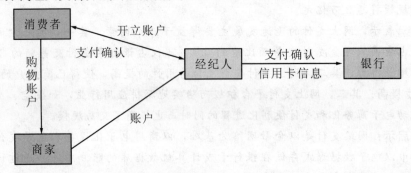

图 4-2 通过第三方代理人支付的流程

(1)买方在线或离线在第三方代理人(又称经纪人)处开设账号，第三方代理人持有买方信用卡号和账号；

(2)买方用账号从卖方处在线订货，即将账号传送给卖方；

(3)卖方将买方账号提供给第三方代理人，第三方代理人验证账号信息，将验证信息返回给卖方；

(4)卖方确定接收订货。

(二)第三方代理人支付模式的特点

(1)支付是通过双方都信任的第三方完成的。

(2)信用卡信息不在开放的网络上多次传送，买方有可能离线在第三方开设账号，这样买方没有信用卡信息被盗窃的风险。

(3)卖方信任第三方，因此卖方也没有风险。

(4)买卖双方预先获得第三方的某种协议，即买方在第三方处开设账号，卖方成为第三方的特约商户。

三、简单加密支付模式

简单加密支付模式是当前比较常用的一种支付模式。用户只需要在银行开设一个普通信用卡账户，在支付时，用户提供信用卡号码，当信用卡信息被买方输入浏览器窗口时，信用卡信息就被简单加密，安全的作为加密信息通过网络从买方向卖方传递。采用的加密技术有 SHTTP、SSL 等。这种加密的信息只有业务提供商或第三方处理系统能够识别。

(一)简单加密信用卡支付的流程

现以 Cyber Cash 公司安全互联网信用卡支付系统为例，介绍简单加密信用卡支付流程。Cyber Cash 公司提供一种软件，用户在 Cyber Cash 商家订货后，通过电子钱包将信用卡信息加密后传给商家服务器；商家服务器验证接收到的信息的有效性和完整性后，将用户加密的信用卡信息传给 Cyber Cash 服务器，商家服务器看不到用户的信用卡信息；Cyber Cash 服务器验证商家身份后，将用户加密的信用卡信息转移到非互联网的安全地方解密，然后将用户信用卡信息通过安全专用网传送到商家银行；商家银行通过银行之间的电子通道与用户信用卡发卡行联系，确认信用卡信息的有效性。得到证实后，将结果传送给 Cyber Cash 服务器，Cyber Cash 服务器通知商家服务器交易完成或拒绝，商家再通知用户。整个过程只要经历很短的时间。交易过程的每一步都需要交易方以数字签名来确认身份，用户和商家都必须使用支持此种业务的软件，数字签名是用户、商家在线注册系统时产生的，不能修改。其流程参见图 4-3。

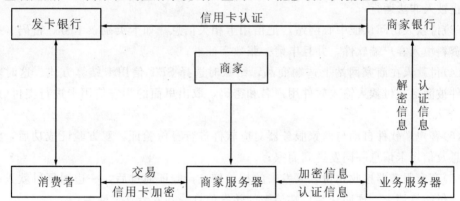

图 4-3　简单加密信用卡支付流程图

(二)简单加密支付模式特点

(1)信用卡等关键信息需要加密。

(2)使用对称和非对称加密技术。

(3)可能要启用身份认证系统。

(4)以数字签名确认信息的真实性。

(5)需要业务服务器和服务软件的支持。

四、安全电子交易(SET)支付模式

安全电子交易(SET)支付模式由 VISA CARD 和 MASTER CARD 合作开发完成。安全电子交易(SET)支付模式是在开放的互联网上实现安全电子交易的国际协议和标

准。安全电子交易(SET)支付模式是以信用卡为基础的网络支付规范。目前，SET 已获得 IETF 标准的认可，成为电子商务支付的发展方向。

(一)安全电子交易(SET)支付模式的流程

安全电子交易(SET)支付模式的流程(见图 4-4)如下：

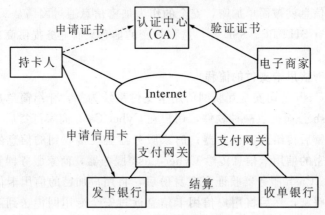

图 4-4 安全电子交易(SET)支付模式

(1)付款人在发卡行柜台办理应用 SET 在线支付的信用卡；收款人(商家)与收单行签订相关结算合同，得到商家服务器端的 SET 支持软件，并安装；

(2)付款人从银行网站下载客户端软件，安装后设置应用此软件的用户、密码等，以防止被人非法运行；

(3)付款人访问认证中心网站，把信用卡相关信息，如卡类别、卡号、密码、有效期等资料填入客户端软件，并且申请一张数字证书；

(4)付款人在商家网站上选购商品，结账时选择 SET 信用卡结算方式。这时客户端软件被激活，付款人输入软件用户名和密码，取出里面的相应信用卡进行支付(此时 SET 介入)；

(5)客户端软件自动与商家服务器对应软件进行身份验证，双方验证成功后，将订单信息及信用卡信息一同发送到商家；

(6)商家服务器接收到付款人发来的相关信息，验证通过后，一边回复付款人一边产生支付结算请求，连同从客户端传来的转发信息一并发给支付网关。

(7)支付网关收到相应支付信息后转入后台银行网络处理，通过各项验证审核后，支付网关收到银行端发来的支付确认信息。否则向商家回复支付不成功。

(8)支付网关向商家转发支付确认信息，商家收到后认可付款人的这次购物订货单，并且给付款人发回相关购物确认与支付确认信息。

(9)付款人收到商家发来的购物确认与支付确认信息后，表示这次购物与网络支付成功，客户端软件关闭。电子支付完毕。

(二)安全电子交易支付模式的特点

(1)需要在付款人客户端安装客户端软件；

(2)需要在各方申请安装数字证书并且验证真实身份；

(3)实现的是部分加密，以提高效率；

(4)充分发挥数字证书认证的作用。

▶ 第二节　智能卡网络支付模式

随着集成电路、计算机技术的飞速发展，人们把信用卡上储存信息的磁条换成能够读写大量数据、更加安全可靠的集成电路芯片。这种新式的卡通过芯片不仅能储存信用卡账户信息，而且能储存用户的其他信息，如身份信息，还能直接储存电子现金等电子货币。这种卡片就是本节中将要介绍的智能卡，它克服了磁卡在安全保密和应用方式上的不足。

一、智能卡概述

智能卡也称 IC 卡（Integrated Circuit Card），就是外形上类似信用卡，但卡上不是磁条，而是计算机集成电路芯片（如微型 CPU 与存储器 RAM 等），用来存储用户的个人信息及电子货币信息，且可具有进行支付与结算等功能的消费卡。使用时插入相应的读卡器中，通过卡上的端口同读卡器的插座相连接，进行数据通信与交换。

智能卡具有运算能力，可以存储安全控制管理软件，还可存储操作系统、加密算法、密钥和检验程序等，卡片本身就能有效地执行 PIN 码检验和卡片的合法性检验。此外，智能卡还可存储持卡人在银行的存款余额和交易数据等，相当于一种电子存折，在不能与银行联机的情况下，可以自行检验并记录交易数据，待联机后，再更新银行主文件。

智能卡芯片采用的是计算机框架结构，在一张信息存储量很大的智能卡内，不仅可以存储持卡人的资产信息，还可以存储指纹、血型、医疗保险、消费记录等其他个人资料。因此，智能卡除了支付功能以外，还可以附加其他功能，如身份认证等，满足持卡人的多样化需求，可供多种系统共用一张卡。

智能卡从设计到生产，采取了一系列严密的安全措施，设置了多级密码，逐级验证，以防假冒，具有独特的不可复制且防外部侵入的存储区，智能卡可提供多种数据加密方法供用户选择，故安生性很高。智能卡的缺点是制造成本较高。

二、智能卡的类型

根据智能卡与读卡器的连接方式不同，智能卡划分为接触式卡、非接触式卡和双界面卡。

（1）接触式卡：该类卡是通过智能卡读写设备的触点与卡的触点接触后进行数据的读写。国际标准 ISO7816 对此类卡的机械特性、电器特性等进行了严格的规定。

（2）非接触式卡：该类卡与读写设备无电路接触，而是通过非接触式的读写技术进行读写（如光或无线技术）。其内嵌芯片除了 CPU、逻辑单元、存储单元外，增加了射频收发电路。国际标准 ISO10536 系列阐述了对非接触式智能卡的规定。该类卡一般用在使用频繁、信息量相对较少、可靠性要求较高的场合。

（3）双界面卡：将接触式卡与非接触式卡组合到一张卡片中，操作独立，但可以共用 CPU 和存储空间。

三、智能卡的支付模式

智能卡的一个主要功能就是进行电子支付，包括基于 Internet 平台为电子商务服务的网络支付。在 Internet 上，智能卡基本具备两种网络支付模式，即智能卡的在线支付模式和离线支付模式，而且这两种支付方式均是相当安全的。

（一）智能卡的在线支付模式

智能卡的在线支付模式根据获取智能卡信息的手段而不同，可以分成带读卡器的智能卡网络支付模式和不带读卡器的智能卡网络支付模式。

1. 带读卡器的智能卡网络支付模式

使用这种模式进行网络支付时，客户需要购买一个专用的智能卡读卡器，安装连接在上网的客户计算机上，这需要增加一定成本。其操作由于是智能卡硬件的自动化操作，所以不但更加安全和保密，而且减少了客户的一些重复劳动。Mondex 智能卡的支付就属于这种形式。带读卡器的智能卡网络支付模式基本流程如下。

（1）客户在连网的 PC 上启动 Internet 浏览器，进入商家网站进行购物，双方认证，填写订单，并且选择智能卡支付。

（2）如果利用智能卡里的银行资金账号支付，可借助安装在 PC 上的智能卡读卡器，登录到相应银行 Web 站点上，智能卡自动告知银行有关客户的真实身份、银行账号（如信用卡账号或存折账号）、密码和其他一切加密信息。

（3）银行根据客户的要求从客户资金账号转移资金到商家的收单银行账户上，通知商家确认客户的订单并发货，由此完成了网络支付。

（4）如果利用智能卡里的电子现金支付，则智能卡在对商家身份认证后，直接把相应数目的电子现金发送给商家，商家接收后借助银行审核，确认订单并发货。

2. 不带读卡器的智能卡网络支付模式

有的银行发行的智能卡均有一个智能卡卡号，即拥有智能卡的顾客在发卡行同时拥有一个与这个智能卡对应的资金账号。当此智能卡号用于网络支付结算时，该种智能卡的网络支付模式类似信用卡的网络支付模式。即当用智能卡进行网络支付时，其实是用这个资金账号进行支付，它类似于网络银行账号。在这种方式下，客户不用购买一个专用的智能卡读卡器连接在上网的计算机上，而是通过直接在网络页面上填写智能卡号与应用密码来支付，这样做的缺点是势必牺牲智能卡本身的安全保密度，因此目前智能卡很少采用这样的网络支付方法。

（1）客户在连网的 PC 上启动 Internet 浏览器，进入商家网站进行购物，双方认证后，填写订单，选择智能卡支付。

（2）类似前面的信用卡支付步骤，填写智能卡的号码和使用密码，然后加密登录到相应银行 Web 站点上，准备进行支付。

（3）银行通过持卡客户的身份认证，确认智能卡号码与密码无误后，根据客户的要求从客户资金账号转移资金到商家的收单银行账户上，通知商家确认客户的订单并发货，就完成了网络支付。

随着技术的进步，非接触式智能卡正逐渐投入应用。如果说这种非接触式智能卡用于网络支付，并不一定属于不带读卡器的智能卡网络支付模式，那是因为其智能卡信号是无线传播的。

（二）智能卡的离线支付模式

由于智能卡的存储能力强大，其卡中可以存入电子现金这样的网络货币，因而持卡人就可使用智能卡进行离线支付。

所谓离线支付，不是说智能卡与持卡客户或商家的计算机离线，而是指使用智能卡进行网络支付时，智能卡的读卡器不需要和发卡银行的网络实时连接，即无需银行的实时中介支付处理，而直接通过读卡器的读、写功能完成支付结算。

智能卡的离线支付使得持卡人的网络支付行为不再受到网络好坏与银行处理效率的影响，使支付更加方便快捷，扩大了智能卡的使用范围。不过离线支付必须使用读、写卡设备，而且基本上只适用于在卡内存放电子现金、电子零钱等网络货币的智能卡，因为只有这些网络货币的转让不需要银行的实时中介。

(1)智能卡持卡客户到发行电子现金的银行申请电子现金，将电子现金下载存入智能卡。

(2)持卡客户在网上商家网站选订购买的商品，填写订单，选择智能卡支付。

(3)支付时将智能卡插入智能卡读卡器中。

(4)客户输入智能卡 PIN，确认支付金额。

(5)读卡器对客户输入的 PIN 与卡中的 PIN 自动比较，如果一致，打开智能卡，受理支付请求。

(6)读卡器将客户智能卡中的电子现金发送商家(或许商家也应用智能卡存放电子现金)。在这个过程中读卡器需要进行查对黑名单、核实资金是否够用、对支付后的余额进行更新等处理，且将交易记录登记到自身的日志文件和客户的智能卡中。

(7)商家收到电子现金后，确认客户的订单并且发货。可用收到的电子现金继续进行其他网络支付业务，也可以到发行电子现金的银行进行兑换。

四、智能卡的发展现状

1993 年 6 月国务院启动了以发展电子货币应用为重点的各类卡基应用系统工程——金卡工程。IC 卡的开发生产和应用如雨后春笋般迅猛发展起来。在这短暂的十多年里，金卡工程建设取得了重要进展，IC 卡已在电信、公安、社会保障、建设、卫生、税务、交通、石油石化、组织机构代码管理等多个领域得到广泛应用，发卡总量已达 50 亿张。

2007 年在智能卡技术基础之上发展起来的 RFID(Radio Frequency Identification，射频识别)技术已经成为行业发展的新亮点。目前 RFID 技术已经在中国第二代居民身份证、城市公共交通"一卡通"、电子证照与商品防伪、安全管理、动植物电子标志以及现代物流管理等领域启动了应用试点。

今后，我国将大力提倡"一卡多用"和发行"多功能卡"。在"多功能卡"应用方面，国内已成立应用联盟，中国移动、中国联通、中国银联、中国普天等企业集团都在积极参与，从标准制定、行业发展、应用开拓到现代信息服务业建设，完整产业链已经形成。

▶ **第三节　电子现金网络支付模式**

在互联网上用信用卡支付时，银行要收取一定的服务费。用户每次网上购物都需要填写项目繁多的表格，尤其是在网上购买一些价格很低的零星小物时，采用信用卡支付就显得不经济、不方便。如果有一种能够像现金一样便于支付的电子货币，在小额和微支付方面就要比银行卡方便得多。

一、电子现金的网络支付流程

应用电子现金进行网络支付，需要在客户端安装专门的电子现金客户端软件，在商家安装电子现金服务器端软件，在发行银行运行对应的电子现金管理软件。为了保证电子现金的安全及可兑换性，发行银行还应该从第三方 CA 申请数字证书以证实自己的身份，借此获取自己的公开密钥/私人密钥对，且把公开密钥公开出去，利用私人密钥对电子现金进行签名。

电子现金的网络支付业务处理流程一般涉及商家、客户与发行银行三个主体，包含初始化协议、提款协议、支付协议以及存款协议四个安全协议过程。

(1)预备工作。电子现金使用客户、电子现金接收商家与电子现金发行银行分别安装电子现金应用软件，为了安全交易与支付，商家与发行银行从 CA 中心申请数字证书。客户端在线认证发行银行的真实身份后，在电子现金发行银行开设电子现金账号，存入一定量的资金，利用客户端与银行端的电子现金应用软件，遵照严格的购买兑换步骤，兑换一定数量的电子现金(初始化协议)。客户使用客户端电子现金应用软件在线接收从发行银行兑换的电子现金，存放在客户机硬盘上(或电子钱包、IC 卡上)，以备随时使用(提款协议)。接收电子现金的商家与发行银行间应在电子现金的使用、审核、兑换等方面有协议与授权关系，商家也可以在发行银行开设接收与兑换电子现金的账号，也可另有收单银行。

(2)客户验证网上商家的真实身份(安全交易需要)，并确认能够接收本方电子现金后，挑好商品，选择己方持有的电子现金来支付。

(3)客户把订货单与电子现金借助 Internet 平台一并发送给商家服务器(可利用商家的公开密钥对电子现金进行加密传送，商家收到后利用私人密钥解开)。对客户来说，到这一步支付就算完成得差不多了，无需银行的中转(支付协议)。

(4)商家收到电子现金后，可以随时一次或批量地到发行银行兑换电子现金，即把接收的电子现金发送给电子现金发行银行，与发行银行协商进行相关的电子现金审核与资金清算，电子现金发行银行认证后把同额资金转账给商家开户行账户。

注意，可能有两种支付结算方式来处理这个过程，即双方支付方式和三方支付方式。双方支付方式只涉及客户与商家，在交易中由商家用银行的公共密钥检验收到的电子现金的数字签名，鉴别其真伪，通过后，商家就把电子现金存起来或直接送去发行银行进行兑换。三方支付方式的交易过程中要涉及银行的审核认证，即客户把电子现金发送给商家，商家迅速把它直接发给电子现金发行银行审核其真伪性，然后确认它没有被重复使用，无问题后进行兑换同额资金转入商家资金账户。多数情况下，双方支付方式是不可行的，因为可能存在重复使用的问题。而三方支付方式中，为了检验是否重复使用，发行银行将从商家获得的电子现金与已经使用的电子现金记录库进行比较，予以鉴别，因此这种方式比较安全。

(5)商家确认客户的电子现金真实与有效后，确认客户的订单与支付，并发货。

电子现金网上支付的流程如下：(以 E-cash 数字现金为例)如图 4-5 所示。

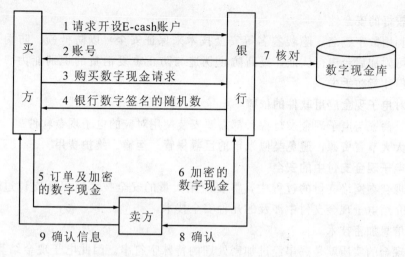

图 4-5　电子现金网上支付流程图

二、电子现金网络支付的特点

电子现金可以理解为纸质现金的电子化，与其他电子货币相比，更能体现货币的特点与等价物的特征。因此，电子现金各方面具有纸质现金类似的特点，在网络支付上也表现出纸质现金的应用特征，这与其他的网络支付方式有明显不同。

（一）匿名性

电子现金同纸币现金一样具有匿名性。买方用数字现金向卖方付款，除了卖方以外，没有人知道买方的身份或交易细节。如果买方使用了一个很复杂的假名系统，那么甚至连卖方也不知道买方的身份。因为没有正式的业务记录，连银行也无法分析和识别资金流向。也正是由于这一点，如果电子现金丢失了，就会同纸币现金丢失一样无法追回。

电子现金不能提供用于跟踪持有者的信息，因此保护客户的隐私是电子现金的主要优点。

（二）独立与多功能性

电子现金不依赖于所用的计算机系统。银行和商家之间应有协议和授权关系。客户、商家和银行都需要使用电子现金软件。E-cash 银行负责客户和商家之间资金的转移。身份验证是由 E-cash 本身完成的。E-cash 银行在发放电子货币时使用了数字签名。商家在每次交易中，将电子货币传送给 E-cash 银行，由 E-cash 银行验证用户支付的电子货币是否无效（伪造或使用过等）。不可重复使用。

（三）灵活性

电子现金支付过程中无需银行中介，因此可在更大的范围内使用，不像信用卡还限于授权的商店，使用起来更加方便与灵活。

（四）经济性与较高效率

电子现金借助 Internet 在发送者与接收者之间直接传输，就完成了支付过程，不但具有较高的效率，而且应用比较经济，还可以分得比较小，较适合 Internet 上一些小额资金的支付结算，像 CtoC 电子商务支付。

(五)较好的安全性

充分利用数字签名、隐蔽签名等安全技术来保证安全，以防抵赖、防伪造。如果需要，还可附加后台银行认证，提高防止伪造与防止重复消费的识别能力。另外，无需携带，但注意防丢失。

(六)对电子现金应用软件的依赖

客户、商家与电子现金发行银行都需要安装使用对应的电子现金软件。

(七)大大节省资源，避免类似纸币的巨额保管、运输、维护费用

三、电子现金支付中的安全

电子现金在网络支付的过程中，需要应用大量的安全技术以保证支付过程的安全性。下面介绍电子现金支付中涉及的几种安全技术。

(一)信息加密技术

电子现金的实质就是一串经过加密处理的特殊字符串。因此电子现金结算的金额、币种、到期日、发行银行等重要信息都是运用一系列加密算法之后得到的一个数字序列，比如应用复杂的加密算法将金额"50"币值转化成二进制数"110010"。

(二)密钥管理技术

在电子现金的制作流程中，消费者与发行银行都需要有自己的公开/私人密钥对，消费者个人信息及购买的电子现金在二者之间进行传递时，都是在本方用自己的私人密钥加密自己的信息，而用对方的公开密钥来解密对方传递的信息。

(三)数字证书和数字签名

消费者向银行发送购买电子现金的申请，商家向银行发送收到的电子现金时，都需要首先对银行的身份进行确认；消费者给商家支付电子现金也需要对商家的身份进行确认。因此发行银行和网上商城都必须有第三方 CA 中心颁发的数字证书以证实自己的身份，同时也可以借此获取自己的公开/私人密钥对。在银行、商城和消费者三方之间进行信息交换时，为了保证信息的安全性，发送方会用自己的私人密钥对信息进行数字签名。

(四)防止重复消费

电子现金可以存储在计算机硬盘上，由此会带来一个问题，就是消费者可以随意拷贝并重复使用，为防止这种情况发生的主要措施是通过加密算法可追踪到电子现金持有人。当同一现金发生第 2 次交易时，就会揭示出电子现金持有人的身份。

(五)安全协议

在涉及消费者隐私的信息以及数字签名的网上传输时，除了采用上面提到的一些加密技术外，安全协议(如 SSL)会建立一个安全的通道以保证数据端到端的安全传输。

四、电子现金网络支付存在的问题

(1)只有少数商家接受电子现金，而且只有少数几家银行提供电子现金开户服务。

(2)成本较高。电子现金对于硬件和软件的技术要求都较高，需要一个大型的数据库存储用户完成的交易和 E-cash 序列号以防止重复消费。因此，尚需开发出硬软件成本低廉的电子现金。

(3)存在货币兑换问题。由于电子货币仍以传统的货币体系为基础，因此德国银行只能以德国马克的形式发行电子现金，法国银行发行以法郎为基础的电子现金，诸如此类，因此从事跨国贸易就必须要使用特殊的兑换软件。

（4）风险较大。如果用户的硬盘损坏，电子现金丢失，钱就无法恢复，这个风险消费者不愿承担。

▶ 第四节 电子支票网络支付模式

电子支票借鉴纸张支票支付的优点，采用网络电子付款形式，利用网络将钱款从一个账户转移到另一个账户。电子支票支付处理费用低，特别适合涉及金额较大的 B to B 电子商务。

一、传统支票支付流程

电子支票的设计思想来源于传统的纸制支票。首先来看一下传统纸制支票的运作流程。客户在使用支票前，必须向银行提出申请，申请通过后才能在银行建立支票账户。客户手里有支票本。支付时，客户填写支票，签字盖章后将支票交给收款人，收款人背书后提交给收款人银行，收款人银行和付款人银行通过票据清算中心进行清算（如图 4-6 所示）。

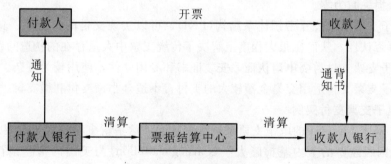

图 4-6 传统支票的运作流程

传统支票在给人们带来方便的同时，也带来了一系列的问题。首先，支票的处理成本过高。其次，支票的处理速度较慢。这主要是收款人在收到支票前的等待时间与将支票兑现所耗费的时间较长，大量的在途资金给收款人带来了不少的损失。最后，传统支票易于伪造。

二、电子支票网络支付流程

用户可以在网络上生成一个电子支票，然后通过互联网络将电子支票发向商家的电子信箱，同时把电子付款通知单发到银行。像纸质支票一样，电子支票需要经过数字签名，被支付人数字签名背书，使用数字凭证确认支付者/接收者身份、支付银行以及账户，金融机构就可以根据签过名和认证过的电子支票把款项转入商家的银行账户。电子支票的支付流程如图 4-7 所示。

三、电子支票支付特点

电子支票是客户向收款人签发的、无条件的数字化支付指令，它可以通过因特网或无线接入设备来完成传统支票的所有功能。从电子支票网络支付模式可以看出电子支票支付有下列特点：

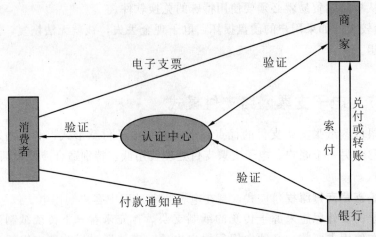

图 4-7　电子支票支付流程图

(1)由于电子支票为数字化信息，因此处理起来极为方便，处理的成本也比较低。

(2)电子支票通过网络传输，速度极其迅速，大大缩短了支票的在途时间，使客户的在途资金损失减为零。

(3)电子支票采用公开密钥体系结构(PKI)，可以实现支付的保密性、真实性、完整性和不可否认性，从而在很大程度上解决了传统支票中大量存在的伪造问题。

(4)电子支票支付需要申请认证，安装证书和专用软件，使用较为复杂。

(5)电子支票支付适用交易金额较大的支付，不适合小额支付和微支付。

四、电子支票支付实例

目前，基于 Internet 的电子支票系统在国际上仍然是新事物，处于发展之中。Net Bill 是由美国匹兹堡的卡内基梅隆大学(Carnegie Mellon)与美国的梅隆银行(Mellon-bank)合作设计开发的一个电子支票系统。它被设计成能够在因特网上传递文本、图像、软件之类的信息商品。其目的是提高账户转账的效益，使顾客只需支付极少的手续费，银行即可提供结算服务。

Net Bill 中的简单业务由客户、商家和中心服务器三方参与。把客户使用的软件简称为支票簿，把中心服务器使用的软件简称为钱柜。商家从钱柜收到客户想买或卖什么的信息。Net Bill 的业务流程如下：

(1)客户选择欲购买的商品，支票簿向钱柜发出报价要求，钱柜将要求发送给商家。

(2)商家对报价数字签字，并将其返回给钱柜。客户如果决定购买，则通知钱柜，并对其购买要求数字化签字。

(3)钱柜得到客户购买信息的要求，并向商家提出要求。商家用一随机私钥对以上要求加密，并把加密的结果发送给钱柜。钱柜对加密结果计算一个安全的校验和，并把加密结果发送给客户。

(4)客户收到加密结果后，对加密结果计算一个校验和。把校验、时戳、购买描述以及最终所接受的价钱打包在一起，形成电子购买订单，并把电子购买订单返回给钱柜。

（5）钱柜收到电子购买订单后，检验其数据的完整性，然后就可安全地转账。钱柜对账目进行核对，并通知商家已完成转账。

（6）商家向钱柜发出一张发票，发票经商家数字化签字，其中含有价钱及用于解密的私钥。

（7）钱柜把发票传递给客户。

（8）客户对商家的加密结果解密。

▶ 第五节　电子钱包网络支付模式

所谓电子钱包的网络支付模式，是在电子商务过程中客户利用电子钱包作为载体，选择其存放的电子货币如信用卡、电子现金等，在 Internet 平台上实现即时、安全可靠的在线支付形式。

一、电子钱包网络支付的基本流程

（1）客户使用浏览器在商家的 Web 主页上查看在线商品目录，测览商品，选择要购买的商品。

（2）客户填写订单。包括项目列表、价格、总价、运费、搬运费、税费。

（3）订单可通过电子化方式从商家传过来，或由客户的电子购物软件建立，有些在线商场可以让客户与商家协商物品的价格（例如出示自己是老客户的证明，或给出竞争对手的价格信息）。

（4）顾客确认后，选定用电子钱包付钱。将电子钱包装入系统，单击电子钱包的相应项或电子钱包图标，电子钱包立即打开，然后输入自己的保密口令，在确认是自己的电子钱包后，从中取出一张电子信用卡来付款。

（5）电子商务服务器对此信用卡号码采用某种保密算法算好并加密后，发送到相应的银行，同时销售商店也收到了经过加密的购货账单，销售商店将自己的顾客编码加入电子购货账单后，再转送到电子商务服务器上去。这里，商店对顾客电子信用卡上的号码是看不见的，不可能也不应该知道，销售商店无权也无法处理信用卡中的钱款。因此，只能把信用卡送到电子商务服务器上去处理。经过电子商务服务器确认这是一位合法顾客后，将其同时送到信用卡公司和商业银行。在信用卡公司和商业银行之间要进行应收款项和账务往来的电子数据交换和结算处理。信用卡公司将处理请求再送到商业银行请示确认并授权，商业银行确认并授权后送回信用卡公司。

（6）如果经商业银行确认后拒绝并且不予授权，则说明顾客的这张电子信用卡上的钱数不够用了或者是没有钱了，或者已经透支。遭商业银行拒绝后，顾客可以再点击打开电子钱包，取出另一张电子信用卡，重复上述操作。

（7）如果经商业银行证明这张信用卡有效并授权后，销售商店就可交货。与此同时，销售商店留下整个交易过程中发生往来的财务数据，并且出示一份电子收据发送给顾客。

（8）上述交易成交后，销售商店就按照顾客提供的电子订货单将货物在发送地点交到顾客或其指定的人手中。

二、电子钱包网络支付特点

电子钱包的功能都与人们生活中的钱包差不多，它可以存放各种电子货币与信用卡、个人信息卡等，进行集中管理。当然，电子钱包毕竟是高技术的产物，在安全性能上远比生活中的钱包强，应用方法、表现形式上也有一些不同点，在用于网络支付与结算时的特点可归纳如下。

(一)个人资料管理与应用方便

客户成功申请钱包后，系统将在电子钱包服务器上为其开立一个属于个人的电子钱包信息档案，客户借助客户端软件可在此信息档案中增加、修改、删除个人资料。当需要应用时，只需在网页上单击钱包图标，就能把这些每次重复的个人商务信息都安全发送到商家网站，不用每次填写一些购物时的重复性信息，如姓名、送货地址、联系 E-mail、信用卡号等，让用户感到省心、简便而有效率。

(二)客户可用多张信用卡

很多持卡人都持有不止一张信用卡，不仅持有不同品牌的信用卡，如持卡人同时持有中国银行的长城卡、工商银行的牡丹卡、建设银行的龙卡等，也可能同时持有多张同一品牌的信用卡。许多人考虑将多张信用卡用于网络支付，在不同情况下，或者购买不同商品时，考虑采用不同的信用卡进行支付。电子钱包软件也考虑到持卡人的这一要求，不但可以使用多张信用卡，还可使用电子现金，并且可以让持卡人任意选择。

(三)使用多个电子钱包

软件供应商提供的电子钱包客户端软件一般都具有能使用多个钱包的功能。也就是说，一个电子钱包软件可以让多人各自授权使用，互不干涉。当启动电子钱包后，只要输入不同的用户名与开包密码，就能打开不同的钱包。每位用户只能打开自己的钱包取出自己的信用卡等，而无法打开别人的钱包。

(四)购物记录的保存与查询

电子钱包软件每进行一次交易，无论成功或失败，都会将结果记录下来，供客户进行查询。电子钱包能够帮助客户记下所有网络交易情况，包括在哪家商店买了什么东西，花了多少钱，一目了然，客户借助电子钱包可对自己的网上消费情况知道得清清楚楚。

(五)多台电脑使用同一套电子钱包，共用同一张数字证书

许多客户家里有一台电脑，出差时，往往带一台笔记本电脑。借助电子钱包软件与计算机的非对应性，这两台电脑都可运用自己的电子钱包软件上网购物。在家时，用家里的台式电脑，出差时则用笔记本电脑移动上网购物。目前，几乎所有的电子钱包软件都提供此类功能。客户可以选择此项功能，然后在另一台电脑中也安装一套电子钱包软件，选择将软盘中的证书数据装入电子钱包的功能，将数字证书复制到另一台电脑的电子钱包软件中去。另一台电脑就可使用同一张数字证书了。

(六)不管应用何种电子货币，都具有较强的安全性

一般来讲，电子钱包用户的个人资料存储在服务器端，可以通过技术手段确保安全，而且不在个人电脑上存储任何个人资料，避免资料泄露的危险。同时，电子钱包的网络支付模式，主要遵循 SET 安全协议机制。基于 SET 协议机制的网络支付流程中

运用了一系列先进的安全技术与手段，如私有与公开密钥加密法、数字摘要、数字信封、数字签名、双重签名等技术手段以及数字证书等认证工具，因此说它是非常安全的，这也保证了电子钱包的运用是安全的。

(七)快速而有效率

应用电子钱包节省了很多信息的重复填写，速度上比较快，因而交易效率较高。

(八)对参与各方要求较高

使用电子钱包进行网络支付，需要在一整套电子钱包服务系统中进行，并且客户需要配置电子钱包客户端软件才可使用，给客户带来一定的不便。

三、电子钱包使用实例

目前国内银行都取消了电子钱包业务。出于需要，我们以中国银行过去的电子钱包业务为例说明电子钱包的使用。

中银电子钱包是一个可以由中国银行长城电子借记卡和长城国际卡持卡人，用来进行安全网上购物交易支付并储存交易记录的软件。

(一)用户首次登录

当用户首次登录时，便出现如下所示的新用户注册界面，填入自己想要的用户名和口令并确认后，系统便会为你创建一个新的用户，如图 4-8 所示。

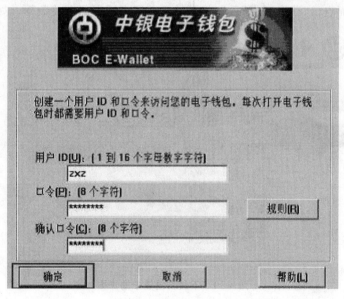

图 4-8　新用户注册界面

(二)进行安全认证设置

由于是首次登录，电子钱包中还未存在任何支付卡，因此会出现如下图所示的提示。此时应该在电子钱包的操作界面中点击"转至认证中心 Web 站点"进行支付卡和安全认证的设置，如图 4-9 所示。

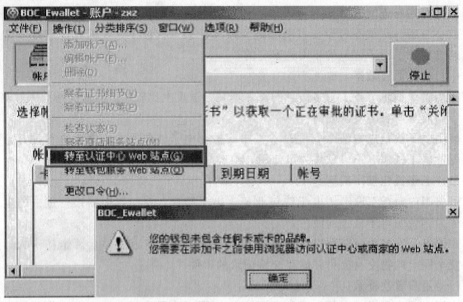

图 4-9 未安装支付卡的电子钱包启动时的提示

在当前页面点击"获取证书"后，将开始下载安全证书的有关数据，如图 4-10 所示。

图 4-10 下载安全证书的页面

当认证中心确认了该银行卡账户之后，会出现如下所示的有关安全证书管理规定的确认界面，用户必须对该规定予以确认，然后再输入更详细的个人信息，如图 4-11 所示。

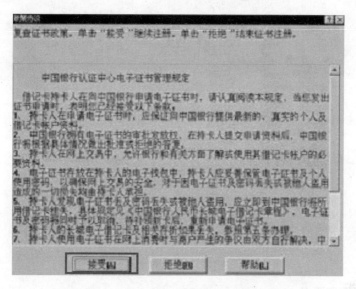

图 4-11　有关安全证书管理规定的确认界面

(三)添加支付卡

在数据下载完毕后,电子钱包软件会自动启动,这时会再次出现用户登录界面,在该界面中填入首次运行电子钱包时建立的用户名和口令,如图 4-12 所示。

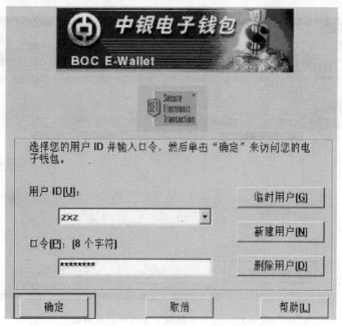

图 4-12　再次登录电子钱包的界面

虽然通过前面的步骤已经成功地建立了一个用户账号,但该用户还未包含任何可用于在线支付的银行卡信息。因此,此时系统会自动弹出以下的"添加支付卡"界面,如图 4-13 所示。

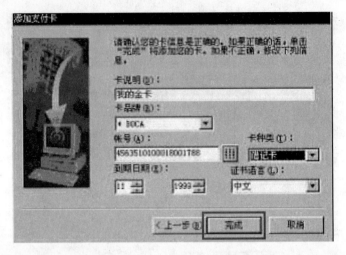

图 4-13　添加支付卡界面

（四）获取用户证书

在成功地添加了支付卡后，在您的电子钱包中会相应地加入一条卡账户的信息。为保证在网上支付的安全性，需为新添加的卡申请证书，并存放在中银电子钱包中。单击"获取证书"按钮，系统将从认证中心核对该银行卡的信息，需要花费一定的时间。如图 4-14 所示。

图 4-14　成功地添加了支付卡后的界面

（五）使用电子钱包购物

打开浏览器登录中国银行网站，点击想要访问的网站或直接键入商家的地址，即可连接到商家的站点上。在商家的站点上浏览商家商品，选定了要购买的商品后，点击"购物车"按钮，如图 4-15 所示。把该商品放入购物车或购物篮，并准备付款。

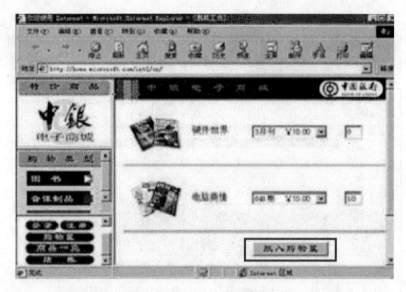

图 4-15　将要购买的商品放入购物车

　　在选择完想要购买的商品后，点击图 4-16 中的"用中银电子钱包付款"按钮，计算机会自动打开电子钱包。

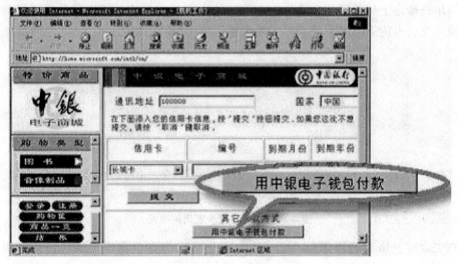

图 4-16　打开电子钱包

　　用户在电子钱包自动打开后，输入用户名和密码，点按"确定"按钮，便进入了图 4-17 所示的电子钱包的管理界面。

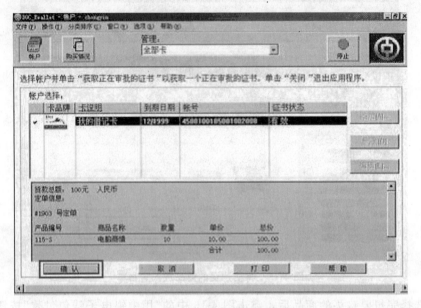

图 4-17　电子钱包的管理界面

　　当用户确定了订单信息之后，会出现如图 4-18 所示的支付卡密码的输入界面。这时应输入支付卡的 PIN 码，密码输入完成后，点击"确定"按钮。

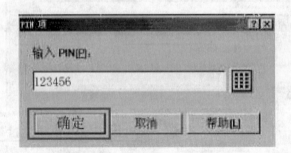

图 4-18　输入支付卡密码的界面

　　在完成以上所有的操作后，电子钱包管理系统将显示此次交易的最终结果。如图 4-19所示。

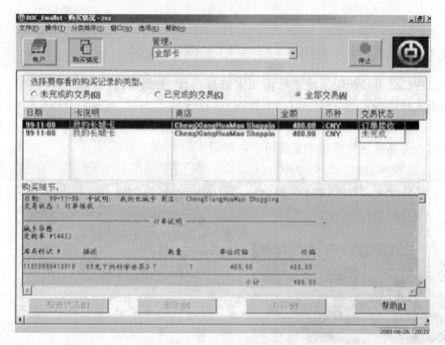

图 4-19　支付交易的最终结果界面

最后，在网上商城的页面中将出现如图 4-20 所示的交易结果页面。

图 4-20　网上商城交易成功页面

▶ 支付实务链接：招商银行信用卡网络支付

淘宝网已经可以使用招商银行信用卡直接付款（无须通过支付宝），淘宝网招商银行信用卡支付流程：

(1)首先明确：淘宝网不是所有的商品都支持信用卡直接付款，只有商品页面显示下面标志的商品才支持信用卡直接付款，如图 4-21 所示。

图 4-21　产品详情

(2)确认商品支持招商银行信用卡直接付款后，点击"立刻购买"，进入确认页面，然后点击"确认无误，购买"，如图 4-22 所示。

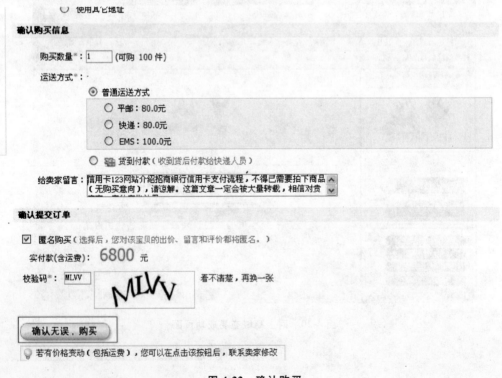

图 4-22　确认购买

（3）进入支付页面，选择"信用卡支付"并选择"招商银行"，如图 4-23 所示。

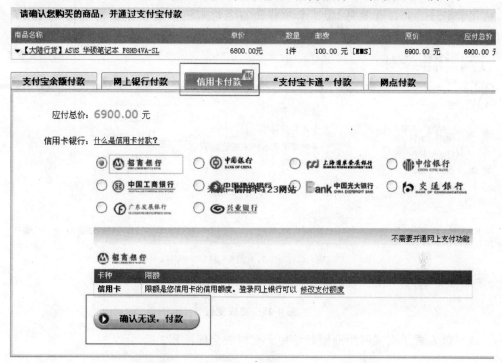

图 4-23　确认付款

（4）进入中转页面，点击"去信用卡网银付款"，如图 4-24 所示。

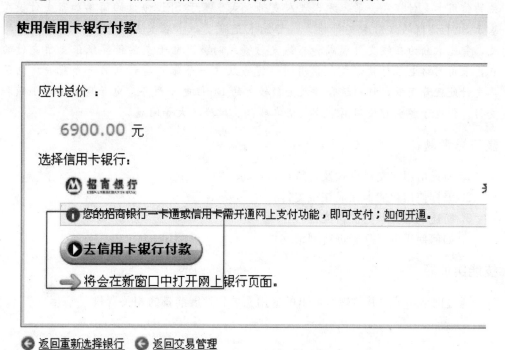

图 4-24　网银付款

（5）进入招商银行信用卡网上支付界面，首先确认左侧的支付信息，确认无误后输入信用卡卡号、卡片有效月/年、卡片背面签名栏末三位数字和查询密码即可完成支付，如图 4-25 所示。

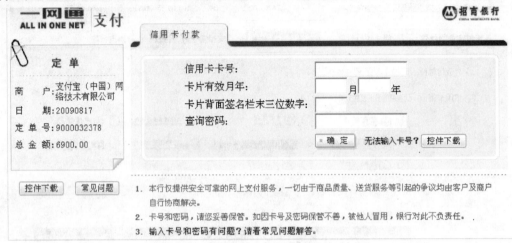

图 4-25 完成支付

这样就完成了淘宝网招商银行信用卡支付的全部流程。

本章小结

信用卡支付是目前网络支付中最常用的方式。信用卡网络支付模式分为无安全措施的信用卡支付模式、第三方代理人支付模式、基于 SSL 协议的简单加密支付模式和基于 SET 协议的信用卡支付模式。智能卡克服了磁卡在安全保密和应用方式上的不足，智能卡分为在线支付模式和离线支付模式两类。电子支票借鉴纸张支票支付的优点，采用网络电子付款形式，利用网络将钱款从一个账户转移到另一个账户。电子支票支付处理费用低，特别适合涉及金额较大的 BtoB 电子商务。电子现金适合小额和微支付。但电子现金有使用商家少、成本较高、风险较大等问题。

复习思考题

1. 简述信用卡支付模式及其特点。
2. 怎样使用智能卡完成在线支付？
3. 简述电子支票的支付流程。
4. 如何使用电子现金进行网络支付？

技能实训题

通过网络，了解并整理智能卡的应用领域和发展前景的相关资料。

案例分析

不用现金的英国小城

　　斯温登是英国伦敦以西 120 千米处一个仅有 18 万居民的小城。这里的居民一直过着平静的生活，即使欧洲第一家半导体工厂在此诞生，也没有因此而打破它的平静。1996 年 7 月，斯温登小城里发生了一件大事：万事达公司的电子现金卡取代了硬币和纸币成为这个城市的正式货币。这个消息立即传遍了全世界，使斯温登顿时成为了世人关注的焦点，小城也变得热闹起来。

　　在斯温登，从超市到大街小巷的杂货店，从地铁、公共汽车站到停车场，从书报亭到银行……人们只要把一张小小的塑料卡片插入电子收款机，既不需要在收据单上签字，也不需要等待用电脑或电话来核准，就可以把存在卡里的"钱"从一个账户转到另一个账户。小城里还安装有 1300 部可用于为电子现金卡充值的电话。人们只需把电子现金卡插入电话机，然后拨通开户银行，输入卡片密码和需要存入的钱数就可以为它充值了。

　　提起电子现金，可能大多数人并不熟悉，它是指用一定的传统现金或存款从金融机构兑换代表相同金额的数据，并以可读写的电子形式存储起来。而斯温登小城使用的电子现金卡就是一种能存储电子现金的智能卡，它嵌入了一个微处理芯片，存储有大量关于使用者的信息。使用智能卡购买商品和服务时，不再需要银行确认每笔交易。其实，电子现金还能纯粹以数字形式，即数字现金，存在于个人电脑上，与到现场购物用的电子现金卡不同，它主要用于网上购物。它们和信用卡的区别在于信用卡虽能给用户提供方便，但不能替用户保护隐私，而电子现金不仅使用方便，而且能保护用户的隐私，就像我们平时使用纸币那样，一般人不会知道你的姓名、年龄等个人隐私。

　　案例思考题：

　　1. 案例中提到的电子现金属于哪种形式？

　　2. 案例中智能卡网络支付模式是在线还是离线？说明原因。

第五章 网络银行

本章学习目标

▶ 理解网络支付系统的概念、功能。

▶ 应用网络银行主要业务。

▶ 掌握网络银行支付操作。

▶ 了解网络银行存在的问题及发展对策。

案例导读：网上银行呈现出蓬勃的发展势头

1995年10月，全球第一家真正意义的网上银行安全第一网络银行（Security First Network Bank，简称SFNB）在美国诞生。这家银行没有建筑物，没有地址，只有网址和网上银行站点，一幅幅网页画面构成了银行交易的营业窗口。这家网上银行向客户提供的是全新的服务手段，客户足不出户就可进行存款、取款、转账、付款等业务，所有的交易都通过Internet进行，它的员工只有19人，银行的管理维护通过员工的远程控制进行。该行1996年存款达1400万美元，但到了1997年就发展到4亿美元。同年，美国花旗银行紧随其后，在Internet上设置了站点。自此，随着网上银行服务业务序幕的拉开，出现了蓬勃发展的趋势，不久，美国最大的50家银行中90%以上的银行提供基于Internet的全面服务。

近年来，国内许多商业银行纷纷开设网站，1996年，招商银行率先在国内推出了自己的网上银行"一网通"的概念，并逐步向公司和个人提供信息查询，银企对账，代发工资，网上购物等金融业务。1997年4月，招商银行开通了交易型银行网站，拉开了我国网上银行发展的帷幕。1998年3月，中国银行网络银行服务系统成功开通了互联网间的电子交易。1999年，中国建设银行从互联网事业的整体利益角度出发，设立了网上银行部，同年7月，推出了网上银行服务，并率先推出了网上支付的功能，实现了网上交易资金的实时划转交割，同时还向客户提供了实时查询、账务管理、代理收费、银证转账等多项金融服务。

案例启示： 伴随着Internet应用环境的日渐成熟，电子商务新型商务模式的种类和规模得到了迅速的发展，并逐步得到大多数人的接受和认可。网上购物、网上理财等所有这些互联网金融交易的服务行为的发展，都要求传统的商业银行或金融机构提供一种基于Internet技术开放的支付结算服务，提供网上银行服务。无论在我国还是在全球，网上银行都呈现出蓬勃的发展势头，它是电子商务服务系统广泛发展的基础，在互联网金融与商务活动中占据着很重要的地位，网上银行快速发展已经成为必然趋势。

▶ 第一节 网络银行概述

随着计算机和通信技术的发展，银行业发生了一次革命性的变革，使得银行业务处理实现了电子化、网络化。传统银行发展成电子银行，最终伴随着网络技术的发展，推出了电子技术和网络技术全面应用的网络银行。

一、网络银行的概念

网络银行（Internet Banking）又称为网上银行或在线银行（Online Banking），是指金融机构利用网络技术、通信技术以及先进的管理技术，以 Internet 为平台，在线开设的虚拟性银行。用户可以通过个人电脑、掌上电脑、手机或者其他数字终端设备，采用拨号连接、专线连接、无限连接等方式，登录互联网，享受网络银行的服务。

网络银行包括两个层次的含义：一个是机构概念，是指通过信息网络开办业务的银行；一个是业务概念，是指银行通过信息网络提供的金融服务，包括传统银行业务和因信息技术应用而带来的新兴业务（如网络支付）。

二、网络银行的发展阶段

一般而言，关于网络银行的发展阶段划分为 3 个阶段：第一个阶段是 20 世纪 50 年代到 80 年代中后期，为计算机辅助银行管理阶段；第二个阶段是 20 世纪 80 年代中后期到 90 年代中期，为银行电子化或金融信息化阶段；第三个阶段是从 20 世纪 90 年代中期至今，是真正意义上的网络银行阶段。

（一）计算机辅助银行管理阶段

自从 20 世纪 50 年代末以来，计算机逐渐在一些发达国家的银行业务中得到应用。但是，最初银行应用计算机的主要目的是解决手工记账速度慢、提高业务处理能力和减轻人力负担等问题。因此，早期的金融电子化基本技术是简单的脱机处理，主要用于分支机构及各营业网点的记账和结算。此外，也开始利用计算机分析金融市场的变化趋势供决策使用。

到了 60 年代，金融电子化开始从脱机处理发展为联机系统，使各银行之间的业务实现电子化联机管理，并且建立起较为快速的通信系统，以满足银行之间汇兑业务发展的需要。在这个期间内，商业银行出现了两次联机高潮，一次是在 60 年代，使各商业银行的活期存款可以直接经过计算机处理传输到总行，加强了商业银行的内部纵向管理；另一次是在 80 年代，实现了水平式的金融信息传输网络，电子资金转账网络成为全球水平式金融信息传输网络的基本框架之一。

60 年代末兴起的电子资金转账（Electronic Funds Transfer，EFT）技术及网络，为网络银行的发展奠定了技术基础。所谓电子资金转账系统，是指使用主计算机、终端机、磁带、电话和电信网络等电子通信设备及技术手段进行快速、高效的资金传递方式。与传统支付方式相比，EFT 方式具有多方面的优势。首先，EFT 改变了传统的手工处理票据模式，可以快速有效地处理支付信息，降低处理成本和票据纸张费用等交易成本；其次，改善了资金管理的质量；再次，提高了支付效率；最后，可以间接解决支票丢失或被盗等管理问题。当然，也应当看到，EFT 面临的电子系统安全问题，并不会比传统方式面临的问题少。

（二）银行电子化和金融信息化阶段

随着计算机普及的提高，商业银行逐渐将发展的重点调整为以个人电脑（PC）为基础的电子银行业务。20 世纪 80 年代中后期，在国内不同银行之间的网络化金融服务系统基础上，形成了不同国家之间不同银行之间的电子信息网络，进而形成了全球金融通信网络。在此基础上，各种新型的电子网络服务，如在线银行服务（PC 银行）、自动柜员机系统（ATM）、销售终端系统（POS）、家庭银行系统（HB）和公司银行系统（FB）等也就应运而生了。

银行电子化使传统银行提供的金融服务变成了全天候、全方位和开放型的金融服务，电子货币成为电子化银行所依赖的货币形式。随着信息技术的进步，银行电子化水平也在逐步提高。

（三）网络银行阶段

20 世纪末 90 年代中期，在互联网的商业性应用过程中逐渐出现了网络银行。世界上第一家银行——安全第一网络银行于 1995 年 10 月 18 日在美国亚特兰大开业，这是银行服务从传统到现代的一次重大变革，也标志着网络银行阶段的真正开始。

网络银行与企业银行、家庭银行、电话银行和自助银行等不属于同一个概念，前者比后者具有更强的服务适应性和开放性。简单地说，网络银行不需要固定场所，它在任何一台电脑上都能进行金融服务的交易。银行服务的整体实力将集中体现在前台业务受理和后台数据处理的一体化综合服务能力及其整合技能上。信息技术是网络银行发展的支撑条件，但仅有信息技术又是不够的，在网络银行阶段，银行业最稀缺的不是技术，也不是资金，而是经营理念和经营方式，因而，如何使银行业适应信息技术的发展而发生改变，比对信息技术的单纯应用要来得更为重要。

网络银行发展到今天，它已经表现出了传统银行所无法比拟的全天候、个性化的竞争优势，因此，可以预言，网络银行必将成为银行业发展的主要趋势。

三、网络银行模式

目前网络银行模式主要有两种。

第一种模式是纯网络银行。所谓纯网络银行或直接银行，是指那些仅仅凭借互联网来开展银行业务的独立经济组织。纯网络银行是一种虚拟性质的银行，它们一般没有店面柜台，也没有分支机构，几乎所有的银行业务都依靠 Internet 进行。

纯网络银行典型代表是成立于 1995 年的美国安全第一网络银行（SFNB）。目前欧洲的许多非银行机构多采用此种方式进入银行业务领域。

第二种模式是混合型网络银行。这种银行模式是在原有实体银行的基础上建立的网上业务渠道，即将网上银行作为传统银行的一个新的业务部门。因为对于传统商业银行而言，网络银行通常只是原有银行的一个事业部或是由它控股的子公司，是银行发展新客户、稳定老客户的一种手段。它可以充分延伸银行原有的品牌优势，并利用网络渠道优化自身形象，改善客户关系，扩大产品的市场占有率，最终实现传统业务与网上银行的协调发展。目前，混合型网络银行是我国网络银行的主要发展模式。

四、网络银行的特点

（一）打破了传统银行的组织结构

对于传统银行来说，增设分支机构曾是聚集银行存款，进行规模扩张的主要竞争手段之一，然而在网络经济时代，银行可以通过建立互联网站点的方式，很便捷地设立虚拟的网上银行网点。网络赋予了中小银行和大银行同等的发展机遇，网络银行依托互联网，不用设任何分支机构就可将银行业务发展到世界上的任何国家。

（二）信用的重要性更加突出

网络银行通过网络开展业务，客户面对的不再是有形的实体银行，而是通过虚拟的系统和账号密码进行业务操作，这不仅是对银行本身的信任，而且还要加上对银行网络系统的信任。因此，信用的重要性更加突出，评估银行信用的标准必然要发生改变，银行的技术系统的优劣将是评价信用的一个重要标准。

（三）具有低廉的成本优势

（1）与传统银行相比，网络银行的创设费用较低，无须铺设营业网点。例如，美国创设安全第一网络银行（SFNB）的全部费用约100万美元，而开办一个传统银行分支机构的成本费用大约在150万～200万美元之间，外加每年35万～50万美元的附加经费，网络银行的成本优势显而易见。

（2）降低了银行的管理运行成本。首先，网络银行只需要雇用少量的业务人员，可以节省大量的工资支出。其次，网络银行可以节省场地租金、室内装修、照明以及水电费用，还降低商业银行管理所需的各种纸张费用和办公设备维修等大量杂费以及维护费用。再次，为使业务以较低成本运作，大部分网络银行与多家网上金融服务商合作，把许多业务外包出去，自己仅收取佣金。这些都降低了网络银行的营运成本。

（3）降低了银行的交易费用。传统银行的交易成本随着距离的增加而增加，而网络银行的交易费用与物理地点具有非相关性。网络银行的业务实行实时自动化处理，大大降低了单笔业务运营费用。对网络银行来说，处理一笔业务与处理一万笔业务的成本相差无几。在达到一定的规模后，边际交易成本单调递减。据美国一家金融机构统计，办理一笔银行业务，通过分行方式的费用是1.25美元，使用ATM是80美分，使用电话银行是40美分，使用自动拨号方式是10美分，使用因特网只需1美分。

（四）提供全天候服务

网络银行借助互联网的优势，利用网络技术把自己与客户联系起来，在有关安全措施的保护下，客户可以随时随地在不同计算机终端上办理业务。网络银行也无需自助银行和无人银行的固定场所。它是一种任何时间、任何地方、任何方式提供安全金融服务的全天候银行服务。

（五）银行经营的安全性、流动性的实现方式发生改变

库存现金向数字现金的转变使安全概念发生变化。由于网络货币的广泛使用，银行资产的安全已不再是传统的保险箱、保安人员所能保障的了。由于对银行资金最大的威胁是黑客的袭击，很可能不知不觉间资金就已丢失。因此，银行必须转变安全概念，从新的角度确保资金安全。网络货币的独特存取方式带来了流动性需求的改变。网络货币虚拟性的特点取消了传统货币支付的方式，更不可避免地导致了银行流动性需求的变化。

▶ 第二节　网络银行的主要业务

一、网络银行的主要功能

（一）公共信息的发布

网络银行通过互联网发布的公共信息，一般包括银行的文化背景、经营范围、机构设置、网点分布、业务品种、利率和外汇牌价、金融法规、经营状况以及国内外金融新闻等。通过公共信息的发布，网上银行向客户提供了有价值的金融信息，同时起到了宣传推广的作用。通过公共信息的发布，客户可以很方便地认识银行，了解银行的业务品种情况以及业务运行规则，为客户进一步办理各项业务提供了方便。

（二）客户的咨询投诉

网络银行一般以 E-mail、BBS 为主要手段，向客户提供业务疑难咨询以及投诉服务，并以此为基础建立网上银行的市场动态分析反馈系统。通过收集、整理、归纳、分析客户各式各样的问题和意见以及客户结构，及时了解客户关注的焦点以及市场的需求走向，为决策层的判断提供依据，便于银行及时调整或设计新的业务品种，更加体贴周到地为客户服务，提升市场竞争力，巩固并进一步扩大市场份额，获取更大的收益。

（三）账户的查询功能

网络银行可以充分利用互联网在线服务的特点，向企事业单位和个人客户提供账户状态、账户余额、账户一段时间内的交易明细清单等事项的查询功能。同时，为企业集团提供所属单位的跨地区多账户的账务查询功能。这类服务的特点主要是客户通过查询来获得在银行账户的信息，以及与银行业务有直接关系的金融信息，而不涉及客户的资金交易或账务变动。

（四）申请和挂失

申请和挂失主要包括存款账户、信用卡的开户、电子现金、空白支票申领、企业财务报表、国际收支申报的报送、各种贷款、信用证开证的申请、预约服务的申请、账户的挂失、预约服务的撤销等。客户通过网络银行清楚地了解有关业务的章程条款，并直接在线填写、提交各种银行表格，简化了手续，方便了客户。

（五）网上支付功能

网上支付功能主要是指向客户提供互联网上的资金实时结算功能，它是保证电子商务正常开展的关键，也是网上银行的一个标志性功能。没有网上支付功能的银行站点，只能算是一个金融信息网站或称做为上网银行。网络支付具体包括以下功能：

1. 内部转账功能

客户可以在自己名下的各个账户之间进行资金划转，一般表现为定期转活期、活期转定期、汇兑、外汇买卖等不同币种、不同期限资金之间的转换。其目的是为了方便客户对所属资金的灵活运用和进行账户管理。

2. 转账和支付中介业务

客户可以根据自身需要，在网络银行办理网上转账、网上汇款等资金实时划转业务，该业务为网上各项交易的实现提供了支付平台。客户可以办理转账结算、缴纳公共收费（如煤、水、电、房、电话、收视费等）、工资发放、银证转账、证券资金清算等。这项业务也包括商家对顾客（B2C）商务模式下的购物、订票、证券买卖等零售交易，商家对商家（B2B）商务模式下的网上采购等批发交易，真正体现了不同客户之间的资金收付划转等功能。

3. 金融服务创新功能

基于互联网多媒体信息传递的全面性、迅速性和互动性，网络银行可以针对不同客户的需求开辟更多便捷的智能化、个性化的服务，提供传统商业银行在当前业务模式下难以实现的功能。比如针对企业集团客户，提供通过网络银行查询各子公司的账户余额和交易信息的服务，并在签订多边协议的基础上实现集团内部的资金调度与划拨，提高集团整体的资金使用效益，为客户改善内部经营管理、财务管理提供有力的支持。

在提供金融信息咨询的基础上，以资金托管、账户托管为手段，为客户的资金使用安排提供周到的专业化的理财建议和顾问方案。采取信用证等业务的操作方式，为客户间的业务交易提供信用支付的中介服务，从而在信用体制不尽完善合理的情况下，积极促进商务贸易的正常开展。建立健全企业和个人的信用等级评定制度，实现社会资源的共享。根据存贷款的期限，向客户提前发送转存、还贷或归还信用卡透支金额等提示信息服务。

二、网络银行的主要业务

(一)网上公司银行业务

网上公司银行(客户终端)以方便、快捷、安全的方式帮助客户管理自己的账户。如今很多银行已经开通了网络进行更深入的业务交易，如美国的第一田纳西银行、比利时第六大银行 CERA 银行等，这些网络银行已经通过网络开始办理在线贷款审批、现金转账和支票支付等银行业务。

网络银行采用了先进的加密技术，客户在使用"网上支付"时，所有数据均经过加密后才在网上传输，因此是安全可靠的。网上"客户终端"系统在用户进入网上"客户终端"时设置了登录密码及附加密码，每次进入网上"客户终端"时系统会自动产生一个附加密码，供下次登录时使用，即用户每次进入网上"客户终端"的附加密码是不一样的。

另外，网上"客户终端"自动记载系统日志，用户的每一个操作都被系统记载下来，公司的系统管理员可随时稽核某个时期内的系统使用情况，便于发现系统异常，监督用户使用，保障系统安全。

网络银行一般可为客户提供如下的网上公司银行服务：

(1)账务查询：包括账户余额明细和账户当天、历史交易明细查询，付款方信息查询(包括付方名称、交易日期、付方开户银行及专用 B2B 电子商务的附加号等)，以及协定存款的合同额度、起始日期、基本存款和协定存款的余额及滚动积数查询。

(2)内部转账：用于在某家网络银行开户的本行账户之间的资金划拨。

(3)对外支付：用于向在某网络银行或其他银行开户的其他公司付款。

(4)活期与定期存款互转：将活期存款账户中暂时闲置的资金转为定期存款；将定期存款转为活期存款；对未办理存款证书的公司，可随时将定期存款转为活期存款，包括提前支取(部分、全部)、到期支取。

(5)工资发放：用于向公司员工发放工资。

(6)信用管理：查询在某网络银行内发生的信用情况，包括各币种、信用类别的余额和交易笔数，授信总金额和当前余额、期限、起始日期，以及借款借据的当前状态和历史交易。

(7)子公司账务查询和信用查询：集团、总公司可根据协议查看子公司的账务信息和信用情况，方便财务监控。

(8)集团公司、总公司对子公司收付两条线的管理：对于实行资金集中管理的公司，集团公司、总公司可以根据协议实现分支机构贷款向总部迅速回笼和集中，也可以集中向各分支机构支付各种费用。

(9)网上信用证：以交易双方在 B2B 电子商务交易平台上签订的有效电子合同为基础，提供网上申请开立信用证和网上查询打印信用证功能，同时向交易平台的管理者提供信用证通知服务，使交易平台的管理者可时时了解信用证结算的交易进程。

(10)金融信息查询：提供实时证券行情、利率、汇率、国际金融信息等丰富的金融信息。

(11)银行信息通知：银行通过"留言板"将信息通知特定客户，如定期存款到期通知、贷款到期通知、开办新业务通知、利率变动通知等。

(12)客户查询服务：主要是针对企业客户的。客户在注册后，可通过网上银行服务系统查询到本企业的账户交易状况，该项服务特别适合集团客户使用。集团企业总部可通过网络银行查询下属各子公司的账户交易、余额和历史交易信息，及时了解和掌握总公司及下属各公司的财务和经营状况。

(13)集团查询服务：是为集团客户提供的一个重要的服务手段。中国银行已经开始推行此项服务。它主要是利用最先进的互联网技术，为在银行开户的集团客户提供网上查询该集团及其各所属分支机构账户交易、余额和汇款信息的服务。具体服务的内容一般包括如下内容：

①余额查询服务：查询该集团操作员所管理的所有账户的前一日工作终时的余额信息。

②历史交易查询服务：选择所需查询的账号和起止日期，查询该账户的历史交易明细信息。

③汇款信息查询服务：选择所需查询的账号和起止日期，查询该账户的汇款明细信息。

④客户账户实时查询服务：公司客户可以通过网上银行服务系统，实时查询本公司所有账户的当前余额及交易历史信息。

⑤国际结算业务网上查询服务：公司客户可以通过网上银行服务系统，在互联网上查询银行正在处理的国际结算业务情况，特别适合从事进出口业务的企业使用。

(二)公共信息业务

银行利用网络技术，可以很快捷地为客户提供综合、统一、安全、实时的服务，所以，网络技术是银行业为客户提供服务的新手段。银行网上公共信息服务是指银行的广告、宣传资料、业务种类和特点、操作规程、最新通知、年报等综合信息。公共信息业务具体包括公用信息发布、银行业务介绍、存款利率发布、贷款利率发布、外汇牌价发布、外汇利率发布、外汇买卖牌价、分行或营业场所分布情况、银行特约商户、国债情况、最新经济快递、客户信箱服务。

(三)个人客户银行服务

网络银行最初以公司业务为主，然后逐渐向广大公众开放。因为随着网络的普及以及银行向零售业的渗透和转变，网上零售业务需求逐年增大，网上私人银行业务逐渐发展起来。私人银行客户服务的群体是个人。

广大公众只要在网络银行开立了普通存折或一卡通账户,即可通过互联网查询自己的账户余额、当天交易和历史交易、转账、缴费和修改密码、计算按揭贷款月供等私人业务。一般的私人网络查询服务无需另行申请,上网即可使用。较为专业的私人银行业务是建立在严格的客户身份认证基础上的。客户首先在银行网站上申请数字证书,然后凭证书序列号、有效身份证件和一卡通到柜台办理身份验证及功能申请手续。网络银行对参与交易的客户发放数字证书。因为交易是需要验证数字证书的。具体业务有:

(1)对私人业务查询,包括银行卡私人理财业务、银行卡私人理财业务查询、查询账户基本信息、查询某存款子账户信息、查询所有存款子账户信息、查询贷款子账户利息、下载对账单等。

(2)储蓄理财转账业务,包括活期转定期、活期转整存整取、活期转零存整取、活期转存本取息、活期转零整续存、定期转活期、活期转定期、存本转活期、活期还贷款等。

(3)银行卡理财业务代收代缴业务,包括申办代缴各种费用和代缴各种费用等。

(4)私人储蓄业务,包括私人储蓄、业务查询、查询存款账户信息、查询未登折信息、查询存款账户历史明细信息、查询贷款账户信息、修改账户密码、账户挂失与解除挂失等。

(5)公积金贷款业务。

(6)银行卡消费业务。

(7)客户金融咨询服务。

(8)客户意见反馈服务。

上述业务只是网上银行常见的几种主要业务,随着电子商务技术的不断更新与发展,网络商务活动的不断深入,银行业完全可以通过网络银行不断改进和发展更多的网络银行业务和创新服务。

▶ 第三节　网络银行与网络支付

一、网络银行的网络支付

网络银行的网络支付就是买方利用网络银行向卖方在线支付货款,完成交易的过程,是网络银行的一种功能。

网络银行的网上支付方式主要有三种:第一种是用户与银行特约商户之间的支付方式,多数银行都有网上商城,商城中有许多展示自己产品的商户,这些商户就是银行的特约商户。第二种是用户在企业电子商务网站的支付方式,很多公司都建立了自己的电子商务网站,为用户提供 B2C 或 B2B 销售服务。这种支付方式的过程是用户选择商品,生成订单,然后进行支付,在支付时网站会提供多种支付方式,比如货到付款、银行卡支付、电汇、网上银行支付等。用户选择本人网上银行账户所在的银行后,将进入该银行的页面,进行支付后完成交易。这种支付方式的特点是用户选择的余地比较大,但前提是用户必须在与该网站合作的银行之一开通网上银行服务。第三种是利用第三方支付平台的支付方式,第三方支付机构采用与各大银行签约的方式,提供与银行支付结算系统接口交易支持平台的网络支付模式。

二、网络银行对网络支付的作用

网络支付是电子交易的重要环节。网络银行为网上支付提供了支付工具，买卖双方通过网络银行才能进行在线支付。同时，网上支付是网络银行最基本的业务之一，网络银行对保证网上支付的顺利完成起到了重要的作用。

（一）网络银行使网络支付更加迅速便捷

电子商务的发展使网上支付打破了时间和地域的限制，打破了传统支付的模式。在传统支付模式中，支付的进行只能在银行固定的工作日进行，限制了交易的进行。而且，传统支付的手续繁多，使交易变得十分烦琐。网络银行的产生，改变了这个局面。网络银行有完善的全日制服务，防止了商业银行休息时间内电子商务活动受支付的影响。网络银行使电子商务交易活动变得简便快捷，提高了支付的效率。另外，网络银行采用标准化的服务接口，使得提供服务的速度更快，服务内容更广泛，服务方式更多样，成本更低廉。

（二）网络银行使网络支付更加安全可靠

网上支付是通过互联网进行的，使买卖双方的依赖程度降低，同时网上支付也存在着各种各样的风险，使人们对网上支付心存疑虑。而网络银行采用了多种安全技术，为用户提供近乎绝对安全的支付服务，来防范风险的发生。

（三）网络银行使网络支付标准更明确

网络银行是电子商务的重要组成部分，是金融服务的发展和创新。对于通过电子商务手段完成交易的双方来说，网络银行的介入是必须的，网络银行是电子化支付结算的最终执行者，对电子商务活动的顺利进行起着至关重要的作用。离开了网络银行，电子商务只是纸上谈兵。随着电子支付的发展，网络银行的发展和服务创新是必然趋势。

电子商务的信息传递必须使用特定的格式才能进行，网络银行逐步采用国际通用的标准，避免了由于信息不规范而产生的混乱和错误，使得网上支付标准更加明确，减少了交易纠纷。

三、网络银行对网络支付的影响

电子商务的发展驱动了网络银行的产生和发展，电子商务要求在网上完成支付，即网上形成顺畅的资金流，因此，就要求银行能够提供网上支付。网络银行的出现使得网上支付成为可能，并对网上支付产生了各种影响。网络银行的发展给网上支付所带来的影响表现在以下几个方面。

（一）网络银行拥有的广大用户是网络支付发展的基础

商业银行作为国民经济体系的大动脉和社会经济的资金中介和支付中介，具有广泛的用户基础。银行作为国民经济的基础，与社会各个经济单元，包括政府、企业、家庭和个人都有着密切的关系。随着网络银行的发展和服务的创新，网络银行用户的规模也在逐年扩大，庞大的用户规模为网上支付的发展奠定了基础。

（二）网络银行的信誉是网络支付的保证

银行业数百年的发展塑造了其稳健、诚信的社会形象，构造了安全、快捷、发达的支付网络，这些客观存在的优势决定了银行支付体系仍将是网络经济实现支付的首选。电子商务的虚拟性迫使交易双方必须通过一个信用体系来完成支付。网络银行是从传统银行的基础上发展起来的，具有相当的信用，所以，采用网络银行来开展网上支付，是用户的首选。

(三)网络银行拓宽了网络支付的范围

网络银行业务的发展扩展了网上支付的应用范围，使用户不再受限于银行的营业场所、工作时间，用户足不出户就可以完成支付结算。

▶ 第四节　网络银行的建设与发展

一、我国网络银行的发展现状

我国网络银行的发展起步较晚，相对于发达国家，我国网络银行的技术水平，市场规模和营销都处于落后的水平。从业务品种来看，我国内地最早的网络银行业务仅为电子商务提供在线网络支付。2000 年以前，我国银行网上服务单一，一些银行仅提供信息类服务，作为银行的一个宣传窗口。近几年网上银行业务种类、服务品种迅速增多，传统银行业务几乎都被"移植"到了网上，业务品种涵盖个人银行业务和企业银行业务服务领域，交易类业务已成为网上银行服务的主要内容，提供的服务包括存贷款利率查询、外汇牌价查询、投资理财咨询、账户查询、账户资料更新、挂失、转账、汇款、银证转账、网上支付、代客户外汇买卖等，部分银行已经开始试办网上小额质押贷款、住房按揭贷款等授信业务。

1998 年 2 月，招商银行推出"一网通"服务，成为国内首家推出网络银行业务的银行。

1998 年 9 月，中国银行成功实现了国内第一起真正意义的在线支付。1999 年，招商银行又率先在国内全面启动网络银行服务。随后，中国银行、中国建设银行、中国工商银行、中国农业银行、交通银行、中兴实业银行等也相继开展了网络银行业务。

截止到 2009 年 12 月 31 日，我国的上网用户总人数为 2.98 亿人，同半年前的调查相比，我国上网用户总人数半年增加了 8800 万人，增长率为 41.9％。中国互联网用户数量的快速增长为网上银行的发展提供了良好的基础。经过数年的发展，中国网上交易增多，中国网上银行用户数也呈现不断增长的势头。

与发达国家相比，我国网络银行的起步虽然晚，但是发展很快，并呈现以下特点：

(1)网上银行形式都是分支型网上银行，其基本业务以传统银行为基础，还没有纯网络银行。

(2)我国商业银行网站几乎一开始就进入了动态、交互式信息检索阶段，主要的商业银行在这一阶段停留的时间很短，很快进入了联机业务信息查询阶段，并随着电子商务的发展，直接由银行办公自动化进入网上银行业务发展阶段。

(3)总体上看，与发达国家相比，我国网上银行业务的深度和宽度还十分有限。我国网络银行的服务内容主要有信息服务、个人银行服务、企业银行服务、银证转账、网上支付。我国网络银行的发展还表现为网上银行的业务种类、服务品种的迅速增多。中国的商业银行日益重视业务经营中的品牌网站，如招商银行的"一卡通""一网通"和工商银行的"金融 e 通道"已经成为我国网上银行的著名品牌。

到目前为止，我国所有的商业银行都建立了独立网站，绝大多数商业银行都具备了网上支付、账户信息查询、转账等基本网上银行功能，但总体来说，我国网络银行的业务还比较单一，顾客服务也很不完善，用户在网上购物时使用网上支付的比例仍然很小。

二、我国网络银行发展中存在的问题

目前我国网络银行经营的业务主要是 B2C 的商务模式，而个人的网上业务还不大可能形成规模，购买力也有限，因此，经营网上业务目前还是亏损的。此外，网络银行业务也仅在为数较少的某些大中城市开展。但是，电子商务发展的速度非常之迅速，目前我国网络银行的发展还面临着一些实际需要解决的问题。

(一)我国网络银行的安全性问题还没有得到有效的解决

如何降低网络金融服务生成的各种风险是网络银行运行中的核心问题。作为电子商务的神经中枢——金融认证中心 FCA 及数字证书等一套的安全认证机制也都还没有在国家统一的规划下建立起来，让从事网上交易的企业、商家和消费者在心理上缺乏必要的信任感和安全，同时也使得对于信用重于一切的银行，存在一种巨大的风险。针对网络银行的管理风险和操作风险，我国的商业银行在推出网络银行服务品种时，有必要在金融电子化工程中进行严密的技术设计和研究安全的预控措施，以保证金融网络运行的安全、有效。

(二)我国与网上银行业务相关的法律、法规服务有待进一步加强

网上银行业务是一个全新的银行业务领域，它的业务开展牵涉到电子商务的各个方面和参与方的各种利益，各方当事人在进行货币转移和商品流通时，不管是网络的差错还是人为因素都有可能引起法律的问题，但目前我国还缺乏相应的法律、法规。

(三)我国的网上银行的业务量有待提高

我国网络银行业务纵深和宽度都还有限，受信息基础设施规模、终端设备普及程度失衡的影响，客户群体缺乏规模。近几年来，我国的网络用户数量快速增长，但是我国的电子商务发展还处于初级阶段，分布也很不均匀，主要集中在深圳、广州、上海、北京等一些大城市，并且我国电子商务服务和交易的对象大多是以个人消费者为主，而企业之间上网进行电子交易的还极少，与国际公认的 B2B 方式至少占电子商务总量的 80％以上的指标相比还有很大的差距，这些因素导致我国网上银行的服务区域、服务对象及清算金额都受到了限制，业务量规模比较小，与银行传统客户群体和覆盖面相比仍然显得微不足道。

(四)金融业的网络建设缺乏整体规划

就目前国内网上银行业务的基础环境来看，由于基础设施落后造成资金在线支付的滞后，部分客户在网上交易时仍不得不采用"网上订购，网下支付"的办法。虽然工、农、中、建四大商业银行都建立起自己的网站，但在网站的构架和服务内容上，仍然离电子商务和网络经济的要求有很远的距离。资金、人员等方面的投入严重不足，银行与高新技术产业结合不紧密，造成网络金融市场规模小，技术水平低，覆盖面小，基本上还停留在传统业务的电脑化上。同时，商业银行乃至整个金融业的网络建设缺乏整体规划，使用的软、硬件缺乏统一的标准，更谈不上拥有完整综合的网上信息系统。

（五）信用机制不健全，市场环境不完善

首先，个人信用联合征信制度在西方国家已有150多年的历史，而在中国尚处于试点阶段。中国的信用体系发育程度低，许多企业不愿意采取客户提出的信用结算交易方式，而是向现金交易，以货易货等更原始的方式退化发展。互联网具有充分开放、管理松散和不设防护等特点，网上交易、支付的双方互不见面，交易的真实性不容易考察和验证，对社会信用的高要求迫使中国应尽快建立和完善社会信用体系，以支持网络经济的健康发展。

其次，在网络经济中，获取信息的速度和对信息的优化配置将成为银行信用的一个重要方面。目前商业银行网上支付系统各自为政，企业及个人客户资信零散不全，有关信息资源不能共享，其整体优势没有显现出来。

再次，海关、税务、交通等电子支付相关部门的网络化水平未能与银行网络化配套，制约了网上银行业务的发展。

三、我国网络银行的发展对策

（一）树立新的银行经营理念

在网络经济条件下，银行的经营理念将发生根本转变，银行将从主要靠存贷利差获取收入，转向靠为客户提供优质金融服务获取效益。银行业应拓展全新的业务，确立以客户为导向的经营战略，根据客户需求变化积极进行金融创新，提高智能化、标准化、个性化的业务发展模式。提高客户的信任程度，建立固定客户制度。

（二）加强我国网络银行的金融监管措施

我国的社会信用机制还没有建立完善。虽然目前我国已进入市场经济阶段，但我国信用体系发育程度低，整个社会处于信用失灵状态，这也是阻碍我国网络银行快速发展的一个关键因素。我国应进一步完善现行法律，补充适用于网络银行业务的相关法律条文；将网络银行业务正式列入金融机构管理范畴，建立专门的网络银行准入制度；加强国际间的网络银行监管合作；加强金融监管人员的计算机培训，提高监管人员的素质和水平等。

（三）积极进行技术创新研发，重视人才培养

网络银行的发展需要有既精通金融业务知识，又掌握网络高科技知识的复合型专业人才。但我国这样的人才很少。科技应用水平能否快速提高是决定网络银行能否进一步发展的重要因素，因为网络银行是金融业与高科技产业相结合的产物。我国网络银行的技术应用水平还不高，主要体现在网络银行系统与传统的后台业务系统的集成化程度不高。我国银行应增强系统集成意识，积极实施科技发展战略，尽早实现网上银行系统与传统银行的后台业务系统之间的无缝连接，从而把组织内外的各种孤立信息结合起来并建立企业数据库及银行的决策支持系统，来提高我国网络银行的整体技术应用水平。

▶ 支付实务链接：招商银行网银支付

1999年9月招商银行在国内首家全面启动网上银行"一网通"。客户通过"一网通"网上支付，可以在网上选购与招商银行签约的特约商户所提供的商品，足不出户，即可进行网上消费。

招商银行的网上银行分为专业版和大众版。申请专业版，客户需携带本人有效身份证件和招商银行卡到招商银行营业网点填写《招商银行网上个人银行证书申请表》，申请网上个人银行(专业版)，获得授权码，按"使用指南"中的流程进行操作。下载安装"网上个人银行(专业版)"客户端软件。接下来重点说明如何开通网上银行大众版。

(一)开通网上银行大众版流程(以信用卡开通流程为例)

(1)开通网上银行前，请您带上身份证到招商银行网点申请一张信用卡。

登录招行一网通网站(http：//www.cmbchina.com)，点击"信用卡网上银行"，如图 5-1 所示。

图 5-1　登录一网通网站

(2)选择卡片类别、证件类别，输入证件号码和查询密码以及附加码，如图 5-2 所示。

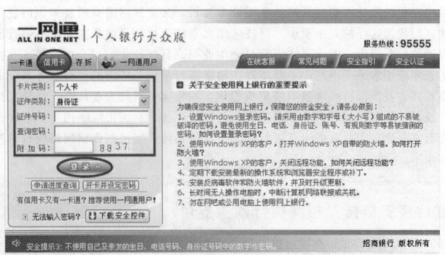

图 5-2　身份确认

（3）登录后，点击"网上支付"——"网上支付功能申请"，阅读协议并同意，如图 5-3 所录。

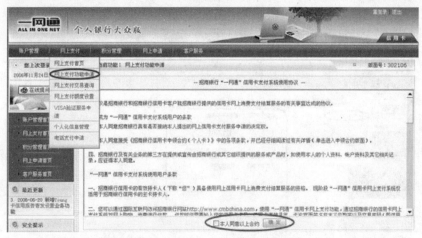

图 5-3　协议确认

（4）选择对应的卡号点击"开通"，如图 5-4 所示。

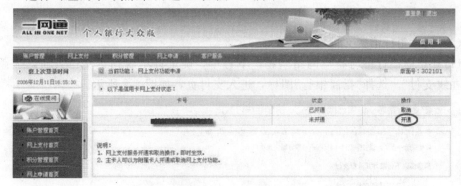

图 5-4　开通界面

（5）点击"确定"，如图 5-5 所示。

图 5-5　开通确认

（6）点击确定，您的信用卡已经成功开通了网上支付功能，如图 5-6 所示。

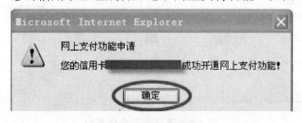

图 5-6　开通成功

(7)开通了网上支付功能后，请登录大众版，对您的信用卡进行"网上支付额度设置"，可以"取消限置"或者"设置限制"，如图 5-7 所示。

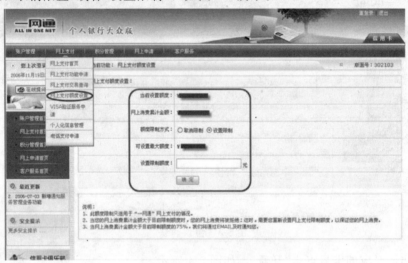

图 5-7 网上支付额度设置

(二)网上银行消费支付流程

(1)在招商银行特约商户网站购物，下订单，确定订单后到达支付页面，选择"信用卡在线支付"。选择"招商银行"图标，进入支付页，如图 5-8 所示。

图 5-8 下订单及在线支付

(2)进入信用卡支付页，客户自己填写姓名、证件号码、信用卡卡号、有效期、验证码等，单击"提交"，完成支付，如图5-9所示。

中关村商城　　　　　　　　　　　返回快钱首页 | 客服中心 | 功能演示　　快钱 99bill.com 支付

订单信息

订单号	商品名称	商品数量	付款人	订单日期
2009052510011601	中关村商城订单：2009052510011601	1		2009.05.25 20:33:06

支付金额：929.00元

使用优惠券，请输入优惠券号码：[一次只输入一个号码]　兑换优惠券　什么是快钱优惠券？

信用卡在线支付

快钱支持的国内银行卡：　中国银行　中国建设银行　中国工商银行　兴业银行　中国民生银行　浦发银行　广东发展银行　华夏银行　上海银行　招商银行

快钱支持的国际卡：　**VISA**　MasterCard　JCB　

注：浦发、民生、华夏、上海银行信用卡用户，如果您的信用卡有密码，请联系发卡行取消密码再进行支付。

真实姓名：[　　　]

证件号码：[　　　]　请填写您申请信用卡时，提交给银行的相关证件号码，如身份证、护照、军官证等。

信用卡卡号：[　　　]

信用卡有效期：[月▼]/[年▼]　月份/年份

信用卡验证码：[　　]　信用卡背面签名条处的末三位数字（看大图）

手机号码：[　　　]　请在此处填写您的手机号码，本次信用卡付款的申请结果，将会以短信的形式发送至您的手机，请注意查收！

电子邮箱：[　　　]　请在此处填写您常用的邮箱地址，本次信用卡付款的申请结果将会发送至该邮箱，请注意查收！

✓ **提交**

图5-9　进行支付

(3)支付成功后，反馈支付成功信息，如图5-10所示。

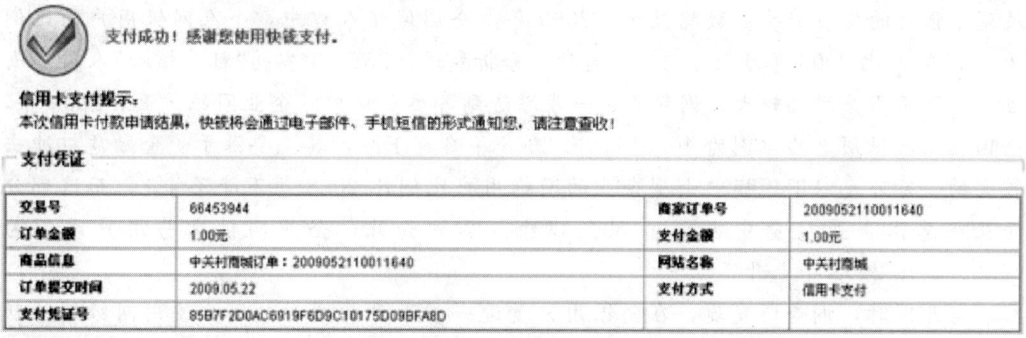

 支付成功！感谢您使用快钱支付。

信用卡支付提示：
本次信用卡付款申请结果，快钱将会通过电子邮件、手机短信的形式通知您，请注意查收！

支付凭证

交易号	66453944	商家订单号	2009052110011640
订单金额	1.00元	支付金额	1.00元
商品信息	中关村商城订单：2009052110011640	网站名称	中关村商城
订单提交时间	2009.05.22	支付方式	信用卡支付
支付凭证号	85B7F2D0AC6919F6D9C10175D09BFA8D		

图5-10　完成支付

本章小结

银行电子化推出了电子技术和网络技术全面应用的网络银行。网络银行主要有网络纯银行和网络分支银行两种模式。网上银行具有打破传统银行的组织结构、提供全天候服务等优点，为用户开通了公共信息的发布、客户端咨询投诉、账户查询、申请和挂失及网上支付等功能。到目前为止我国所有的商业银行都建立了网络银行，绝大多数商业银行都具备了网上支付、账户信息查询、转账等基本网上银行功能，但总体来说，我国网络银行的业务还比较单一，顾客服务也很不完善，用户在网上购物时使用网上支付的比例仍然很小。网络银行为网上支付提供了网上支付工具。我国网络银行应树立新的银行经营理念，加强对网络银行的金融监管，解决网络银行发展中存在的很多问题。

复习思考题

1. 网络银行的概念是什么？网络银行的功能与特点有哪些？
2. 网络银行划分为哪几个发展阶段？
3. 我国网络银行发展中存在什么问题？
4. 我国网络银行发展应采取怎样的对策？

技能实训题

1. 上网调研，了解国内外网络银行发展的现状，比较各个网上银行的业务内容及采取的安全支付方案，并写出调研报告。
2. 登录中国建设银行网站，熟悉该银行的网上支付方式。

案例分析

《2009 中国网上银行调查报告》摘要

据《2009 中国网上银行调查报告》显示：尽管受到全球金融危机的冲击，中国网上银行总体上依然保持了向上发展的态势，尤其是个人网银业务。过去一年内，在行业主管部门、各商业银行以及 CFCA 等相关机构的大力推动下，个人网银市场逆市而上，展现了强劲的发展势头。数据显示：2009 年，全国城镇人口中，个人网银用户的比例为 20.9%，比 2008 年增长了 2%。同时，分析发现，35～44 岁的"社会核心"人群和女性市场网银用户增幅较大，网银正进一步渗透到各类人群中。企业网银方面，2009 年，全国企业网银用户的比例为 40.5%，比 2008 年略有下降，其主要源于受金融危机冲击较大的、百万元以下规模中小型企业的网银用户比例比 2008 年下降了 4%，而这部分企业在总体企业数量中占到了 50% 以上。尽管如此，企业网银交易用户比例为 70.3%，比 2008 年上升了 5.9%。

与此同时，调查还发现，在网银用户量进一步攀升的同时，用户使用网银的活跃度也在迅速提升：2009 年活动个人用户人均每月使用网银 5.6 次，2008 年为 5 次；交易用户平均每月使用次数更高，为 5.9 次，也高于 2008 年的 5.5 次。企业用户方面，月使用频率则更高：2009年，平均每家活动用户使用网银的次数从10.3次增长到11.3次。企业网银对于柜台业务的替代比率达到了50.7%。在活跃度提升的背后，是用户对于网银功能的进一步了解和更多的尝试：2009年使用各项网银功能的个人用户比例均比2008年增加，特别是网上支付、转账汇款、信用卡还款和个人贷款4项功能，增幅非常明显。企业用户方面，账户查询、转账汇款则是他们使用比例最高的两项企业网银功能。活跃度的提升以及对网银功能的更多尝试表明，对于很多网银用户来说，"使用网银"正在由对新鲜事物的浅尝辄止转变为日常生活和企业运营的必须，网银普及正向纵深发展。

网银高速增长的同时，安全性一直是各界关注的焦点。调查报告显示，2009年，个人用户对于网银安全的信心已经提升，3/4以上潜在用户认为网银是"安全"的。其信心来源主要集中在以下几点：一是自我防范意识和能力的增强；二是对银行实力和对银行的信任；三是对网银安全技术手段和安全措施有一定的了解；四是亲朋好友的使用经历及口碑。与此相对应，导致非潜在用户认为网银不安全的首要原因则是不了解网银安全技术手段，其次是担心黑客、木马病毒盗取账户资金。

案例思考题：

1. 中国网上银行发展的态势有什么特点？
2. 试分析中国网上银行可以采取哪些措施提高客户的使用信心？

第六章　第三方支付

本章学习目标

➤ 了解第三方支付市场发展状况。

➤ 理解第三方支付的概念。

➤ 理解第三方支付模式的分类和流程。

➤ 掌握典型的第三方支付工具实务操作。

案例导读：第三方支付蝶变：从依附到独立

在全球经济一片低迷中，中国的第三方支付市场却呈现了逆市增长。据统计2009年国内第三方支付市场的年规模达到5600亿元，然而，在市场"金光"不断闪烁的背后，政策、市场形势、经济背景正在悄然发生着微妙的变化。"第三方支付"牌照正在酝酿，安全隐患等问题依然困扰着行业。在新形势下，第三方支付是继续沿着原来的格局高速上行，还是会迎来一场颠覆性的变革？

第三方支付行业正在从单纯的网购工具向一个独立的产业蜕变，并有可能迎接行业真正意义上的喷发。然而，暗流涌动的安全隐患、恶性竞争、产业链不完善等旧疾，以及一直高悬的"牌照"利剑，都给中国的第三方支付平添了许多变数。

第三方电子支付服务从2000年起步到现在规模不断扩大，尤其在B2C和C2C等小额支付领域成为热点，艾瑞研究公司的监测报告显示，2008年，中国第三方网上支付市场交易规模从2007年的976亿元飙升到2008年的2743亿元，同比迅增181%，成为互联网发展最快的行业，在细分应用行业中，网络购物、航空客票占据五成多的比重，电信缴费、网络游戏、电子商务B2B、网络彩票、教育考试和生活缴费则瓜分了剩余的份额，这说明第三方电子支付生态系统中物种是在蓬勃发展，不断丰富的。

中国的电子支付产业经过数年积累，在"电子支付元年"2005年进入井喷状态，市场上出现了规模不等的40多家第三方电子支付公司，到2008年，随着支付企业定位和运营策略的清晰，运营领域和运营优势的明确，凸显出支付宝、财付通、快钱、上海银联电子支付等一系列稳固占据市场份额的核心企业，这些涌现出来的各具运营风格的综合型、资源型、创新型、特色型、行业型的第三方电子支付公司都想在第三方电子支付市场分一杯羹。

市场份额的扩大，第三方电子支付运营商的丰富，使用人数的激增无不说明：随着各类物种的不断发展壮大，第三方电子支付生态系统正在悄然形成。

启示：自从有了第三方支付工具以来，网购就成了很多人生活的一部分。2009年是中国第三方支付工具诞生的第五个年头，此时的第三方支付工具已经不仅仅是用于网络购物，已蔓延到人们生活的各个角落。随着政策环境的不断完善，行业、企业对第三方电子支付的高度重视，以及第三方网络支付盈利模式的日渐成熟，我国的第三方支付产业呈现出良好的发展势头。第三方支付有效地保障了消费者、商户、金融机构和第三方电子支付平台等交易方的利益，为整个交易的顺利进行提供了有力的支持。

多年后，第三方电子支付或许将成为人们生活的必需品。

▶ 第一节　第三方支付概述

一、第三方支付产生的背景

传统的网上支付主要是借助网上银行的支付平台，使用银行卡（信用卡、借记卡）、电子支票和电子现金等作为支付工具，其中最主要的还是银行卡。网上银行支付时，一般采用 SSL 或 SET 安全协议，对银行信息进行加密认证处理，以降低用户的银行卡号码和密码泄露的风险，实现资金的安全传递。但是，银行卡通用性较差，各家银行甚至同一家银行的不同分行、不同卡种所提供的支付网关、服务标准、地域范围各不相同，给付款人和收款人利用银行卡网上支付开展电子商务活动造成了很大的阻碍；同时，网上银行只具备资金的传递功能，不能对交易双方进行约束和监督，支付安全性和交易诚信问题无法得到保障。此外，依靠通信网络进行的移动支付目前在我国主要是通过短信技术实现，手机支付方式不仅快捷，而且实现方便。但是由于现阶段手机终端的处理能力不足，无法满足加解密需要的大量运算，所以移动支付的安全性方面有待完善。目前移动支付仅适用于小额支付，如购买游戏币、铃声下载等。

因此，第三方支付平台应运而生，它以更安全、稳定、快捷的支付体系，成为我国电子商务网上支付的主流。第三方支付平台独立于交易双方和银行，能对交易后的支付过程进行全面的监控，使网上用户可以无后顾之忧地进行网上交易，因此促进了电子商务的发展。第三方支付平台通过第三方担保机制担保了交易双方交易的顺利进行，做到了网络交易中买卖双方的"货到付款""款到发货"，有效解决了诚信这个阻碍网络交易的难题。

二、第三方支付的概念与特点

第三方支付是指一些和国内外各大银行签约，并具备一定实力和信誉保障的第三方独立机构提供的交易支持平台。它通过与银行的商业合作，以银行的支付结算功能为基础，向政府、企业、事业单位提供中立的、公正的面向其用户的个性化支付结算与增值服务。

第三方支付平台是我国网络支付体系的重要组成部分。在我国网络支付体系中，银行、银联组成的基础支付层位于最底层，包括网上商城、消费者在内的终端消费者位于最顶层，而第三方支付构成了整个支付体系的中间层，第三方支付平台为基础支付层提供统一平台和接口。

与普通的网络支付相比，第三方支付所提供的服务具有下列特点：

第一，第三方支付提供一系列的应用接口程序，将多种银行卡支付方式整合到一个界面上，负责交易结算中与银行的对接，使网上购物更加快捷、便利。消费者和商家不需要在不同的银行开设不同的账户，可以帮助消费者降低网上购物的成本，帮助商家降低运营成本；同时，还可以帮助银行节省网关开发费用，并为银行带来一定的潜在利润。

第二，较之 SSL、SET 等支付协议，利用第三方支付进行支付操作更加简单而易于接受。SSL 是现在应用比较广泛的安全协议，在 SSL 中只需要验证商家的身份。

SET 协议是目前发展的基于信用卡支付系统的比较成熟的技术。但在 SET 中，各方的身份都需要通过 CA 进行认证，程序复杂，手续繁多，速度慢且实现成本高。有了第三方支付，商家和客户之间的交涉由第三方来完成，使网上交易变得更加简单。

第三，第三方支付以与其合作的银行的信用作为信用依托，因此第三方支付能够较好地突破网上交易中的信用问题，有利于推动电子商务的快速发展。

基于第三方支付的电子商务模式，是消费者和商家之间的支付业务由第三方支付公司来完成的，它是目前发展最为迅速的一种支付模式之一。如为美国著名的拍卖网站 eBay 提供支持服务的 PayPal，我国易趣的支付工具安付通和淘宝的支付工具支付宝等。

三、第三方支付服务商

第三方支付服务商，是指依法在中华人民共和国境内设立的，中立于网上交易买卖双方，中立于电子商务企业与银行，自行建立支付平台连接买卖双方，连接商家与银行，提供网上购物资金划拨渠道的独立法人。第三方支付服务商主要有下列特点。

(一)支付中介

具体形式是付款人和收款人不直接发生货款往来，借助第三方支付服务商完成款项在付款人、银行、支付服务商、收款人之间的转移。第三方支付服务商所完成的每一笔资金转账都与其交易订单密切相关，并非像银行一样仅提供资金汇划服务。

(二)中立、公正

第三方支付服务商不直接参与商品或服务的买卖，公平、公正地维护交易参与各方的合法权益。

(三)技术中间件

第三方支付服务商连接多家银行，使互联网与银行系统之间能够加密传输数据，向商家提供统一的支付接口，使商家能够同时利用多家银行的支付通道。

(四)信用保证

运行规范的第三方支付服务商，只向合法注册的企业提供支付网关服务，不向个人网站提供服务，在很大程度上避免了交易欺诈的发生，令消费者使用网上支付更有信心。

四、第三方支付系统中各主体价值

消费者、商户、金融机构和第三方支付平台凭借各自的优势和特点参与到支付价值链中，提升了自身的价值，并促进价值链中相关各方的利益形成，推动着第三方支付系统的形成。

(一)消费者

首先，消费者获得了随时随地方便快捷的支付服务；其次，由于电子商务流程中物流和资金流并非同时进行，消费者担心支付后拿不到所需的商品，他们需要有一个公正可信的第三方充当信用中介的角色，第三方电子支付平台正好能满足此项需求；再次，消费者在使用各种支付工具进行网上支付时，支付环节的设置各有不同，烦琐复杂，增加了网上购物的成本，降低了网上购物的热情。使用第三方支付平台，通过统一的界面，解决了不同银行的网络支付问题，大大提高了网上支付的易用性，扩大了网上支付的使用人群。

（二）商户

商户是第三方支付的直接客户，是电子支付服务的购买者，除了少数的大商户外，绝大多数的商户是中小型商户，他们没有自建支付平台的能力，通常会选择成本较低的第三方支付平台。

商户直接与银行合作建立支付网络困难重重，银行通常会对商户的资格进行审核，对商户的注册资本、信用状况、技术水平有苛刻要求，这些对于广大的中小型商户而言门槛太高。银行出于对支付安全性的考虑会要求使用 128 位 SSL 专线连接银行与商户网络，而所需的高额费用需商户自身承担，这对商户而言是很大的资金风险。即便是安全专线连接成功，后续的网络维护和安全管理费用也是不小的一笔开支。综合以上因素，许多商户意识到购买第三方支付平台的支付服务，更有利于自身的发展。

（三）金融机构

金融机构涵盖了银行和其他的非银行金融机构，它们是这个系统的重要参与者，拥有得天独厚的优势。

首先，各大银行品牌优势巨大，无论从信誉度还是知名度上都远远胜过现存的各个第三方支付机构。其次，各大银行客户资源优势巨大，银行都拥有强大的储户资源。银行的电子支付业务也是在这些储户资源的基础上发展而成，是为储户账户提供的增值服务。再次，银行雄厚的资金支持、先进的系统和专业的管理团队能为电子支付带来完善的服务，搭建基础的支付平台，为第三方支付平台提供统一的支付网关，而第三方支付平台非金融机构地位尚未明确，还不具备金融功能，需要银行提供资金结算服务。

由此可见，银行在第三方支付系统的地位是不可取代的，第三方支付服务实质上是银行业务的延伸，第三方支付公司所从事的支付业务最后都要通过银行的支付网关完成，由银行来进行结算。第三方支付公司为了能够在市场上站稳脚跟，也在积极寻求和银行之间建立战略合作关系，从银行的合作中取得优惠的合作条件，获得行业竞争优势。

银行也十分重视与第三方支付平台的合作，以求进一步稳固电子支付市场，特别是日益增长的中小企业的支付需求。但对于银行而言，这些零散的、小额的支付业务流程复杂，利润低下，因此，往往不愿意投入太多资源，而且银行也无法对所有商户进行交易真实性的判别，无法保证其安全性。第三方支付平台在这两方面都能与银行互补，帮助银行将业务扩展到更宽广的领域。

（四）第三方支付服务商

第三方支付服务商建立第三方支付平台，利用平台与银行合作，以银行的支付结算功能为基础向政府、企业和个人提供个性化的支付清算与增值业务，在第三方电子支付系统中，它充当着各方资源整合者的角色，运用适当的商业模式，将消费者、商户和金融机构连接在一起，促进各方进行交易，最大程度地实现各方利益。

（五）管理者

在第三方支付系统中，管理者包括政府机构、管理机构以及代表消费者和供应商的协会和标准。它在第三方支付系统中的一项重要工作就是要通过制度和标准的设立进行相应的监管，促进系统的良性发展。

我国在监管环境构建方面做出了不懈努力,《中华人民共和国电子签名法》和《电子支付指引》的颁布,为我国电子支付发展提供了法律保障,央行于 2009 年年初正式出台《支付清算组织管理办法》,同时发放首批的 10 张第三方电子支付牌照,对第三方电子支付行业进行严格规范。

▶ 第二节　第三方支付模式与流程

一、第三方支付平台结算流程

第三方支付平台结算模式是当前国内服务商采用范围最广的支付模式。提供第三方支付服务的商家往往都会在自己的产品中加入一些具有自身特色的内容。但是总体来看,其支付流程都是付款人提出付款授权后,支付平台将付款人账户中的相应金额转移到收款人账户中,并要求其发货。有的支付平台会有"担保"业务,如支付宝。担保业务是指将付款人将要支付的金额暂时存放于支付平台的账户中,等到付款人确认已经得到货物(或者服务)或在某段时间内没有提出拒绝付款的要求,支付平台才将款项转到收款人账户中。

第三方平台结算支付模式的资金是在平台内部进行的,此时划拨的是虚拟的资金,真正的实体资金还需要通过实际支付层来完成。图 6-1 所示的是有担保功能的第三方结算支付的流程。

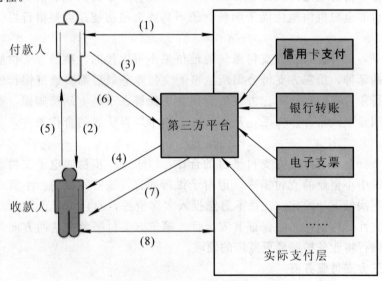

图 6-1　第三方支付平台结算支付流程

图 6-1 中数字序号的含义如下:

(1) 付款人将实体资金转移到支付平台的支付账户中。

(2) 付款人购买商品(或服务)。

(3) 付款人发出支付授权,第三方平台将付款人账户中相应的资金转移到自己的账户中保管。

(4) 第三方平台告诉收款人已经收到货款,可以发货。

(5) 收款人完成发货许诺(或完成服务)。

(6) 付款人确认可以付款。

(7) 第三方平台将临时保管的资金划拨到收款人账户中。

(8) 收款人可以将账户中的款项通过第三方平台和实际支付层的支付平台兑换成实体货币，也可以用于购买商品。

二、第三方平台结算支付模式的优缺点

(一)第三方平台支付模式的优点

(1)比较安全。信用卡信息或账户信息仅需要告知支付中介，而无须告诉每一个收款人。大大减少了信用卡信息和账户信息失密的风险。

(2)支付成本较低。支付中介集中了大量的电子小额交易，形成规模效应，因而支付成本较低。

(3)使用方便。对支付者而言，他所面对的是友好的界面，不必考虑背后复杂的技术操作过程。

(4)支付担保业务可以在很大程度上保障付款人的利益。

(二)第三方平台结算支付模式存在的缺点

(1)这是一种虚拟支付层的支付模式，需要其他的"实际支付方式"完成实际支付层的操作。

(2)付款人的银行卡信息将暴露给第三方支付平台，如果这个第三方支付平台的信用度或者保密手段欠佳，将带给付款人相关风险。

(3)第三方结算支付中介的法律地位缺乏规定，一旦该中介破产，消费者所购买的"电子货币"可能成了破产债权，无法得到保障。

由于有大量资金寄存在支付平台账户内，而第三方平台非金融机构，所以有资金寄存的风险。

三、第三方支付系统构成与运营模式

(一)第三方支付系统的组成

一个完整的 C2C 或 B2C 交易支付的完成涉及多个部门，包括认证中心(CA)、支付网关、银行网络等。其中认证中心、支付网关和银行网络是构成电子交易与支付的基础平台。第三方支付系统的组成如图 6-2 所示。

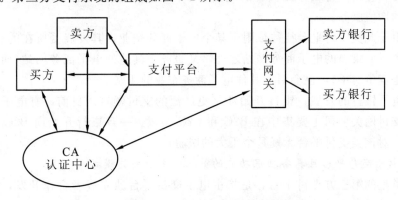

图 6-2 第三方支付系统的组成

第三方支付平台是通过与国内外各大银行签约，具备一定实力和信誉保障的第三方独立机构投资建立的交易支付平台。由第三方支付平台作为中介方，在网上交易的商家和消费者之间做一个支付的中转，通过第三方支付流程来约束双方的行为，从而在一定程度上解除交易双方彼此对对方信用的猜疑，以增强对网上购物的信任程度。

(二)第三方支付运营模式

目前市场上的第三方支付平台运营的模式大致分为3种类型：第一类是独立的第三方网关模式；第二类是有电子商务平台支付支持的第三方支付网关模式；第三类是有电子商务平台且具备担保功能的第三方支付网关模式。

1. 独立的第三方网关模式

独立的第三方投资机构为网上签约商户提供围绕订单和支付等多种增值服务的共享平台。这类平台仅仅提供支付产品和支付系统解决方案，平台前端联系着各种支付方法供网上商户和消费者选择，平台后端连着众多的银行。由平台负责与各银行之间的账户清算，同时提供商户的订单管理及账户查询等功能。

此类独立网关发展相对成熟，灵活性大，一般都有行业背景或者政府背景，主要盈利方式是根据客户的不同规模和特点提供不同的产品，收取不同组合的服务费和交易手续费。成熟的运营管理经验和网络平台技术是此类第三方支付发展制胜的关键所在。但是，这类网关的增值业务相对较少；进入门槛比较低，技术含量也不大；而且它们往往没有完善的信用评价体系，抵御信用风险能力不高，这些不足也妨碍了这类模式的发展。

2. 有电子商务平台的第三方支付网关模式

这种类型的网上支付平台是指由电子商务平台建立起来的支付网关，不同于独立的第三方网关模式，这里的电子商务平台往往是指独立经营且提供特定产品的商务网站。支付网关最初是为了满足自身实时支付而研发搭建的，逐步扩展到提供专业化的支付产品服务。这种类型的在线支付系统应用的时间较早，又依附于成熟的电子商务企业，拥有可靠的后方和雄厚的资金，占有了一大部分在网上进行买卖的客户资源，其盈利主要来源于年费和手续费。在支付的3个层面里，这种网关型支付公司处于中间层。它的上游是银行这样的基础支付服务提供者，下游是像支付宝这样的应用支付服务的提供者。应用支付服务提供者的优势在于，它们更加贴近消费终端，并提供一些类似担保的增值服务。

但是由于此类支付平台往往依附于某个电子商务企业，其发展受所在的企业限制。一旦在服务于所隶属的电子商务网站之外，又服务于其他的电子商务网站（而这些网站之间往往是竞争对手），也会引起其他电子商务企业的质疑。

随着电子银行的发展，银行开始涉足更广泛的支付领域。目前，有电子商务平台的第三方支付网关公司主要集中在B2C和C2C领域。一旦银行开始向B2C甚至C2C领域扩展，对该类支付平台无疑是个很大的威胁。

3. 有电子交易平台且具备担保功能的第三方支付网关模式

这种类型的第三方支付平台，是指由电子交易平台独立或者合作开发，同各大银行建立合作关系，凭借其公司的实力和信誉承担买卖双方中间担保的第三方支付平台，利用自身的电子商务平台和中介担保支付平台，吸引商家开展经营业务。

买方选购商品后，使用该第三方支付平台的注册账户进行货款支付，并由第三方支付平台通知卖方货款已经付出，进行发货；买方检验物品无误后，就可以通知第三方支付平台再将货款转至卖方账户。它的盈利主要来源于店铺费、商品登录费、交易服务费、商品推广费等。但是目前此类电子商务平台大多还处在发展阶段，因此普遍实行一定免费服务的市场营销政策。

这类第三方支付平台基本上都拥有一定的客户资源，主要承担中介和担保职能，按照交易记录建立个人的信用评价体系，因评价体系措施严格，因此可信性相对较高。但是由于用户都集中于相应地电子商务平台，因此这类支付平台间竞争激烈，认证程序复杂，交易纠纷取证困难，交易管理中还存在一定问题，相应地制约了这类平台的发展。

▶ 第三节　支付宝

目前，在第三方支付市场中影响力较大的有支付宝、快钱、财付通、Chinapay、汇付天下和网银在线等几个支付工具品牌。官方数据显示目前已有超过 46 万家商户使用了支付宝的服务，其中同为阿里巴巴旗下的兄弟网站淘宝网占据了国内 C2C 网上购物市场的 80％份额，而 C2C 网上交易量又占据了网上购物总体交易量的 90％，支付宝由此占据了国内第三方网上支付市场的半壁江山。

一、支付宝简介

支付宝(中国)网络技术有限公司是国内领先的独立第三方支付平台，由阿里巴巴集团创办。支付宝致力于为中国电子商务提供"简单、安全、快速"的在线支付解决方案。

支付宝公司从 2004 年建立开始，始终以"信任"作为产品和服务的核心。不仅从产品上确保用户在线支付的安全，同时让用户通过支付宝在网络间建立起相互的信任，为建立纯净的互联网环境迈出了非常有意义的一步。支付宝提出的建立信任，化繁为简，以技术的创新带动信用体系完善的理念，深得人心。在不到五年的时间内，用户覆盖了整个 C2C、B2C 以及 B2B 领域。截至 2009 年 12 月 8 日，支付宝注册用户达到 2.5 亿，日交易额超过 12 亿元，日交易笔数达到 500 万笔。

支付宝创新的产品技术、独特的理念及庞大的用户群吸引越来越多的互联网商家主动选择支付宝作为其在线支付体系。目前支持使用支付宝交易服务的商家已经超过 46 万家，涵盖了虚拟游戏、数码通信、商业服务、机票等行业。这些商家在享受支付宝服务的同时，更是拥有了一个极具潜力的消费市场。

支付宝在电子支付领域稳健的作风、先进的技术、敏锐的市场预见能力及极大的社会责任感赢得银行等合作伙伴的认同。目前国内工商银行、农业银行、建设银行、招商银行、上海浦发银行等各大商业银行以及中国邮政、VISA 国际组织等各大机构均和支付宝建立了深入的战略合作。支付宝不断根据客户需求推出创新产品，成为金融机构在电子支付领域最为信任的合作伙伴。

二、使用支付宝服务的好处

(一)买家使用的好处

(1)货款先由支付宝保管，收货满意后才付钱给卖家，安全放心。

(2)不必跑银行汇款，网上在线支付，方便简单。

(3)付款成功后，卖家立刻发货，快速高效。

(4)经济实惠。

(二)卖家使用的好处

(1)无需到银行查账，支付宝即时告知您买家付款情况，省力、省时。

(2)账目分明，交易管理帮您清晰地记录每一笔交易的详细信息，省心。

(3)支付宝认证是卖家信誉的有效体现。

三、使用支付宝支付的交易流程

"支付宝交易"是指用户享受"支付宝"信用担保服务的特定过程。用户在支持使用支付宝的网站(如淘宝)上选择并发起"支付宝交易"，之后整个支付和货物的交割过程将由"支付宝"负责监控，保证交易双方的资金和货物安全。

(一)登录支付宝网站注册

(1)进入支付宝网站 https：//www.alipay.com，点击"新用户注册"按钮。如图 6-3 所示。

图 6-3　新用户注册

(2)请选择注册方式：您可以使用 E-mail 地址或者手机号码来注册支付宝账户，一般选择 E-mail 注册，如图 6-4 所示。注意：支付宝账户分为个人和公司两种类型，请根据自己的需要慎重选择账户类型。公司类型的支付宝账户一定要有公司银行账户与之匹配。

图 6-4　选择注册方式

　　(3)选择使用 E-mail 注册流程。输入注册信息，请按照页面中的要求如实填写，否则会导致您的支付宝账户无法正常使用。点击"填写全部"可以补全信息。如图6-5 所示。

图 6-5　填写个人信息

（4）进入你的邮箱查收激活邮件，如图 6-6 所示。

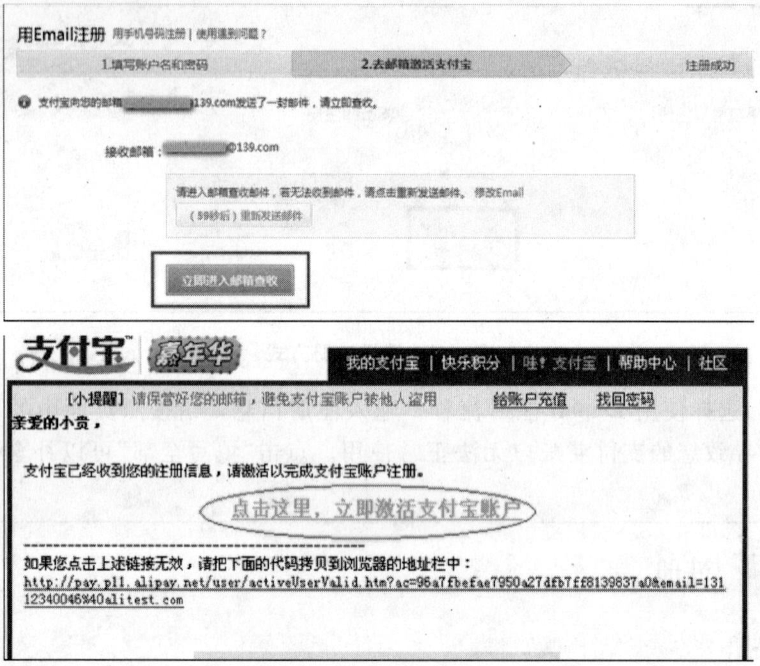

图 6-6　查收激活邮件

（5）激活成功，如图 6-7 所示。

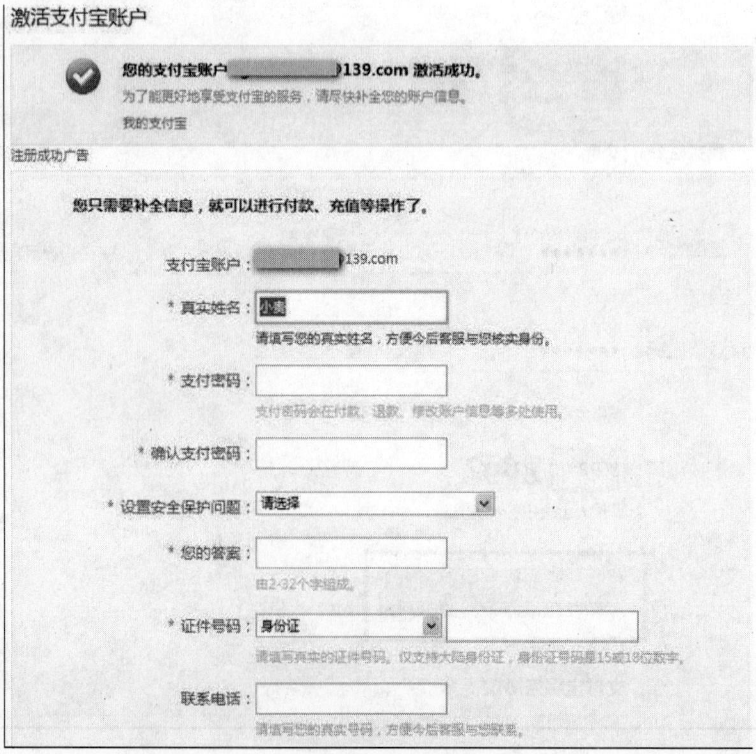

图 6-7　激活成功

此时，可以用此账户正常登录，拥有基本的支付宝权限。

(二)购物流程(以淘宝网购物为例)

(1)登录 www.taobao.com，选择您要购买的商品，选中后点"立即购买"买下您选中的商品，如图 6-8 所示。

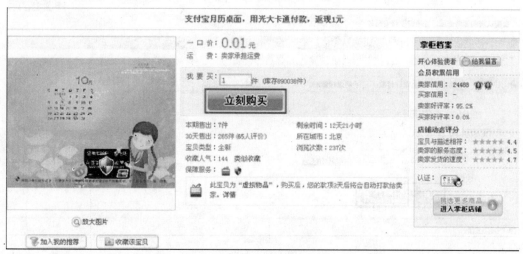

图 6-8　"立即购买"界面

(2)正确填写您的收货地址、收货人、联系电话，以方便卖家为您发货后快递公司联系收货人；填写您所需的购买数量；补充完成您的个人基本信息，点"确认无误，购买"继续，如图 6-9 所示。

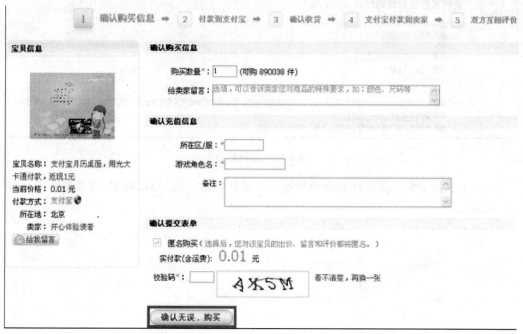

图 6-9　"确认无误，购买"

(3)选择支付宝账户余额支付，输入支付宝账户支付密码，点"确认无误，付款"，如支付宝账户无余额，可以选择网上银行、支付宝卡通、网点付款来完成支付，如图 6-10 所示。

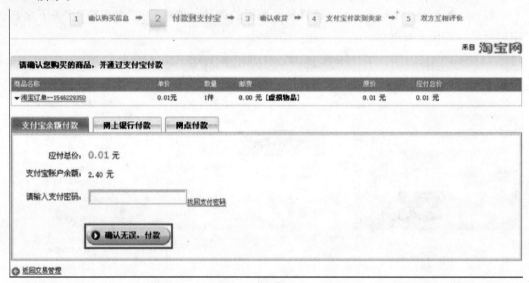

图 6-10　付款

（4）支付宝账户余额支付付款成功，点"点此查看本笔交易详情"，如图 6-11 所示。

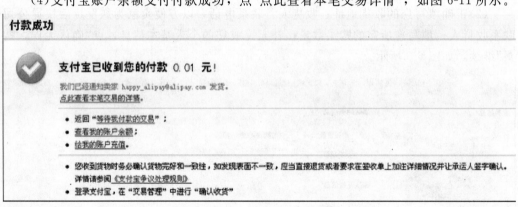

图 6-11　支付成功

（5）卖家发货后，买家注意查收货物，收到货物后，点"确认收货"付款给卖家，如图 6-12 所示。

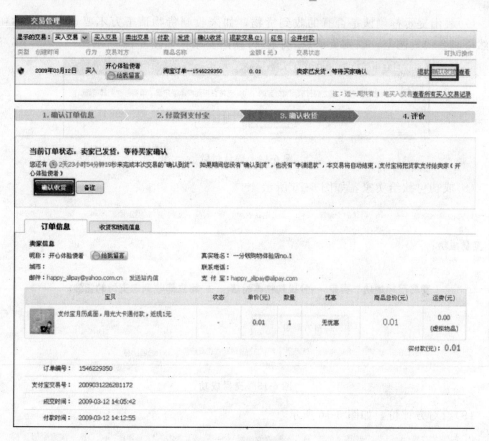

图 6-12　确认收货

（6）输入支付宝账户的支付密码，点"同意付款"付款给卖家，如图 6-13 所示。

图 6-13　同意付款

(7)跳出提示框确认是否真的收到货物，如未收到货物请千万不要点"确定"按钮，不然可能会钱货两空，收到货请点"确定"付款给卖家，如图 6-14 所示。

图 6-14 确认付款

(8)成功付款给卖家，如图 6-15 所示。

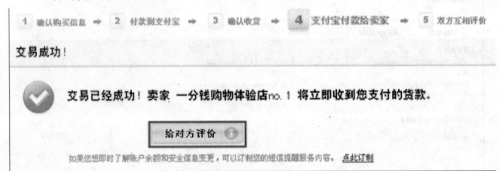

图 6-15 交易成功

(9)给对方评价，如图 6-16 所示。

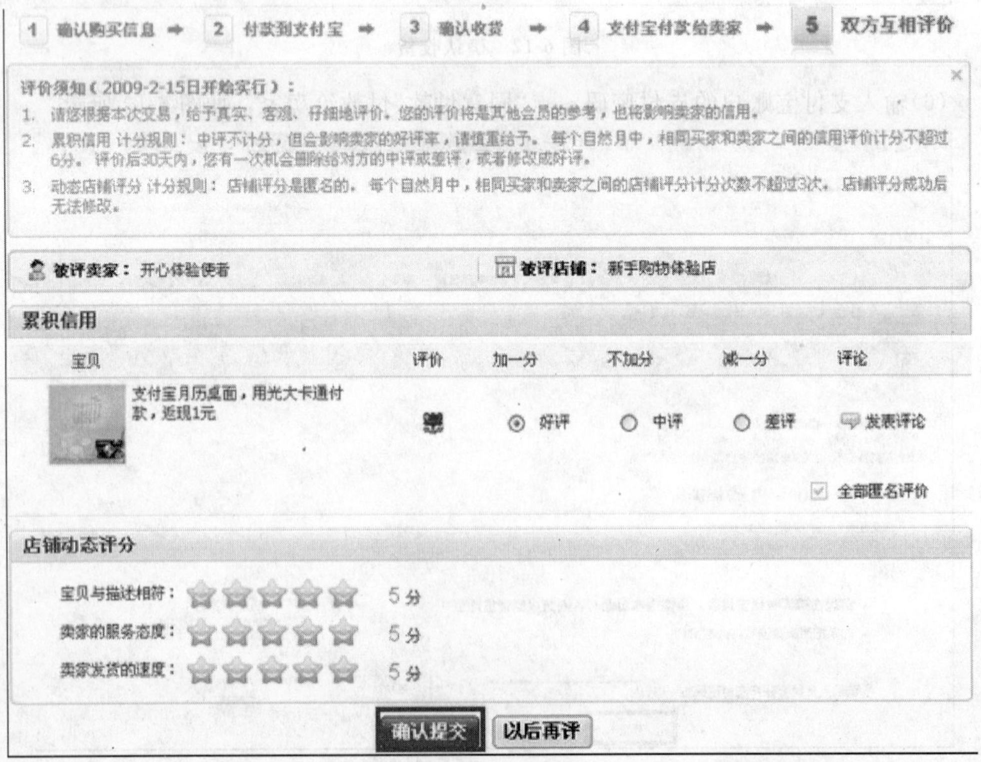

图 6-16 评价

（10）评价成功，如图 6-17 所示。

| 1 确认购买信息 ➡ | 2 付款到支付宝 ➡ | 3 确认收货 ➡ | 4 支付宝付款给卖家 ➡ | **5** 双方互相评价 |

评价须知（2009-2-15日开始实行）：

1. 请您根据本次交易，给予真实、客观、仔细地评价。您的评价将是其他会员的参考，也将影响卖家的信用。
2. 累积信用 计分规则：中评不计分，但会影响卖家的好评率，请值重给予。每个自然月中，相同买家和卖家之间的信用评价计分不超过6分。评价后30天内，您有一次机会删除给对方的中评或差评，或者修改成好评。
3. 动态店铺评分 计分规则：店铺评分是匿名的。每个自然月中，相同买家和卖家之间的店铺评分计分次数不超过3次。店铺评分成功后无法修改。

✅ **店铺评分成功！信用评价成功1个！**

双方互评后需等待30分钟才能看到已评过的宝贝。

1. 查看我自己的信用状况；
2. 查看对方（开心体验使者）的信用状况；
3. 返回"已买到的宝贝"，继续给卖家评价。
4. 我要秀一秀我刚买的宝贝。

图 6-17 评价成功

▶ 第四节 第三方支付的发展建议

一、我国第三方支付平台的发展历程和现状

我国第三方支付行业的发展初期，同样重复着一般产业发展的三个阶段：相对自由发展阶段——市场竞争激化阶段——垄断（寡头）竞争阶段。

相对自由发展阶段：2005 年上半年之前，从事第三方电子支付的企业在 10 家左右，其中包括至今还在支付市场活跃的北京首信、银联、上海环讯、IPAY 和网银在线等。第三方支付市场竞争环境宽松且比较公平，企业压力不大，第三方支付平台企业发展处于自由放任阶段，商户自然也没有现在这么多第三方支付平台可以选择。

市场竞争激化阶段：随着支付宝、贝宝等多家国内外电子支付企业发现了电子支付行业的市场机会以及银行本身业务的拓展和转型，银行的网上支付意识开始增强，各类企业开始纷纷进入支付市场。大约短短一年时间，在网上支付市场就活跃着支付宝、快钱、贝宝、首信易支付、腾讯财付通、云网、汇付天下等 50 余家第三方网上支付企业，其中规模较大的近 10 家。这些机构产品单一，服务模式接近，唯有价格成为彼此竞争的武器，纷纷降低费率，打价格战，第三方支付市场竞争开始变得残酷。由于没有行业自律规范等明确的限制，一些企业不惜采取低价甚至倒贴的非正常手段吸引用户，扩大自身市场份额。

垄断（寡头）竞争阶段：一旦牌照发放，那么电子支付市场必定只会是几家规模较大的第三方支付企业的天下，第三方支付平台的发展也将进入垄断竞争阶段。像第三方支付这类涉及互联网等信息技术的行业，迟缓可能就导致失败。这成为众多第三方支付平台极其看重牌照发放的原因，同时促使各个支付企业极力争取成为行业的佼佼者或者某一支付领域的王者。

二、我国第三方支付平台发展中存在的主要问题与面临的风险

(一)第三方支付平台法律地位不明

第三方支付平台的服务本质上属于金融服务中的清算结算业务，我国《商业银行法》规定，只有商业银行才能许可从事该项业务。目前我国提供网上第三方支付服务的机构已不下50家，其中绝大多数是IT企业以及其他非金融机构。

(二)虚拟账户滞留资金导致的风险

第三方支付平台主要通过第三方来弥补交易双方信用缺失的问题，买方先把资金支付给第三方支付平台，在得到买方确认已收货并发出付款指令后，再支付货款给卖家。而且，第三方支付平台一般会规定相应的结算周期，数额巨大的支付资金不可避免地在第三方支付平台的虚拟账户中，这不仅降低了第三方支付平台的支付效率，而且还导致相当的风险。

(三)道德风险

网上电子商务交易双方选择第三方支付平台进行支付，通过第三方支付来进行交易，是基于其对第三方支付平台实力、品牌、信誉的认同。第三方支付平台的信用中介作用确实弥补了社会信用体系的不足，但同时也增加了交易风险和支付风险。特别是当电子支付交易发展到一定规模，一旦由于第三方支付平台内部管理原因造成损失，肯定会对整个支付结算体系产生相当的影响，危及整个支付系统的安全和稳定。

(四)反洗钱风险

第三方支付工具提供了买卖双方现金交易的平台，而某些第三方支付工具不需要实名制就可以完成一些交易，这样就会产生有些人通过第三方支付工具进行洗钱的问题。国内的第三方支付平台大多缺乏有效防止恶意交易的相关措施，这样国内的第三方支付工具将很容易沦为洗钱工具，甚至为网络赌博等不法行为提供资金渠道。而且随着第三方支付平台的不断发展，它的业务范围也必然延伸到跨国支付领域，这样不仅国外黑钱可能通过第三方支付平台进入我国，国外热钱也可以通过它畅通无阻地投资于我国资本市场。

(五)信用卡套现风险

某些通过第三方支付平台进行的支付并不是以真实的交易为基础的，通过银行卡支付后，钱进入了支付平台的虚拟账户，通过虚拟账户转移到银行，从银行取现，达到套取现金的目的。第三方支付平台只能从技术上保证交易的安全，却无法保证其平台中的交易的真实性。而银行提供信用卡这种支付工具是为了鼓励消费，满足消费支付的需要，并不是为了提取现金，所以信用卡都被设定了一个提取现金的额度并且通过取现的交易成本来限制它的使用。利用网上的第三方支付可以避开这些控制手段，以几乎为零的成本，套取现金。

(六)网络系统安全、防灾、防病毒问题

目前，我国大部分第三方支付平台自身尚未建立起系统的、完备的安全管理体系，在系统安全监控和故障事故报告方面尤其欠缺，因此建立在此基础上的第三方支付平台的安全风险仍然较大。第三方支付平台是以开放的互联网为依托，通过网络进行数据的传输和存储，容易遭受病毒和黑客恶意攻击或出现假冒客户身份、非法窃取或篡改支付信息等问题。第三方支付平台保留的客户个人资料(银行卡号、姓名、身份证号

码等)一旦被泄露并被不法分子利用,有可能造成严重的经济损失。2003 年由于第三方处理器泄露了数据,全球多达 200 万 VISA 和万事达信用卡信息被盗。2007 年 6 月,由于一家第三方支付数据处理公司的安全缺陷,使得约 4000 万张各种品牌信用卡的资料被泄露,甚至有人在网上公开售卖信用卡信息。因此第三方支付平台的安全性是网上支付首要的问题。高效和安全的支付清算体系是推动一国货币政策畅通传导、社会资金加速周转、金融服务体系蓬勃发展的重要力量、而且是金融市场稳定发展,金融风险有效防范的前提条件。

(七)竞争同质化与盈利模式不明

1. 第三方支付市场竞争同质化现象严重

2005 年前是国内第三方支付平台的发展初期,公司数量不多,收入来源相对稳定。2005 年后,市场环境急剧变化,从事第三方支付的企业猛增至 50 多家,同质化严重,各公司开始不计成本地抢占市场份额。目前,大多数第三方支付平台还实行免费政策,以致第三方支付平台产品和服务的同质化导致价格成了唯一的竞争筹码,不少第三方支付平台以不正常的低价来抢占市场份额,于是出现了很多的短期行为。这样一来不仅挤压了电子支付市场有限的盈利空间,更带来了相当的资金风险隐患。

2. 第三方支付平台业务范围狭窄、盈利模式尚不明确

首先,我国目前第三方支付平台还只能以个人或企业的小额支付为主要目标,比如支付宝单笔日交易金额一般都在 10 000 元以下。由于交易金额不大,商户交纳的清算支付费也比较低,第三方支付只能依靠增大交易流量来增加收入,边际利润较低;而且相对资金的起点和终点都在银行,支付过程产生的手续费收入大部分归银行。

其次,第三方支付平台虽然在 B2C、C2C 已经得到成功的运用,但在 B2B 中,第三方支付的推广遇到了阻力。由于交易金额比较大,一般企业在 B2B 商务交易中财务人员更重视资金占用的时间成本,调节资金的流动和资金收益,因此很少选择使用第三方支付方式。第三方支付平台的资金时滞性阻碍了其在 B2B 之中的发展。

再次,第三方支付商拥有自主开发业务系统的并不多。一般第三方支付平台所做的业务只是银行业务的一部分,往往只在价格层面参与竞争,没有核心的业务系统,而第三方支付平台的核心竞争力就在于拥有自己的业务平台,因为只有这样才可以长期与其他商户合作,保证所有的业务流程和实施方法都能够在平台内完成,可以比较容易地在平台上推出新业务。如果第三方支付企业不能利用自己的平台吸引用户,就无法保证其各种业务增值在平台上顺利展开,也就无法保证自己的盈利。

三、第三方支付平台健康发展的措施

随着电子商务的快速发展,第三方支付市场得以迅速成长。但是随着市场的竞争日益激烈,与银行直接的竞争和合作关系也日益复杂,在这种情况下,第三方支付机构必须在畅通的资金支付结算基础上,加大业务创新的力度,提供相应的增值服务,以获得更广阔的生存和发展空间。与此同时,我国对第三方支付信用中介的地位及其支付服务的合法性没有做出明确的规定,第三方支付行业的市场准入和行业行为还缺乏相应的规范,也没有明确第三方支付市场和机构的监管主体。法律法规与监管尚不明确,不利于第三方支付市场发展与规范,而第三方支付市场的无序发展很可能会带来严重的风险。因此,建立和不断完善第三方支付的监管体系是我国第三方支付平台

健康持续发展的基石。

（一）加强第三方支付监管措施和风险管理

加强第三方支付监管措施和风险管理主要包括限制、加强监管和风险管理，强化安全技术，建立保险体系与保证金制度等。

（二）完善业务范围监管范围

完善业务范围监管主要包括业务运营风险监管、对董事会和经理层的监管、对内部操作人员的管理、对客户的管理等。对客户的管理要利用法律手段约束，通过建立保证金和准备金机制减少风险，以保证客户资料和客户资产的安全。在业务范围监管方面还要设法促进健康发展，保证公平竞争等。

（三）建立和健全监管法律体系

建立和健全监管法律体系主要包括加强技术监管和业务监管、加强内控、防范违规与计算机犯罪、建立和健全监管法律体系、实施适时与定期监控、加强市场退出监管、加强国际合作等。目前我国监管机构采用的是银监会＋信息产业部＋公安部＋新闻出版署的方式。第三方支付平台虽然从事着与金融相关的业务，但它不是金融机构，其特性也与金融机构有许多不一致之处。因此，需要一个上级主管部门为其明确监管办法。

（四）建立第三方支付保证金制度

互联网的全球性及开发性使得第三方支付面临着严重的安全风险，第三方支付机构本身的道德风险、诚信机制也难以控制，第三方支付机构也存在大小、实力强弱的差别。在这种情况之下，可考虑第三方支付保证金制度，要求第三方支付机构交纳一定比例的保证金。保证金制度的存在可以使得交易双方的利益得到一定程度的保护，在发生风险的时候不至于因第三方支付机构的倒闭破产而蒙受过大的损失。既能提高第三方支付机构作为中介的可信度，也能淡化第三方支付市场的公平竞争，并约束第三方支付机构的经营行为，在一定程度上降低了机构本身的道德风险。这样一来，第三方支付过程中的各种风险都会有一定的降低，有助于保持整个支付系统的稳定，并促进行业市场的健康发展。

（五）加强对在途资金的监督和管理

在途资金是第三方支付过程中风险的主要来源之一，其安全性与效率对第三方支付市场的规范和发展起着至关重要的作用。为此，应建立完善的在途资金监管制度，明确规定在途资金的存放位置，是置于银行还是其他公正机构，相关的利息如何处理？如果第三方支付机构持有这些资金，那么应对资金的来源和运用进行有效的监督和控制，降低其中的金融风险，这样一方面可以保障第三方支付体系的正常安全运行；另一方面也能有效防范在途资金的不恰当运用对金融市场和金融体系产生的不良影响。

▶ 支付实务链接：支付宝卡通

支付宝卡通是银行与支付宝公司为网上购物人群推出的一张联名卡，例如建行的支付宝龙卡、邮政的淘宝绿卡等。"支付宝卡通"就是将您的支付宝账户与银行卡连通，不需要开通网上银行，就可直接在网上付款，并且享受支付宝提供的"先验货，再付款"的担保服务。支付宝卡通的开通流程（以建行为例）如下：

一、申请开通支付宝卡通

(1)登录 www.alipay.com—我的支付宝—选择"支付宝卡通",核实您留在支付宝账户中的信息是否正确。卡通服务是适用于个人类型的账户,公司类型是不可以申请的。如图 6-18 所示。

图 6-18　"支付宝卡通"界面

(2)登录 www.alipay.com—我的支付宝—卡通。如图 6-19 所示。

图 6-19　登录"我的支付宝卡通"

(3)选择省份、城市、银行,选择中国建设银行,继续。如图 6-20 所示。

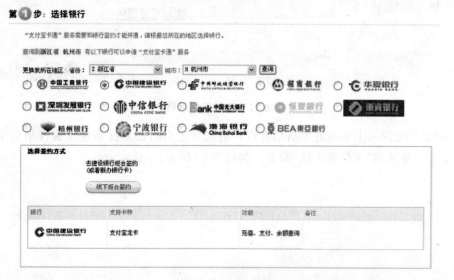

图 6-20　选择银行

(4)如果您的身份证没有提交过支付宝实名认证，请确认您在支付宝的姓名与证件号码与您身份证上的一致，点击"继续"。如图 6-21 所示。

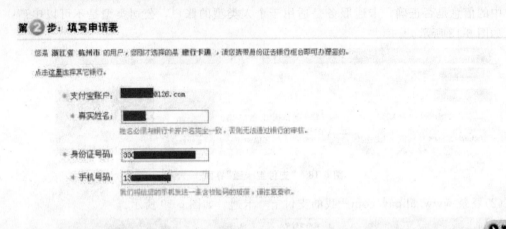

图 6-21　填写申请表

(5)如果您还没有绑定手机，请验证您的手机号。也可以选择"跳过此步"。如图 6-22 所示。

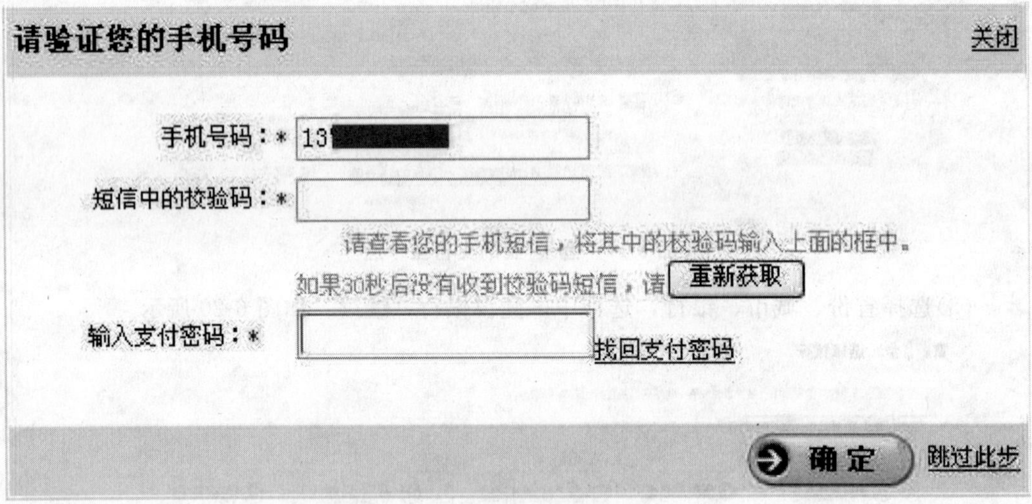

图 6-22　验证手机号码

(6)支付宝网站上填写好申请信息后，请您带上身份证原件到建设银行柜台申请支付宝龙卡，并开通"支付宝卡通"服务。如图 6-23 所示。

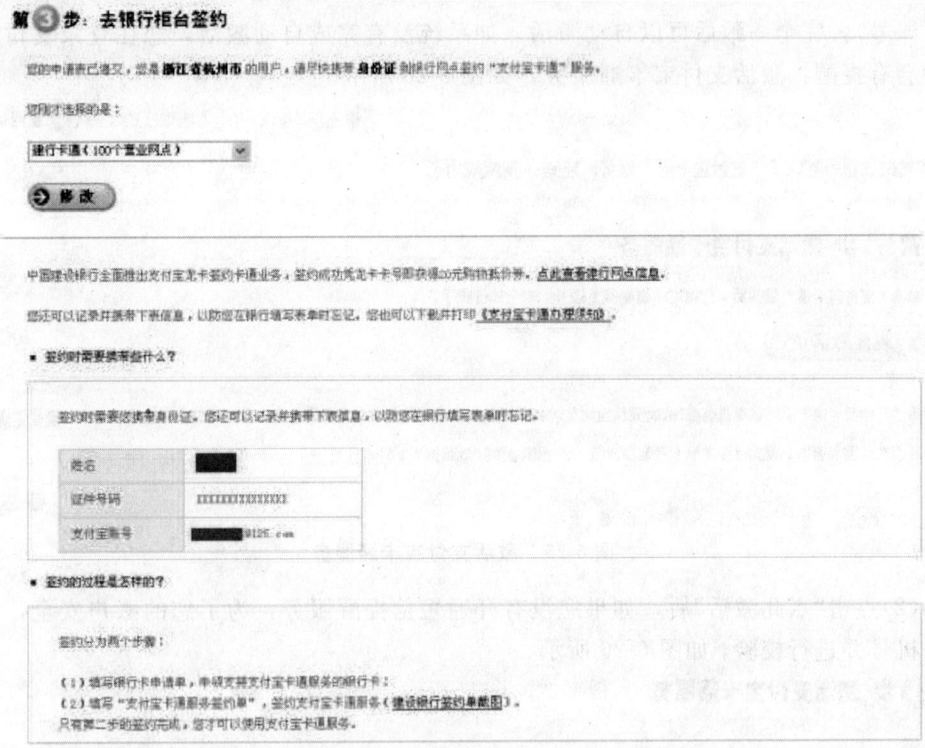

第**3**步：去银行柜台签约

您的申请表已递交，您是**浙江省杭州市**的用户，请尽快携带**身份证**到银行网点签约"支付签卡通"服务。

您刚才选择的是：

建行卡通（100个营业网点） ▼

➔ 修改

中国建设银行全面推出支付宝龙卡签约卡通业务，签约成功凭龙卡卡号即可获得20元购物抵用券。点此查看建行网点信息。

您还可以记录并携带下表信息，以防您在银行填写表单时忘记。您也可以下载并打印《支付宝卡通办理须知》。

▪ 签约时需要携带什么？

签约时需要您携带身份证。您还可以记录并携带下表信息，以助您在银行填写表单时忘记。

姓名	■
证件号码	XXXXXXXXXXXXXX
支付宝账号	■@126.com

▪ 签约的过程是怎样的？

签约分为两个步骤：
（1）填写银行卡申请单，申领支持支付宝卡通服务的银行卡；
（2）填写"支付宝卡通服务签约单"，签约支付宝卡通服务（建设银行签约单截图）。
只有第二步的签约完成，您才可以使用支付宝卡通服务。

图 6-23　去银行柜台签约界面

二、办理支付宝龙卡并申请开通

到银行柜台办理支付宝龙卡并申请开通支付宝卡通，签订开通支付宝卡通的协议请携带您的身份证，到银行柜台申请一张支付宝龙卡，设置最高的网上支付金额。如图 6-24 所示。

支付宝龙卡签约申请书

日期：　　年　月　日

| 姓　名：_____ | 卡号：_____ |

证件类型：_____　　证件号码：_____

支付宝账号：_____

业务类型：□签约　　　□撤销　　　□修改限额

支付限额：_____（撤销签约时无需填写）

申请人：

图 6-24　签约申请书

三、激活支付宝卡通服务

（1）如果用户已经预先绑定了手机号码并且在支付宝端完整填写了卡通申请信息，

在银行签约时，支付宝会将银行的签约信息与用户预留的信息进行匹配（姓名、身份证、账号），完全一致后可以自动激活。如系统没有完成自动激活，您在登录支付宝账户后会有提醒：激活支付宝卡通服务。如图 6-25 所示。

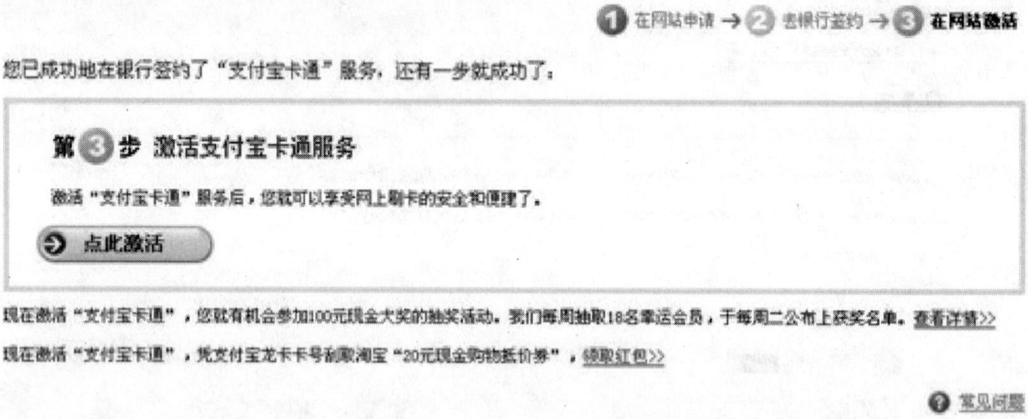

① 在网站申请 → ② 去银行签约 → ③ 在网站激活

您已成功地在银行签约了"支付宝卡通"服务，还有一步就成功了！

第③步 激活支付宝卡通服务

激活"支付宝卡通"服务后，您就可以享受网上刷卡的安全和便捷了。

> 点此激活

现在激活"支付宝卡通"，您就有机会参加100元现金大奖的抽奖活动。我们每周抽取18名幸运会员，于每周二公布上获奖名单。查看详情>>

现在激活"支付宝卡通"，凭支付宝龙卡卡号刮淘宝"20元现金购物抵价券"，领取红包>>

? 常见问题

图 6-25　激活支付宝卡通服务

（2）点击"点此激活"后，如果您没有开通短信提醒服务，为了您的账户安全，请输入手机号并进行校验。如图 6-26 所示。

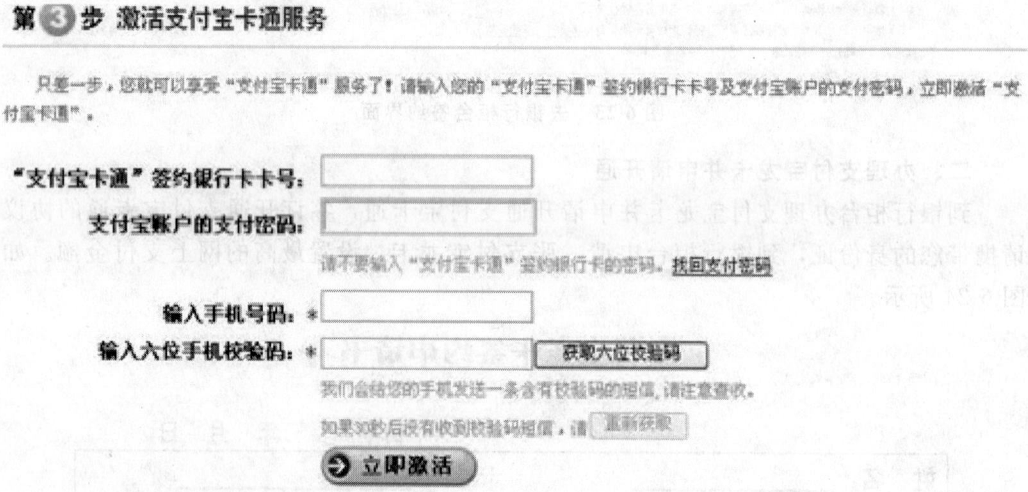

第③步 激活支付宝卡通服务

只差一步，您就可以享受"支付宝卡通"服务了！请输入您的"支付宝卡通"签约银行卡卡号及支付宝账户的支付密码，立即激活"支付宝卡通"。

| "支付宝卡通"签约银行卡卡号： | |
| 支付宝账户的支付密码： | |

请不要输入"支付宝卡通"签约银行卡的密码。找回支付密码

| 输入手机号码：* | |
| 输入六位手机校验码：* | | 获取六位校验码 |

我们会给您的手机发送一条含有校验码的短信，请注意查收。

如果30秒后没有收到校验码短信，请 重新获取

> 立即激活

图 6-26　进入激活界面

（3）填写好完整的信息后点击"立即激活"。如图 6-27 所示。

 恭喜您，您的"支付宝卡通"服务已经开通！获赠支付宝积分 100分

您已经成功申请了"支付宝卡通"服务，您现在就可以立即享受"支付宝卡通"所带来的方便、快捷的网上付款服务了。您是"数字证书"用户，目前的充值和支付限额以您在银行柜台的设置为准。

· 使用支付宝龙卡卡号刮取"淘宝20元购物抵价券"

图 6-27　开通成功

(4)如果您已经开通了短信提醒服务,可直接输入支付宝龙卡卡号和支付宝账户的支付密码,激活卡通。

本章小结

第三方支付机构是近几年出现的新的支付清算组织,第三方支付是随着电子商务的蓬勃发展而出现并迅速发展起来的一种支付平台,是网络支付的一个分支。第三方支付是电子支付中的一种特殊形式。三方支付平台独立于交易双方和银行,能对交易后的支付过程进行全面的监控,使网上用户可以毫无后顾之忧地进行网上交易,因此促进了电子商务的发展。第三方支付平台通过第三方担保机制担保了交易双方交易的顺利进行,做到了网络交易中买卖双方的"货到付款""款到发货",有效地解决了诚信这个阻碍网络交易的难题。本章主要介绍了第三方支付产生的原因、概念、优缺点、模式等,并对我国第三方支付发展提出了可行性建议。

复习思考题

1. 什么是第三方支付?第三方支付是如何产生的?
2. 相对于金融机构,第三方支付具备哪些优势?
3. 第三方支付系统中各主体有什么价值?
4. 简述第三方支付的流程。

技能实训题

登录淘宝网,并注册成为淘宝用户。开通其支付宝账号,并使用支付宝第三方支付方式进行实践操作。实训过程中记下主要的操作步骤,并讨论分析国内现有主要的第三方网上支付的各自特点及存在问题。

案例分析

银行和第三方支付:恋爱进行时

从第三方支付诞生之时起,银行与第三方支付之间的竞合关系一直被人们热议。尽管目前产业链分工尚未十分明晰,但电子支付经过十年发展,在单纯的支付接口合作外,银行与第三方支付之间已在多个层次形成密切合作。"合作共赢一定大于竞争",作为早期第三方支付公司西部支付创始人、现任易宝创新中心总经理的白川先生坦言,银行和第三方支付注定是一场持久的"恋爱",双方通过创新的合作将产生新的盈利点。

至于如何"恋爱",白川认为主要表现在增加收入、增加用户、提升品牌、创新产品、探索模式五个方面。

在增加收入和用户方面,由易宝联合中国银行、中国联通全国性异业合作促销活动,使中国银行网银交易量获得了500%的增长。2009年8月27日,易宝与中信银行联合向中央电视台、新华社、人民网等60余家媒体宣布,推出业界首张公益信用卡,为银行带去大量信用卡用户;再比如,2008年"5·12"大地震后,由易宝联合中国红十字会发起的"汶川地震救援行动",包括四大国有银行在内的11家银行,由民生银行率头组建"银行爱心捐赠联盟",仅半月时间,通过易宝的网友捐款就达到 1850 万元,与腾讯(2300 万)、阿里巴巴集团(2000 万)并列成为三大网络捐款平台,既传播了爱心,又提升了参与银行的品牌美誉度;在创新产品和模式方面,易宝联合银行推出的授信支付,解决了机票代理人资金周转的燃眉之急,也为银行创造了新的盈利点。

"未来五年内,电子银行将改变银行业竞争格局",在一次由艾瑞咨询集团举办的 2009 中国电子银行行业沙龙中,艾瑞咨询集团 COO 阮京文表示。一方面,电子银行是第三方支付的基础支付系统;另一方面,随着各类电子商务模式和业务的蓬勃发展,第三方支付在支付模式、营销模式上的创新也会给电子银行带来更多活力。

面对移动 3G 时代的到来,以及电子支付移动化趋势,易宝支付公司白川先生期望银行能与第三方支付携手将"恋爱"进行到底,共创更多产品、服务和商业模式,为电子商务乃至传统行业电子化转型中的企业和个人提供更加安全、简单、快速的支付解决方案和增值服务。

案例思考题:

1. 为什么银行和第三方支付之间注定是一场持久的"恋爱"?
2. 银行和第三方支付之间有哪些可行的合作模式?

第七章　网络支付的安全

本章学习目标

➤ 了解网络支付的安全要求。

➤ 掌握网络黑客、计算机病毒的防范方法。

➤ 理解数据加密技术的方法与特点。

➤ 理解数字证书与认证中心的作用。

➤ 掌握 SSL 与 SET 协议的使用特点。

案例导读：木马黑色产业链每年"黑"掉中国网民 76 亿元

随着网上交易的日益发展，热钱越来越多地在网络上流动，黑客们也在网络上布下"黑洞"吞噬钱财。一个基于网络的黑色产业链已逐渐形成，中国互联网用户每年因为网络安全被"黑掉"的钱财竟然高达 76 亿元！

网络黑洞如何吞噬用户的钱财？采用木马病毒窃取账号是最常用的手段，其中杀伤力最大的就是"网络挂马"。有人到网页上去挂马，有浏览者中了木马以后，他的机器上就被植入了各种病毒或者木马，如果他的电脑上有网银的账号或游戏账号的话，那些有价值的部分，可能就会被种木马的人偷走。比如你储蓄卡里面的钱在做网银转账或购买时就被人偷偷转走了。

热钱在网络上流动，令很多黑客眼馋，他们通过各种方法利用网络病毒来套取"黑钱"。回眸近年，"熊猫烧香""灰鸽子""AV 终结者"等病毒软件一个个集中肆虐，任何一个网络菜鸟都可轻松购得，并一夜之间成为骇人的黑客高手。比如在"灰鸽子"等病毒的帮助下，黑客可以轻松地远程控制被感染的电脑，随意上传下载、窃取、删除、修改用户的文件，盗取用户的网游账号、银行卡密码、个人隐私等私密信息。据美国网络安全公司 Sophos 发布的报告显示，在 2008 年第一季度，平均每 5 秒钟就会有一个网页成为黑客们的"盘中餐"。

启示：从理论上讲，网络支付比传统的支付方式有更多的优点，例如便捷、高效、实时等，网络支付正悄悄地影响着、改变着人们的生活方式和生活态度。但通过调查也发现，一部分网民由于担心网络支付的安全，对网络支付退避三舍，不敢轻易尝试。有时会采用"网上交易、网下支付"的方式，即先在网上进行商品信息查询，确定价格，进行订货，而采用传统的脱机方式付款，如货到付款、邮局汇款等。尽管网络支付的发展前景十分诱人，但是其安全问题也变得越来越突出。如何建立一个安全、便捷的网络支付应用环境，对信息提供足够的保护，已经成为国家、商家和用户都十分关心的话题。如果保障不了安全，网络支付就无从谈起，网络支付活动就很难在现实生活中蓬勃开展。

▶ 第一节 网络支付安全概述

一、网络支付面临的安全问题

由于电子商务的远距离网络操作，不同于面对面的传统交易支付方式，安全问题已成为大家关注电子商务运行的首要方面。电子商务中的网络支付涉及商务主体最敏感的资金流动，是最需要保证安全的方面，也是最容易出现安全问题的地方，如信用卡密码被盗、支付金额被篡改、收款抵赖等。因此保证电子商务安全其实很大程度上就是保证电子商务过程中网络支付与结算流程的安全，这正是银行与商家，特别是客户关心的焦点问题。

基于 TCP/IP 技术的互联网在设计之初没有考虑到有关安全的问题，所以在安全方面存在先天不足。随着网络支付和网上银行的发展，不法分子利用网络技术本身存在的漏洞和局限，网络安全事故频发。这些安全问题直接影响了网络支付各方的经济利益，网络支付中的不安全因素主要有如下几点。

（一）信息被截获或窃取

由于未采用加密措施或加密强度不够，数据信息在网络上以明文形式传送，入侵者可以在数据包经过的网关或路由器上截获传送的信息，或通过对信息流量和流向、通信频度和长度等参数的分析，窃取有用的信息，如消费者的信用卡号码、密码以及企业的商业机密等隐私信息。当消费者的信用卡号码和密码在网上被窃取后，盗用者就可以利用消费者的信用卡信息伪造出一张新的信用卡，然后就可以从任何一台 ATM 或 POS 机中取出消费者的资金。

（二）信息被篡改

入侵者可以通过各种技术手段和方法，将网络上传送的交易信息在途中修改，然后再发向目的地。信息可以从三个方面被篡改：

（1）修改，即改变信息流的次序，更改信息的内容，如支付货币的数量。

（2）删除，即删除某个信息或信息的某些部分。

（3）插入，即在信息中插入一些额外的信息，让接收方读不懂或接受错误的信息。

利用网络支付系统进行支付，数据容易被修改，当支付金额被更改，发生多支付或少支付的问题时，会给交易双方带来很大麻烦。

（三）信息假冒

入侵者可以冒充合法用户的身份发送假冒的信息或者窃取商家的商品信息和用户信用等，而远端用户通常很难分辨。信息假冒有两种方式。

（1）冒充他人身份。例如，冒充领导发布命令、调阅密件；冒充他人消费、栽赃；冒充主机欺骗合法主机及合法用户；冒充网络控制程序，套取或修改使用权限、密钥等信息；接管合法用户，占用合法用户的资源。

（2）发送假冒的信息。例如，伪造电子邮件，虚开网站或网店，给用户发电子邮件，收订货单；发送大量恶意的电子邮件，挤占商家资源，使合法用户不能正常访问网络资源，或使有严格时间要求的服务不能及时得到响应。

由于支付方不知道商家到底是谁，商家无法确定信用卡等网络支付工具是否真实，以及由谁来支付和资金如何入账等问题，一些不法商家或个人就利用网络支付的非面对面特点来进行欺诈活动。

（四）否认已经做过的交易

网络支付中还可能存在着发送者事后否认曾经发送过某条信息，或接收者事后否认曾经收到过某条信息的情况。比如消费者不承认已发出的订单，商家发出的商品因价格问题而不承认原有的交易或否认收到消费者的支付款项等。

（五）网络支付系统不稳定

网络支付系统会突然由于技术性中断或被攻击而瘫痪，由于用户的电子货币信息存放在相应的银行后台服务器中，当银行后台服务器出现错误、运行中断或瘫痪时，用户就无法使用电子货币，可能导致正在进行的网络支付中断，从而影响用户的支付行为。

二、网络支付的安全要求

网络支付的安全可以概括为五个方面的要求：

（一）网络支付数据的保密性

因为网上交易是交易双方的事，交易双方并不想让第三方知道他们之间进行交易的具体情况，包括资金账号、客户密码、支付金额等网络支付信息。但是由于交易是在 Internet 上进行的，在因特网上传送的信息是很容易被别人获取的，所以必须对传送的资金数据进行加密。即由信息发送者加密的数据只有信息接收者才能够解密得到，而别人无法得到。

（二）网络支付数据的完整性

数据在传送过程中不仅要求不被别人窃取，还要求数据在传送过程中不被篡改，能保持数据的完整。因此，在通过 Internet 进行支付结算时，信息接收方收到信息后，必定会考虑收到的信息是否就是信息发送者发送的以及在传送过程中数据是否发生了改变。在支付数据传送过程中，可能会因为各种通信网络的故障，造成部分数据遗失，也可能因为人为因素，如有人故意破坏，造成传送数据的改变。如果无法证实网络支付信息数据是否被篡改，则无法在网上进行交易活动。

（三）网络支付有关方身份的可鉴别性

在现实存在的商店中，营业员与顾客是面对面进行交易的，营业员要检查持卡人的信用卡是否真实，是否上了黑名单，信用卡是不是持卡人本人的，还要核对持卡人的签名、持卡人的身份证等，证实持卡人的身份。而在网上进行交易时，交易双方互不见面，持卡人只知道商店的网址，不知道这个商店开在哪里。有可能广东的一家商店在上海建立一个网站，开了一家网上商店，为了扩大网上交易，又在美国建立了一个镜像站点，持卡人根本无法知道这家商户到底在哪里。在网上没有方向，没有距离，也没有国界。有可能你在网上看到的一家大规模的商场，实际上只是两个年轻人用一台计算机制造的一场骗局。

所以持卡人要与网上商店进行交易，必须先确定商店是否真实存在，付了钱是否能拿到商品。商店和银行都要担心网上购物的持卡人是否是持卡人本人；否则，扣了张三的款，却将货送给李四，结果持卡人上门来说没买过东西为什么扣我的款，而商户却已经将货物送走了。这样的网上交易是不能进行下去的。所以网上交易中，参加交易的各方，包括商户、持卡人和银行必须要能够认定对方的身份。

(四)网络支付行为发生及发生内容的不可否认性

在传统现金交易中，交易双方一手交钱，一手交货，没有多大问题。如果在商店里用信用卡付款，也必须要持卡人签名，方能取走货物。

在网上交易中，持卡人与商店通过网上传送电子信息来完成交易，也需要有使交易双方对每笔交易都认可的方法。否则，持卡人购物后，商户将货送到他家里，他却说自己没有在网上下过订单，银行扣了持卡人的购物款，持卡人却不认账。反过来，持卡人已付款，可商家却坚持说没有接收到货款，或者说，没有在大家认可的日子接收到资金。

网上交易中，所有参加交易的各方，包括商家、持卡人和银行必须采用措施能够对支付行为的发生及发生内容不可否认。

(五)网络支付系统的可靠性

系统要能对网络故障、操作错误、硬件故障、系统软件错误以及计算机病毒所产生的威胁加以控制和预防。

三、网络支付安全的解决方法

网络支付的安全可以概括为两大方面，一是系统的安全，二是网络支付信息的安全。

系统安全主要指的是网络支付系统软件、支撑网络平台的正常运行。保证网络支付专有软件的可靠运行和支撑网络平台及支付网关的畅通无阻，防止网络病毒和黑客的攻击，防止支付的故意延缓和防止网络通道的故意堵塞等是实现网络安全支付的基础，也是安全电子商务的基础。解决思路主要有：采用网络防火墙技术、用户与资源分级控制管理机制、网络通道流量监控软件、网络防病毒软件等方法。

具体到网络支付信息的安全需求，可以有针对性地采取如下几种解决方法：

(一)交易方身份认证

如建立 CA 认证机构、使用 X.509 数字签名和数字证书实现对交易各方的认证，以证实身份的合法性、真实性。

(二)网络支付数据内容保密

使用相关加密算法对数据进行加密，以防止未被授权的非法第三者获取信息的真正含义。如采用 DES 私有秘钥加密和 RSA 公开秘钥加密、SSL 保密通信机制、数字信封等。

(三)网络支付数据流内容的完整性

如使用信息摘要(也称为数字指纹)算法以确认支付数据流的完整性。

(四)对网络支付行为内容的不可否认性

当交易双方因网络支付出现异议、纠纷时，采用某种技术手段提供足够充分的证据来辨别纠纷中的是非。例如采用数字签名、数字指纹、数字时间戳等技术并配合 CA 机构来确保其不可否认。

(五)处理多方贸易业务的多边支付问题

这种多边支付的关系可以通过双重签名等技术来实现，如 SET 安全支付机制。

（六）政府支持相关管理机构的建立和电子商务法律的制定

建立第三方的公正管理和认证机构，并尽快完成电子商务和网络支付结算相关法律的制定，让法律来保证电子商务及网络支付结算的安全进行。

第二节　网络支付系统中的安全技术

一、网络黑客及其防范

（一）什么是黑客

黑客是英文 hacker 的音译，原意为热衷于电脑程序的设计者，指对于任何计算机操作系统的奥秘都有强烈兴趣的人。黑客大都是程序员，他们具有操作系统和编程语言方面的高级知识，知道系统中的漏洞及其原因所在，他们不断追求更深的知识，并公开他们的发现，与其他人分享，并且从来没有破坏数据的企图。黑客在微观的层次上考察系统，发现软件漏洞和逻辑缺陷。他们编程去检查软件的完整性。黑客出于改进的愿望，编写程序去检查远程机器的安全体系，这种分析过程是创造和提高的过程。但现在，黑客一词被滥用了，往往用来泛指网络入侵者。

入侵者（攻击者）指怀着不良的企图，闯入远程计算机系统甚至破坏远程计算机系统完整性的人。入侵者利用获得的非法访问权，破坏重要数据，拒绝合法用户的服务请求，或为了自己的目的故意制造麻烦。入侵者的行为是恶意的，入侵者可能技术水平很高，也可能是个初学者。

黑客攻击者指利用通信软件通过网络非法进入他人系统，截获或篡改计算机数据，危害信息安全的电脑入侵者。黑客攻击者通过猜测程序对截获的用户账户和口令进行破译，以便进入系统后做更进一步的操作。

（二）常见网络黑客攻击方法

1. 获取口令

获取口令有三种方法：一是通过网络监听非法得到用户口令，这类方法危害性极大，监听者往往能够获得其所在网段的所有用户账号和口令，对局域网安全威胁巨大；二是在知道用户的账号后（如电子邮件@前面的部分）利用一些专门软件强行破解用户口令，这种方法不受网段限制，但黑客要有足够的耐心和时间；三是在获得一个服务器上的用户口令文件（此文件成为 Shadow 文件）后，用暴力破解程序破解用户口令，该方法的使用前提是黑客获得口令的 Shadow 文件。此方法在所有方法中危害最大，因为它不需要像第二种方法那样一遍又一遍地尝试登录服务器，而是在本地将加密后的口令与 Shadow 文件中的口令相比较就能非常容易地破获用户密码。

2. 放置特洛伊木马程序

特洛伊木马程序可以直接侵入用户的电脑并进行破坏，它常被伪装成工具程序或者游戏等诱使用户打开带有特洛伊木马程序的邮件附件或从网上直接下载，一旦用户打开了这些邮件的附件或者执行了这些程序之后，计算机系统中就隐藏了一个可以在 Windows 启动时悄悄执行的程序。当您连接到因特网上时，这个程序就会通知黑客，来报告您的 IP 地址以及预先设定的端口。黑客在收到这些信息后，再利用这个潜伏在其中的程序，就可以任意地修改您的计算机的参数设定、复制文件、窥视您整个硬盘

网络支付

中的内容等，从而达到控制您的计算机的目的。

3. WWW 的欺骗技术

在网上用户可以利用 IE 等浏览器进行各种各样的 Web 站点的访问，如阅读新闻组、咨询产品价格、订阅报纸、电子商务等。然而一般的用户恐怕不会想到有这些问题存在：正在访问的网页已经被黑客篡改过，网页上的信息是虚假的！黑客将用户要浏览的网页的 URL 改写为指向黑客自己的服务器，当用户浏览目标网页的时候，实际上是向黑客服务器发出请求，那么黑客就可以达到欺骗的目的了。

4. 电子邮件攻击

电子邮件攻击主要表现为两种方式：一是电子邮件轰炸和电子邮件"滚雪球"，也就是通常所说的邮件炸弹，指的是用伪造的 IP 地址和电子邮件地址向同一信箱发送数以千计、万计甚至无穷多次的内容相同的垃圾邮件，致使受害人邮箱被"炸"，严重者可能会给电子邮件服务器操作系统带来危险，甚至瘫痪；二是电子邮件欺骗，攻击者佯称自己为系统管理员（邮件地址和系统管理员完全相同），给用户发送邮件要求用户修改口令（口令可能为指定字符串）或在貌似正常的附件中加载病毒或其他木马程序（据笔者所知，某些单位的网络管理员有定期给用户免费发送防火墙升级程序的义务，这为黑客成功地利用该方法提供了可乘之机），这类欺骗只要用户提高警惕，一般危害性不是太大。

5. 通过一个节点来攻击其他节点

黑客在突破一台主机后，往往以此主机作为根据地，攻击其他主机（以隐蔽其入侵路径，避免留下蛛丝马迹）。他们可以使用网络监听方法，尝试攻破同一网络内的其他主机；也可以通过 IP 欺骗和主机建立信任关系，攻击其他主机。这类攻击很狡猾，但由于某些技术很难掌握，如 IP 欺骗，因此较少被黑客使用。

6. 网络监听

网络监听是主机的一种工作模式，在这种模式下，主机可以接收到本网段在同一条物理通道上传输的所有信息，而不管这些信息的发送方和接收方是谁。此时，如果两台主机进行通信的信息没有加密，只要使用某些网络监听工具，例如 NetXray for windows 95/98/nt，sniffit for linux、solaries 等就可以轻而易举地截取包括口令和账号在内的信息资料。虽然网络监听获得的用户账号和口令具有一定的局限性，但监听者往往能够获得其所在网段的所有用户账号及口令。

7. 寻找系统漏洞

许多系统都有这样那样的安全漏洞（Bugs），其中某些是操作系统或应用软件本身具有的，如 Sendmail 漏洞，Win98 中的共享目录密码验证漏洞和 IE5 漏洞等，这些漏洞在补丁未被开发出来之前一般很难防御黑客的破坏，除非你将网线拔掉；还有一些漏洞是由于系统管理员配置错误引起的，如在网络文件系统中，将目录和文件以可写的方式调出，将未加 Shadow 的用户密码文件以明码方式存放在某一目录下，这都会给黑客带来可乘之机，应及时加以修正。

8. 利用账号进行攻击

有的黑客会利用操作系统提供的默认账户和密码进行攻击，例如许多 UNIX 主机都有 FTP 和 Guest 等默认账户（其密码和账户名相同），有的甚至没有口令。黑客用

Unix 操作系统提供的命令如 Finger 和 Ruser 等收集信息，不断提高自己的攻击能力。这类攻击只要系统管理员提高警惕，将系统提供的默认账户关掉或提醒无口令用户增加口令一般都能克服。

9. 偷取特权

利用各种特洛伊木马程序、后门程序和黑客自己编写的导致缓冲区溢出的程序进行攻击，前者可使黑客非法获得对用户机器的完全控制权，后者可使黑客获得超级用户的权限，从而拥有对整个网络的绝对控制权。这种攻击手段，一旦奏效，危害性极大。

(三)黑客防范措施

(1)经常做 Telnet、FTP 等需要传送口令的重要机密信息应用的主机应该单独设立一个网段，以避免某一台个人机被攻破，被攻击者装上 sniffer，造成整个网段通信全部暴露。有条件的情况下，重要主机装在交换机上，这样可以避免 sniffer 偷听密码。

(2)专用主机只开专用功能，如运行网管、数据库重要进程的主机上不应该运行如 sendmail 这种 bug 比较多的程序。网管网段路由器中的访问控制应该限制在最小限度，研究清楚各进程必需的进程端口号，关闭不必要的端口。

(3)对用户开放的各个主机的日志文件全部定向到一个 Syslogd Server 上，集中管理。该服务器可以由一台拥有大容量存储设备的 Unix 或 NT 主机承当。定期检查备份日志主机上的数据。

(4)网管不得访问 Internet，并建议设立专门机器使用 FTP 或 WWW 下载工具和资料。

(5)提供电子邮件、WWW、DNS 的主机不安装任何开发工具，避免攻击者编译攻击程序。

(6)网络配置原则是"用户权限最小化"，例如关闭不必要或者不了解的网络服务，不用电子邮件寄送密码。

(7)下载安装最新的操作系统及其他应用软件的安全和升级补丁，安装几种必要的安全加强工具，限制对主机的访问，加强日志记录，对系统进行完整性检查，定期检查用户的脆弱口令，并通知用户尽快修改。重要用户的口令应该定期修改。不同主机使用不同的口令。

(8)定期检查系统日志文件，在备份设备上及时备份。制订完整的系统备份计划，并严格实施。

(9)定期检查关键配置文件(最长不超过一个月)。

(10)制定详尽的入侵应急措施以及汇报制度。发现入侵迹象，立即打开进程记录功能，同时保存内存中的进程列表以及网络连接状态，保护当前的重要日志文件，有条件的话，立即打开网段上另外一台主机监听网络流量，尽力定位入侵者的位置。如有必要，断开网络连接。在服务主机不能继续服务的情况下，应该有能力从备份磁带中恢复服务到备份主机上。

二、计算机病毒及其防治

(一)计算机病毒的定义和分类

计算机病毒(Computer Virus)是指编制或在计算机程序中插入破坏计算机功能或

毁坏数据，影响计算机使用并能自我复制的一种指令或程序代码。它具有可隐藏性、可传播性、可潜伏性、可激发性和巨大危害性等特征。特别是在网络环境下，计算机病毒更易于传播，其危害性更大。

按侵入方式，病毒可分为：源码型病毒，它攻击高级语言编写的源程序，在源程序编译之前插入其中，并随源程序一起编译、连接成带毒可执行文件；入侵型病毒，它可用自身代替正常程序中的某一部分，一般只攻击特定程序；操作系统型病毒，它可将自身加入或替代操作系统的部分功能；外壳型病毒，它将自身附在正常程序的开头或结尾，相当于给正常程序加了个外壳。

(二)计算机感染病毒后的一般表现

一般来说，当计算机出现以下不正常现象时，才应当怀疑其是否感染了病毒：

(1)文件的大小和日期是否变化；

(2)系统启动速度是否比平时慢；

(3)没做写操作时出现"磁盘有写保护"的提示信息；

(4)对贴有写保护的软磁盘操作时音响很大；

(5)系统运行速度异常慢；

(6)键盘、打印、显示有异常现象；

(7)有特殊文件自动生成；

(8)磁盘空间自动产生坏簇或磁盘空间减少；

(9)文件莫名其妙有丢失；

(10)系统异常死机的次数增加；

(11)COMMAND. COM 文件被修改；

(12)AUTOEXEC. BAT、CONFIG. SYS 被修改；

(13)程序装入时间比平时长，访问磁盘时间比平时长；

(14)用户并没有访问的设备出现"忙"信号；

(15)出现莫名其妙的隐藏文件。

(三)计算机病毒的防范

人们从工作实践中总结出一些预防计算机病毒的简单易行的措施。

(1)专机专用：制定科学的管理制度，对重要的任务部门应采用专机专用，禁止与任务无关的人员接触该系统，防止潜在的病毒罪犯。

(2)安装具有实时监测功能的反病毒软件或防病毒卡，定期检查，发现病毒应及时消除，有效预防计算机病毒的侵袭。

(3)建立备份，对每个购置的软件应拷贝副本，定期备份重要数据文件，以免遭受病毒危害后无法恢复。

(4)固定启动方式，对配置有硬盘的机器应该从硬盘启动系统，如果非要用软盘启动系统，则一定要保证系统软盘是无病毒的。

(5)不要使用盗版软件和来路不明的软盘或光盘。

(6)慎用从网上下载的软件。Internet 是病毒传播的一大途径，对网上下载的软件最好检测后再用；也不要随便阅读从不相识人员处发来的电子邮件。

(7)分类管理数据，对各类数据、文档和程序应分类备份保存。

计算机病毒的防治从宏观上讲是一项系统工程，除了技术手段之外还涉及诸多因素，如法律、教育、管理制度等。

三、防火墙技术

(一)防火墙概念

防火墙(Fire Wall)是在企业或商家的内部网和外部网之间构筑的一道屏障，防止不可预料的、潜在的破坏侵入用户网络。防火墙在开放和封闭的界面上构造一个保护层，属于内部范围的业务，依照一定协议在授权许可下进行防护，致使外部对内部网络的访问受到防火墙的限制。

对金融业的 Internet 而言，防火墙技术是保护信息资源的一种较好措施，它将内部私有网络和外部公共网络进行了隔离，能够防止一些外部攻击者通过 Internet 对内部金融网进行攻击。

(二)基本功能

防火墙系统决定了外界的哪些人可以访问内部的哪些可以访问的服务，以及哪些外部服务可以被内部人员访问。要使一个防火墙有效，所有来自和通向 Internet 的信息都必须经过防火墙，接受防火墙的检查。一般防火墙具有 5 大基本功能：

(1)过滤进出网络的数据包；

(2)管理进出网络的访问行为；

(3)封堵某些禁止的访问行为；

(4)记录通过防火墙的信息内容和活动；

(5)对网络攻击进行检测和告警。

(三)设计原则

(1)过滤不安全服务的原则。"没有明确允许的就是禁止的"，因为只有经过仔细挑选的服务才能允许用户使用。

(2)屏蔽非法用户的原则。"没有明确禁止的就是允许的"，构成了更为灵活的应用环境，网络管理人员可针对不同的服务面向不同的用户开放，也就是能自由地设置各个用户的不同访问权限。

(四)防火墙的类型

从实现原理上分，防火墙的技术包括 4 大类：网络级防火墙(也叫包过滤型防火墙)、应用级网关、电路级网关和规则检查防火墙。它们之间各有所长，具体使用哪一种或是否混合使用，要看具体需要。

1. 网络级防火墙

一般是基于源地址和目的地址、应用、协议以及每个 IP 包的端口来做出通过与否的判断。一个路由器便是一个"传统"的网络级防火墙，大多数的路由器都能通过检查这些信息来决定是否将所收到的包转发，但它不能判断出一个 IP 包来自何方，去向何处。防火墙检查每一条规则直至发现包中的信息与某规则相符。如果没有一条规则能符合，防火墙就会使用默认规则，一般情况下，默认规则就是要求防火墙丢弃该包。其次，通过定义基于 TCP 或 UDP 数据包的端口号，防火墙能够判断是否允许建立特定的连接，如 Telnet、FTP 连接。

2. 应用级网关

应用级网关能够检查进出的数据包，通过网关复制传递数据，防止在受信任服务器和客户机与不受信任的主机间直接建立联系。应用级网关能够理解应用层上的协议，能够做复杂一些的访问控制，并做精细的注册和稽核。它针对特别的网络应用服务协议即数据过滤协议，并且能够对数据包分析并形成相关的报告。应用网关对某些易于登录和控制所有输出输入的通信的环境给予严格的控制，以防有价值的程序和数据被窃取。在实际工作中，应用网关一般由专用工作站系统来完成。但每一种协议需要相应的代理软件，使用时工作量大，效率不如网络级防火墙。应用级网关有较好的访问控制，是目前最安全的防火墙技术，但实现困难，而且有的应用级网关缺乏"透明度"。在实际使用中，用户在受信任的网络上通过防火墙访问 Internet 时，经常存在延迟并且必须进行多次登录(Login)才能访问 Internet 或 Intranet 的情况。

3. 电路级网关

电路级网关用来监控受信任的客户或服务器与不受信任的主机间的 TCP 握手信息，这样来决定该会话(Session)是否合法，电路级网关是在 OSI 模式中会话层上来过滤数据包，这样比包过滤防火墙要高二层。

电路级网关还提供一个重要的安全功能：代理服务器(Proxy Server)。代理服务器是设置在 Internet 防火墙网关的专用应用级代码。这种代理服务准许网管员允许或拒绝特定的应用程序或一个应用的特定功能。包过滤技术和应用网关是通过特定的逻辑判断来决定是否允许特定的数据包通过，一旦判断条件满足，防火墙内部网络的结构和运行状态便"暴露"在外来用户面前，这就引入了代理服务的概念，即防火墙内外计算机系统应用层的"链接"由两个终止于代理服务的"链接"来实现，这就成功地实现了防火墙内外计算机系统的隔离。同时，代理服务还可用于实施较强的数据流监控、过滤、记录和报告等功能。代理服务技术主要通过专用计算机硬件(如工作站)来承担。

4. 规则检查防火墙

该防火墙结合了包过滤防火墙、电路级网关和应用级网关的特点。它同包过滤防火墙一样，规则检查防火墙能够在 OSI 网络层上通过 IP 地址和端口号，过滤进出的数据包。它也像电路级网关一样，能够检查 SYN 和 ACK 标记和序列数字是否逻辑有序。当然它也像应用级网关一样，可以在 OSI 应用层上检查数据包的内容，查看这些内容是否能符合企业网络的安全规则。

规则检查防火墙虽然集成前三者的特点，但不同于一个应用级网关的是，它并不打破客户机/服务器模式来分析应用层的数据，它允许受信任的客户机和不受信任的主机建立直接连接。规则检查防火墙不是依靠与应用层有关的代理，而是依靠某种算法来识别进出的应用层数据，这些算法通过已知合法数据包的模式来比较进出数据包，这样从理论上就能比应用级代理在过滤数据包上更有效。

▶ 第三节 网络支付加密技术

一、信息加密技术

所谓信息加密技术，就是对可以理解的信息(称为"明文")与一个特殊的字符串结合，按照一定的规则进行运算，变成不可理解的信息（称为"密文"），也就是说，信息加密实际上就是将信息真实内容隐藏起来。其中特殊的字符串就是密钥，运算的规则就是加密算法，这二者是加密技术的两个要素。一条信息的加密传递过程如图 7-1 所示：

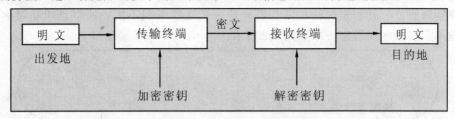

图 7-1　信息的加密传递过程

由此可见，尽管在网上传递的信息有可能被非法接收者捕获，但仍然比较安全，因为在没有密钥和算法的前提下，想恢复明文或读懂密文是非常困难的。

在计算机网络用户之间进行通信时，为了保护信息不被第三方窃取，必须采用各种方法对数据进行加密。最常用的方法就是私有密钥加密方法和公开密钥加密方法。

（一）私有密钥加密技术

私有密钥加密技术的原理：信息发送方用一个密钥对要发送的数据进行加密，信息的接收方能用同样的密钥解密，而且只能用这一密钥解密。由于密钥不能被第三方知道，所以叫做私有密钥加密方法。由于双方所用加密和解密的密钥相同，所以又叫做对称密钥加密法。由于对称密钥加密法需要在通信双方之间约定密钥，一方生成密钥后，要通过独立的安全的通道送给另一方，然后才能开始进行通信。私有密钥加密如图 7-2 所示。

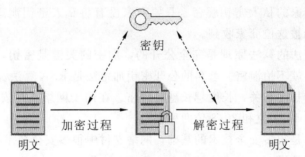

图 7-2　私有密钥加密示意图

最常用的对称密钥加密法叫做 DES(Data Encryption Standard)算法。银行内部专用网络传送数据一般都采用 DES 算法加密，比如传送某网络支付方式用的密码。

这种加密方法在专用网络中使用效果较好，并且速度快。因为通信各方相对固定，可预先约定好密钥。但是，也有缺点，与多人通信时，需要太多的密钥。由于电子商务是面向千千万万客户的，有时不可能给每一位用户配置一把密钥，所以电子商务只靠这种加密方式是不行的。在公开网络中，如在 Internet 上，用对称密钥加密法传送交易信息，就会发生困难。比如，一个商户想在 Internet 上同上万个用户安全地进行交易，每一位用户都要由此商户分配一个特定的密钥并通过独立的安全通道传送，密钥数量巨大，这几乎是不可能的。

（二）公开密钥加密技术

公开密钥加密技术原理：加密、解密共用在数学上相关的 2 个密钥，称做密钥对。用密钥对中任何一个密钥加密，可以用另一个密钥解密，而且只能用此密钥对中的另一个密钥解密。公开密钥加密法的加密和解密所用的密钥不同，所以也叫非对称密钥加密技术。公开密钥加密技术如图 7-3 所示。

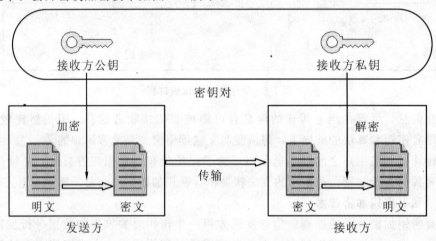

图 7-3　公开密钥加密技术示意图

商家采用某种算法（秘钥生成程序）生成了 2 个密钥后，将其中一个保存好，叫做私人密钥（Private Key），将另一个密钥公开散发出去，叫做公开密钥（Public Key）。任何一个收到公开密钥的客户，都可以用此公开密钥加密信息，发送给这个商家，这些信息只能被这个商家的私人密钥解密。只要商家没有将私人密钥泄露给别人，就能保证发送的信息只能被这位商家收到。

公开密钥加密法的算法原理是完全公开的，加密的关键是密钥，用户只要保存好自己的私人密钥，就不怕泄密。著名的公开密钥加密法是 RSA 算法。RSA 加密算法的安全性能与密钥的长度有关，长度越长越难解密。在用于网络支付安全的 SET 系统中使用的密钥长度为 1024 位和 2048 位两种。

信息加密技术是很多安全技术的基础，网络支付中很多安全技术都会用到。

二、数字信封技术

公开密钥加密法的强大的加密功能使它具有比私有密钥加密技术更大的优越性。但是，由于公开密钥加密法加密比私有密钥加密速度慢得多，在加密数据量大的信息时，要花费很长时间。而对称密钥在加密速度方面具有很大优势。所以，在网络交易中，对信息的加密往往同时采用两种加密方式，将两者结合起来使用，这就是数字信封技术。

数字信封（Digital Envelope）的原理：对需传送的信息（如电子合同、支付指令）的加密采用对称密钥加密法；但密钥不先由双方约定，而是在加密前由发送方随机产生；用此随机产生的对称密钥对信息进行加密，然后将此对称密钥用接收方的公开密钥加密，发送给接受方。这就好比用"信封"封装起来，所以称做数字信封（封装的是里面的对称密钥）。如图 7-4 所示：

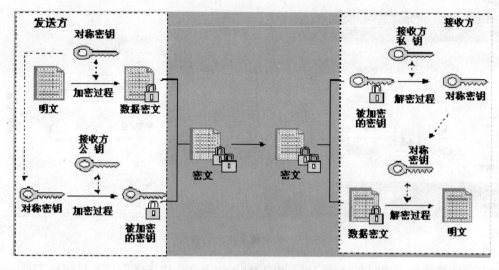

图 7-4　数字信封技术示意图

接收方收到信息后，用自己的私人密钥解密，打开数字信封，取出随机产生的对称密钥，用此对称密钥再对所收到的密文解密，得到原来的信息。因为数字信封是用信息接收方的公开密钥加密的，只能用接收方的私人密钥解密打开，别人无法得到信封中的对称密钥，也就保证了信息的安全，又提高了速度。

在使用对称密钥加密时，密钥的传递以及密钥的更换都是问题。采用数字信封的方式，对称密钥通过接收方的公开密钥加密后传给对方，可以保证密钥传递的安全。而且此对称密钥每次由发送方随机生成，每次都在更换，更增加了安全性。一些重要的短小信息，比如银行账号、密码等都可以采取数字信封传送。

数字信封技术在外层使用公开密钥技术，可以充分发挥公开密钥加密技术安全性高的优势，而内层的私有密钥长度较短，用公开密钥加密长度较小的密钥可以尽可能的规避公开密钥技术速度慢的弊端。由于数字信封技术结合了公开密钥加密技术和私有密钥加密技术的优点，又同时摒弃了二者的缺点，因而在实践中获得了广泛的应用。

三、数字摘要技术

通信双方在互相传送信息时，不仅要对数据进行保密，不让第三者知道，还要能够知道数据在传输过程中没有被别人改变，也就是要保证数据的完整性。

数字摘要的原理：采用的方法是用某种算法对被传送的数据生成一个完整性值，将此完整性值与原始数据一起传送给接收者，接收者用此完整性值来检验信息在传送过程中有没有发生改变。这个值是由原始数据通过某一加密算法产生的一个特殊的数字信息串，比原始数据短小，能代表原始数据，所以称做数字摘要（Digital Digest）。数字摘要技术如图 7-5 所示。

对数字摘要的要求：第一，生成数字摘要的算法必须是一个公开的算法，数据交换的双方可以用同一算法对原始数据经计算而生成的数字摘要进行验证。第二，算法必须是一个单向算法，即只能通过此算法从原始数据计算出数字摘要，而不能通过数字摘要得到原始数据。第三，不同的两条信息不能得到相同的数字摘要。

数字摘要常用算法：如 RSA 公司提出的 MD5（128 位）等。该编码法采用单向

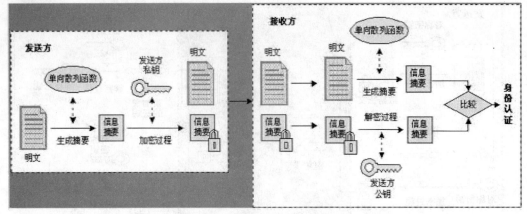

图 7-5　数字摘要技术示意图

Hash 函数将需加密的明文"摘要"成一串 128bit 的密文。由于常采用的是一种 Hash 函数算法，也称 Hash(散列)编码法。

网络支付中应用：在目前先进的 SET 协议机制中采用的 Hash 算法可产生 160 位的信息摘要，两条不同的信息产生同一信息摘要的机会为 1/1048，所以说，这串数据在统计学意义上是唯一的。不同的信息将产生不同的信息摘要，对信息数据哪怕改变一位数据，信息摘要将会产生很大变化。

由于每个信息数据都有自己特定的数字摘要，就像每个人的指纹一样，所以，数字摘要又称做数字指纹或数字手印。就像可以通过指纹来确定是某人一样，可以通过数字指纹来确定所代表的数据。

四、数字签名技术

(一)数字签名及其原理

数字签名(数字签名示例如图 7-6)就是指利用数字加密技术实现在网络传送信息文件时，附加个人标记，起到传统手书签名或印章的作用，以表示确认、负责、经手、真实等。

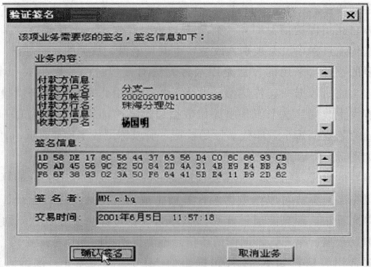

图 7-6　数字签名示例

数字签名就是在要发送的信息上附加一小段只有信息发送者才能产生而别人无法伪造的特殊数据(个人标记),而且这段数据是原信息数据加密转换生成的,用来证明信息是由发送者发来的。在网络支付 SET 机制中是用发送方的私人密钥对用 Hash 算法处理原始信息后生成的数字摘要加密,附加在原始信息上,生成数字签名。数字签名技术如图 7-7 所示。

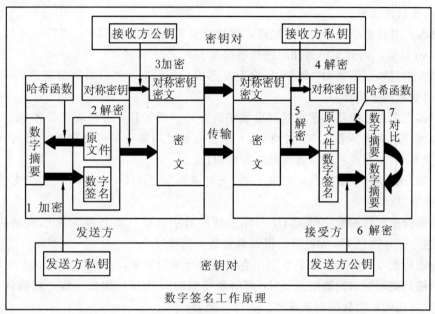

图 7-7 数字签名技术示意图

数字签名的作用与传统签名作用一样:

(1)如果接收方可以用签名者的公钥正确地解开数字签名,则表示数字签名的确是由签名者产生。(公开密钥加密法应用)

(2)如果发送方对信息 M 计算出的数字摘要 h(M),和信息 M 的接收方从接收到的信息 M'计算出散列值 h(M'),这两种信息摘要相同表示文件具有完整性。(数字摘要法的应用)

数字签名可以解决下述网络支付中的安全鉴别问题:

(1)接收方伪造:接收方伪造一份文件,并声称这是发送方发送的,如付款单据等。

(2)发送者或接收者否认:发送者或接收者事后不承认自己曾经发送或接收过支付单据。

(3)第三方冒充:网上的第三方冒充发送或接收信息如信用卡密码。

(4)接收方篡改:接收方对收到的文件如支付金额进行改动。

(二)双重签名技术

在网络支付过程中,客户需要发送订购信息给商户,发送支付信息给银行。这两条信息是相互关联的,以保证该支付仅为该订单付款。为了保护客户的隐私,商家不需要知道客户的银行卡信息,银行也不需要知道客户的订单细节。这时,仅靠发送方对整个信息的一次数字签名显然是不够的，需要双重签名技术来实现。

我们从客户、网上商城、银行三者之间的双重签名的应用过程来分析如何实现对客户隐私权的保护。

(1)客户去网上商城购物，选中相关商品后，选择银行支持的支付手段(如信用卡)进行支付。这里要完成相关表单的填写工作，包括要发送给网上商城的订货单和要发给银行的支付通知单。

(2)客户对订货单进行 Hash 运算，得到订货单的数字摘要 D1，然后对支付通知单进行 Hash 运算，得到支付通知单的数字摘要 D2。

(3)客户把数字摘要 D1 和 D2 结合起来形成一条信息，然后对该信息进行 Hash 运算，得到双重数字摘要 D。

(4)客户用自己的私人密钥对双重数字摘要 D 进行运算，得到双重签名 S。

(5)客户把双重签名 S、支付通知(为保密起见可用银行的公开密钥加密)、订货单的数字摘要 D1，合在一起，通过网络发给银行。

(6)银行收到相关信息后，对其中的"支付通知"进行 Hash 运算，生成"支付通知"的数字摘要"D2"。

(7)银行把收到的数字摘要 D1 与刚生成的数字摘要"D2"连接起来形成新的信息，然后对这个信息进行 Hash 运算，得到双重数字摘要"D"。

(8)银行把收到的双重签名 S 利用客户的公开密钥解密，得到双重数字摘要 M。

(9)银行把刚生成的数字摘要"D"和解密得到的 D 比较，如果一致，则确认支付通知是客户发送的，而且没有被篡改。否则，抛弃。

同理，客户与商城之间完成订货单的传递过程也与之类似。这样，通过双重签名技术，客户的隐私权获得了有效的保障。

五、数字时间戳(digital time-stamp)

(一)什么是数字时间戳

交易支付文件中，时间是十分重要的信息。在商务文件中，文件签署的日期和签名一样很重要。在电子交易中，同样需对交易支付文件的日期和时间信息采取安全措施。

目前多数用数字时间戳服务来为电子文件提供发表时间的安全保护。数字时间戳服务(DTS)是网上安全服务项目，由专门的机构提供。时间戳(time-stamp)是一个经加密后形成的凭证文档，它包括三个部分：

(1)需加时间戳文件的数字摘要；

(2)DTS 认证机构收到文件的日期和时间；

(3)DTS 对数字摘要及日期时间的数字签名。

(二)时间戳产生的过程

时间戳产生的过程为：用户首先将需要加时间戳的文件用 Hash 编码加密形成摘要，然后将该摘要发送到 DTS，DTS 在加入了收到文件摘要的日期和时间信息后再对该文件加密(数字签名)，然后送回用户。注意，书面签署文件的时间是由签署人自己写上的，而数字时间戳则不然，它是由认证单位 DTS 加上的，以 DTS 收到文件的时间为依据。

▶ 第四节 网络支付认证技术

一、身份认证技术

(一)身份认证的定义

在互联网上,交易支付双方互不见面,因此身份认证既是判明和确认交易支付双方真实身份的必要环节,也是电子商务交易支付过程中最重要而又最为薄弱的环节。

简言之,身份认证就是指计算机及网络系统确认操作者身份过程中所应用的技术手段。具体到网络支付过程,身份认证就是鉴别互联网上支付各方身份的真实性,并保证通信过程中的不可抵赖性和信息的完整性。

(二)身份认证方式

1. 用户名+密码方式

用户名+密码是最简单也是最常用的身份认证方法。每个用户的密码是由用户自己设定的,只有用户自己才知道。只要能够正确输入密码,计算机就认为操作者是合法用户。实际上,许多用户为了防止忘记密码,经常采用诸如生日、电话号码等容易被猜测的字符串作为密码,或者把密码抄在纸上放在一个自认为安全的地方,这样很容易造成密码泄露。即使能保证用户密码不被泄露,但由于密码是静态的数据,在验证过程中需要在计算机内存中和网络中传输,而每次验证使用的验证信息都是相同的,很容易被驻留在计算机内存中的木马程序或网络中的监听设备截获。因此用户名+密码方式是一种极不安全的身份认证方式。

2. IC卡认证方式

IC卡由合法用户随身携带,登录时必须将IC卡插入专用的读卡器读取其中的信息,以验证用户的身份。IC卡硬件的不易复制性可保证用户身份不会被仿冒,然而由于每次从IC卡中读取的数据是静态的,通过内存扫描或网络监听等技术还是很容易截取到用户的身份验证信息,或者IC卡丢失和被盗用,导致非法用户变成合法用户进行信息系统,因此还是存在安全隐患。

3. 动态口令方式

动态口令技术是一种让用户密码按照时间或使用次数不断变化,每个密码只能使用一次的技术。它采用一种叫做动态令牌的专用硬件,内置电源、密码生成芯片和显示屏,密码生成芯片运行专门的密码算法,根据当前时间或使用次数生成当前密码并显示在显示屏上。认证服务器采用相同的算法计算当前的有效密码。用户使用时只需要将动态令牌上显示的当前密码输入客户端计算机,即可实现身份认证。由于每次使用的密码必须由动态令牌来产生,只有合法用户才持有该硬件,所以只要通过密码验证就可以认为该用户的身份是可靠的。而用户每次使用的密码都不相同,即使黑客截获了一次密码,也无法利用这个密码来仿冒合法用户的身份。

动态口令技术采用一次一密的方法,有效保证了用户身份的安全性。但是如果客户端与服务器端的时间或次数不能保持良好的同步,就可能发生合法用户无法登录的问题。并且用户每次登录时需要通过键盘输入一长串无规律的密码,如果输入错误就要重新操作,使用起来非常不方便。同样这种动态令牌的专用硬件也会丢失或被盗用,存在一定的安全隐患。

4. USB Key 认证方式

基于 USB Key 的身份认证方式是近几年发展起来的一种方便、安全的身份认证技术。它采用软硬件相结合、一次一密的强双因子认证模式，很好地解决了安全性与易用性之间的矛盾。USB Key 是一种 USB 接口的硬件设备，它内置单片机或智能卡芯片，可以存储用户的密钥或数字证书，利用 USB Key 内置的密码算法实现对用户身份的认证。

每个 USB Key 硬件都具有用户 PIN 码。同样这种 USB Key 硬件和用户使用的 PIN 码也会丢失或被盗用，并且存于硬件内的数字证书（通常为私钥）正常情况下在数字认证中心有备份，也存在一定的安全隐患。

5. 生物识别认证方式

生物识别认证是指采用每个人独一无二的生物特征来验证用户身份的技术，又称生物特征认证。生物特征分为身体特征和行为特征两类。身体特征包括：指纹、掌型、视网膜、虹膜、人体气味、脸型、手的血管、骨骼和 DNA 等；行为特征包括：签名、语音、行走步态等。

从理论上说，生物特征认证是最可靠的身份认证方式，因为它直接使用人的物理特征来表示每一个人的数字身份，不同的人具有不同的生物特征，因此几乎不可能被仿冒和复制。但生物识别成本、技术门槛比较高。

二、数字证书

(一)数字证书的含义

数字证书就是标志网络用户身份信息的一系列数据，用来在网络通信中识别通信各方的身份，即要在 Internet 上解决"我是谁"的问题，就如同现实生活中我们每一个人都要拥有一张身份证来证明身份一样。

数字证书是由权威公正的第三方机构即 CA 中心签发的，以数字证书为核心的加密技术可以对网络上传输的信息进行加密和解密、数字签名和签名验证，确保网上传递信息的机密性、完整性、交易实体身份的真实性和签名信息的不可否认性，从而保障网络应用的安全性。

(二)数字证书的内容

数字证书的格式及证书内容遵循国际电信联盟(ITU-T)制定的数字证书 X. 509 标准。数字证书主要包括以下内容：

(1)证书的版本信息。

(2)证书的序列号，每个证书都有一个唯一的证书序列号。

(3)证书所使用的签名算法。

(4)证书的发行机构名称。

(5)证书的有效期，它的计时范围为 1950—2049。

(6)证书所有人的名称。

(7)证书所有人的公开密钥。

(8)证书发行者对证书的签名。

三、中国金融认证中心

(一)CA 中心

CA(Certificate Authority)即"认证机构",是负责签发数字证书、认证证书和管理已颁发证书的机构。CA 要制定政策和具体步骤来验证、识别用户的身份,对用户证书进行签名,以确保证书持有者的身份和公钥的拥有权。CA 也拥有自己的证书(内含共钥)和私钥,网上用户通过验证 CA 的签字从而信任 CA,任何用户都可以得到 CA 的证书,用以验证它所签发的证书。CA 必须是各行业各部门及公众共同信任的、认可的、权威的、不参与交易的第三方网上身份认证机构。

(二)CFCA 概述

CFCA(China Finance Certification Authority)即中国金融认证中心(图 7-8),是由中国人民银行牵头,联合中国工商银行、中国银行、华夏银行、广东发展银行、深圳发展银行、光大银行、民生银行等十二家商业银行联合建设的。CFCA 是一个权威的、可信赖的、公正的第三方信任机构,专门负责为金融业的各种认证需求提供证书服务,包括电子商务、网上银行、支付系统和管理信息系统等,为参与网上交易的各方提供安全的基础,建立彼此信任的机制。

图 7-8　中国金融认证中心主页

金融认证中心为了满足金融业在电子商务方面的多种需求,采用 PKI(Public Key Infrastructure,公钥设施基础技术)建立了 SET 和 Non-SET 两套系统,提供多种证书来支持各成员行有关电子商务的应用开发以及证书的使用。

(三)CFCA 功能

CFCA 按国际通用标准开发建设,提供具有世界先进水平的 CA 认证中心的全部需求。在证书管理方面,它具有对用户证书的申请、审核、批准、签发证书及证书下载、证书注销、证书更新等证书管理功能。证书符合 ITU 的 X.509 国际标准。同时，CF-CA 在业务方面，建立了 SET CA 及 Non-SET CA 两大体系。其宗旨是向各种用户颁发不同种类的数字证书，以金融行业的可信赖性及权威性支持中国电子商务的应用、网上银行业务的应用及其他安全管理业务的应用。CFCA 功能的有：

1. 实体的鉴别

通过 CFCA 签发的数字证书，使电子交易的各方都拥有合法的身份，在交易的各个环节，交易的各方都可验证对方数字证书的有效性，从而解决相互信任问题。

2. 保证电子交易中信息的保密性

信息泄露主要指交易双方进行交易的内容被第三方窃取或交易一方提供给另一方使用的文件被第三方非法使用，通过对信息进行加密，从而解决了这方面的问题。

3. 保证电子交易中数据的真实性和完整性

电子交易信息在网络上传输的过程中，可能被他人非法的修改、删除或重放（指只能使用一次的信息被多次使用），这方面的安全性是由身份认证和信息的加密来保证的。

4. 支持不可否认性

CFCA 的高级证书中使用了一套专门用来进行签名/验证的密钥对，以保证签名密钥与加密密钥的分隔使用。对签名/验证密钥对中用来签名的私有密钥而言，其产生、存储和使用过程必须安全，且只能由用户独自控制。

5. 密钥历史记录

CFCA 能无缝地管理密钥历史记录，并在检索以前加密的数据时，能透明地使用其相应的密钥进行解密，因此，企业和用户就再也不用担心无法访问其历史数据了。

6. 密钥备份与恢复

CFCA 的高级证书系统提供了备份与恢复解密密钥的机制。需注意的是，密钥备份与恢复只能针对解密密钥，签名私钥不能够做备份。

7. 密钥自动更新

CFCA 的高级证书系统能实现完全透明的、自动（无须用户干预）的密钥更换以及新证书的分发工作。

8. CRL 查询

证书目录服务器中，提供客户端—服务器端自动在线证书撤销列表（CRL）的实时查询和自动检索。

9. 数字时间戳

支持数字时间戳功能，确保所有用户的时间一致。

10. 交叉认证

CFCA 的系统中所采用的网络信任域模式，使得单位除了可完全控制自己的信任域外，也可通过接纳其他单位而扩展自己的信任域。

（四）CFCA 逻辑结构

1. Non-SET 系统

Non-SET 对于业务应用的范围没有严格的定义，结合电子商务具体的、实际的应用，根据每个应用的风险程度不同可分为低风险值和高风险值这两类证书（即个人/普通证书和高级/企业级证书），Non-SET 系统分为两部分。

Non-SET-CA 系统分为三层结构，第一层为根 CA，第二层为政策 CA，第三层为运营 CA。Non-SET-CA 系统架构如图 7-9 所示：

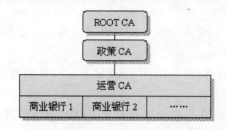

图 7-9　Non-SET-CA 系统架构图

2. RA 系统

系统分为 CA 本地 RA 和 CA 远程 RA。本地 RA 审批有关 CA 一级的证书、接收远程 RA 提交的已审批的资料。远程 RA 根据商业银行的体系架构分为三级结构，即总行、分行、受理点。RA 系统架构如下图 7-10 所示。

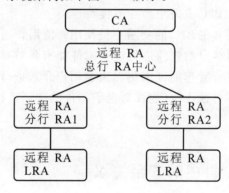

图 7-10　RA 系统架构图

(五)CFCA 证书流程

数字证书可以到 CFCA 下载，证书下载的流程为：

1. 证书申请

CFCA 授权的证书的注册审核机构（Registration Authority，简称 RA）（各商业银行、证券公司等机构），面向最终用户，负责接收各自的持卡人或商户的证书申请并进行资格审核，具体的证书审批方式和流程由各授权审核机构规定。证书申请表直接到 RA 处领取。

2. 证书审批

经审批后，RA 将审核通过的证书申请信息发送给 CFCA，由 CFCA 签发证书。

(1)系统—CFCA 将同时产生的两个码(参考号、授权码)发送到 RA 系统。为安全起见，RA 采用两种途径将以上两个码交到证书申请者手中：RA 管理员将其中授权码打印在密码信封里当面交给证书申请者；将参考号发送到证书申请者的电子邮箱里。

(2)SET 系统—持卡人/商户到 RA 各网点直接领取专用密码信封。

3. 证书发放/下载

CA 签发的证书格式符合 X.509 V3 标准。具体的证书发放方式各 RA 的规定有所不同。可以登录网站 http：//www.cfca.com.cn 联机下载证书或者到银行领取。

4. 证书生成

证书在本地生成，由 CFCA 颁发，用户私钥由客户自己保管。

5. 证书存放

存放介质可以是硬盘、软盘、IC 卡、CPU 卡、SIM 卡等。

(六)CFCA 应用模式

中国金融 CA 所适应的业务应用模式，无论是网上银行或是网上购物都支持 B2C、B2B 以及 B2G 的模式。

1.CFCA 高级证书在 B2B 交易中的应用模式

在 B2B 交易中要使用 CFCA 发放的高级证书，使用高级证书的优点是：双方认证，完整的密钥和证书生命周期管理体系。对用户而言，具有易用性和透明性；客户端、服务器端自动进行在线 CRL 检查；强大的密码机制，双重密钥对机制支持不可否认性，支持持久的全文审计跟踪，备有历史记录；使用基于 IETF 标准的解决方案。

2.CFCA 普通证书在 B2C 交易中的应用模式

CFCA 发放的普通证书在 B2C 的交易中被使用。使用普通证书的优点是：相对简单，双方认证，能够使用客户端软件进行电子邮件加密和对对象的数字签名。使用普通证书的缺点是：那些不可管理的证书仍然需要用户介入进行更新，一对密钥，若选择密钥备份，则不支持不可否认性(建议对电子邮件的密钥进行备份)，依赖浏览器自身的密码强度。

第五节　网络支付中的安全协议

随着电子商务的不断发展，网上交易系统、网上银行等的安全问题越来越重要了。为了保证在线支付、在线交易的安全，近年来 IT 业界和金融行业的人员一起，共同开发和推出了许多有效的安全协议，如安全超文本传输协议(S-HTTP)、安全多功能因特网电子邮件扩充协议(S-MIME)、安全交易技术协议(STT)、安全套接层协议 SSL(Secure Sockets Layer)、安全电子交易(SET)协议等，来确保电子商务的安全。最常用的是 SSL 和 SET 两个协议。

一、SSL 协议

(一)SSL 协议是什么

SSL(Secure Sockets Layer)安全套接层协议是 Netscape 公司 1995 年推出的一种安全通信协议。SSL 提供了两台计算机之间的安全连接，对整个会话进行了加密，从而保证了安全传输信息。SSL 协议建立在可靠的 TCP 传输控制协议之上，并且与上层协议无关，各种应用层协议(如：HTTP，FTP，TELNET 等)能通过 SSL 协议进行透明传输。

当使用浏览器在 Web 上进行浏览时，客户端(浏览器)利用 HTTP 协议与 Web(服务器)沟通。客户端发出一个 HTTP GET 命令给服务器来获得服务器端上的 HTML 档案。此过程是通过一个名为 Socket 的连接来传输的。显然这种形式是不安全的，因为大部分连接时的传送都是以纯文字的形式进行的，几乎每个人都可以读。SSL 的工作原理其实就是对 HTTP 传送进行加密来解决这个安全问题。资料在发送端传送出去前就自动加密，在接收端被解密，保证了两个应用间通信的保密和可靠性，对于没有解密密钥的人来说，其中的资料只是没有意义的 0 和 1 而已。

　　SSL 的方式体现在浏览器上主要有两点：在浏览器的状态栏上会出现一个金锁的符号；网页地址都会以 https：//来识别，其中的"s"即代表 Secure。如图 7-11 所示。

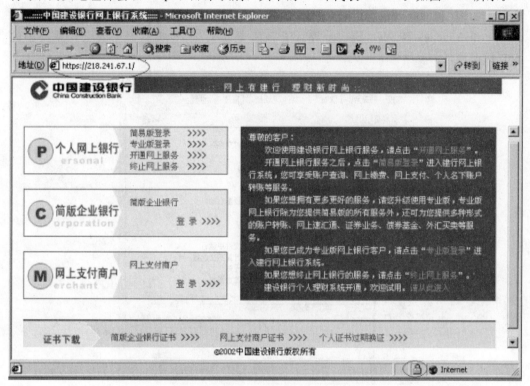

图 7-11　SSL 方式在浏览器的体现

(二)SSL 协议的安全服务

　　SSL 协议是对计算机之间整个会话进行加密的协议，SSL 广泛应用于 Internet 上敏感信息（比如银行卡账户）的安全传输。SSL 协议采用对称密码技术和公开密码技术相结合，提供了如下三种基本的安全服务：

　　1. 秘密性

　　SSL 客户机和服务器之间通过密码算法和密钥的协商，建立起一个安全通道。此后在安全通道中传输的所有信息都经过了加密处理，网络中的非法窃听者所获取的信息都将是无意义的密文信息。

　　2. 完整性

　　SSL 利用加密算法和 Hash 函数，通过对传输信息特征值的提取来保证信息的完整性，确保要传输的信息全部到达目的地，可以避免服务器和客户机之间的信息内容受到篡改和破坏。

3. 认证性

利用证书技术和可信的第三方 CA，可以让客户机和服务器相互识别对方的身份。为了验证证书持有者是其合法用户（而不是冒名用户），SSL 要求证书持有者在握手时相互交换数字证书，通过验证来保证对方身份的合法性。

SSL 作为目前保护 Web 安全和基于 HTTP 的电子商务交易安全的事实上的业界标准协议，被许多世界知名厂商的 Intranet 和 Internet 网络产品所支持，其中包括 Netscape、Microsoft、IBM、Open Market 等公司提供的支持 SSL 的客户机和服务器产品，如 IE 和 Netscape 浏览器，IIS、Domino Go Web Server、Netscape Enterprise Server 和 Apaches 等 Web Server 等。图 7-12 显示的是 IE 浏览器中安全设置项中的 SSL 标识。

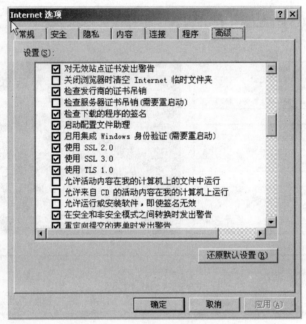

图 7-12　IE 浏览器内置的 SSL 协议

(三)SSL 协议安全支付参与方及应用系统框架

SSL 协议由 SSL 记录协议和 SSL 握手协议组成。

SSL 握手协议描述建立安全连接的过程，在客户和服务器传送应用层数据之前，完成诸如加密算法和会话密钥的确定、通信双方的身份验证等功能；SSL 记录协议则定义了数据传送的格式，上层数据包括 SSL 握手协议建立安全连接时所需传送的数据都通过 SSL 记录协议再往下层传送。这样，应用层通过 SSL 协议把数据传给传输层时，已是被加密后的数据，此时 TCP/IP 协议只需负责将其可靠地传送到目的地，弥补了 TCP/IP 协议安全性较差的弱点。

当采用基于 SSL 协议的信用卡网络支付机制时，原则上 SSL 涉及商务的交易各方，即持卡人浏览器、商家电子商务服务器、认证机构 CA、银行，可能的话还有专门的第三方支付平台（可以看做支付网关）。

严格来讲，SSL 其实只涉及通信双方和间接的 CA 机构，它起着建立安全通道、认证商家数字证书和可选客户身份认证的作用。因此，它没有 SET 协议机制那么复杂，客户与银行之间直接保密信息传送。如图 7-13 所示。

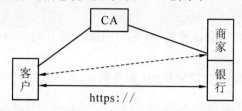

图 7-13　客户与银行之间直接保密信息传送示意图

该协议便宜且开发成本小。目前常用的信用卡 SSL 协议应用框架可描述如图 7-14 示意：当使用信用卡支付时，在输入信用卡账号与密码之前，为保证账号与密码的安全，防止商家知道，客户（持卡人）与银行之间直接进行 SSL 保密信息传送，而不通过商家中转。

(四)SSL 协议网络支付工作过程

信用卡在线支付 SSL 模式的工作流程（如图 7-14 所示）：

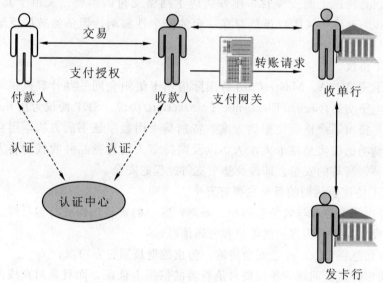

图 7-14　信用卡在线支付 SSL 模式的工作流程

（1）身份认证。SSL 模式的身份认证机制比较简单，只是付款人与收款人在建立"握手"关系时交换数字证书。

握手协议的步骤，主要包括六个步骤：

①客户端向 Server 端发送客户端的 SSL 版本号、加密算法设置、随机产生的数据和其他服务器需要用于跟客户端通信的数据；

②服务器向客户端发送服务器的 SSL 版本号、加密算法设置、随机产生的数据和其他客户端需要用于跟服务器通信的数据（如果客户请求认证，服务器还要发送自己的证书，并要求客户也提供证书）；

③客户端用服务器发送过来的信息验证服务器的身份，如果认证成功则继续下一

步，用户创建连接所用的 Premaster secret，并用服务器的公钥加密，传送给服务器；

④服务器收到客户发送的 Premaster secret 后，经过一系列处理，产生 master secret；

⑤客户向服务器端发送会话密钥（从客户向服务器方向）Session key，并告知下一次将用此密钥加密；

⑥服务器向客户端发送会话密钥（从服务器向客户方向）Session key，并告知下一次将用此密钥加密；

上述过程完成后，双方的通信就会处于密码的保护之下，从而实现安全通信。

(2) 付款人建立和收款人之间的加密传输通道之后，将商品订单和信用卡转账授权传递给收款人。

(3)收款人通过支付网关将转账授权传递给其收单行。

(4)收单行通过信用卡清算网络向发卡行验证授权信息，发卡行验证信用卡相关信息无误后，通知收单行。

(5)收单行通知收款人网络支付成功，收款人向收单行请求付款。

SSL 在信息传递上的安全性，刚好适应了网络支付的需要。又由于其架构简单，处理的步骤少、速度快，所以虽然存在一定的安全性漏洞，但依然被广泛地应用在信用卡在线支付模式中。

二、SET 协议

SET 协议是 VISA、MasterCard 等国际信用卡组织会同一些计算机供应商，联合开发的安全电子交易（Secure Electronic Transaction）协议。SET 协议为在 Internet 上安全地进行交易提出了一整套完整的方案，特别是采用数字证书的方法，用数字证书来证实在网上购物的确实是持卡人本人，以及向持卡人销售商品并收钱的各方，包括持卡人、商户、银行等的安全，即涉及整个支付过程的安全。

(一)SET 协议要达到的目标主要有五个

(1)保证电子商务参与者信息的相互隔离，客户的资料加密或打包后经过商家到达银行，但是商家不能看到客户的账户和密码信息；

(2)保证信息在 Internet 上安全传输，防止数据被第三方窃取；

(3)解决多方认证问题，不仅要对消费者的信用卡认证，而且要对在线商店的信誉程度进行认证，同时还要进行消费者、在线商店与银行间的认证；

(4)保证了网上交易的实时性，使所有的支付过程都是在线的；

(5)规范协议和信息格式，促使不同厂家开发的软件具有兼容性和互操作功能，并且可以运行在不同的硬件和操作系统平台上。

(二)SET 交易系统架构

1. 持卡人(Cardholder)

在 SET 协议中将购物者称为持卡人。持卡人要参加 SET 交易，必须要在上网的计算机上安装支持 SET 协议的专用软件。软件安装好后的第一件事，就是向数字证书认证中心申请一张数字证书。有了数字证书，持卡人就可以开始安全地进行网络支付了。

2. 商户(Merchant)

参加 SET 交易的另一方就是商户。商户要参与 SET 交易，首先必须开设网上商店

（电子商务网站），在网上提供商品或服务，让顾客来购买或得到服务。商户的网上商店必须集成 SET 交易商户软件，顾客在网上购物时，由网上商店提供服务，购物结束进行支付时，由 SET 交易商户软件进行服务。与持卡人一样，商户也必须先到银行进行申请，但不是到发卡银行，而是到接收网络支付业务的收单银行申请，而且必须在该银行设立账户。在开始交易之前，也必须先上网申请一张数字证书。

3. 支付网关（Payment Gateway）

为了能接收从因特网上传来的支付信息，在银行与因特网之间必须有一个专用系统，接收处理从商户传来的扣款信息，并通过专线传送给银行；银行对支付信息的处理结果再通过这个专用系统反馈回商户。这个专用系统就称之为支付网关。与持卡人和商户一样，支付网关也必须去指定的 CA 机构申请一张数字证书，才能参与 SET 交易活动。银行可以委托第三方担任网上交易的支付网关。

4. 收单银行（Acquirer）

商户要参加 SET 交易，必须在参加 SET 交易的收单银行建立账户。收单银行虽然不属于 SET 交易的直接组成部分，但却是完成交易的必要参与方。网关接收了商户送来的 SET 支付请求后，要将支付请求转交给收单银行，进行银行系统内部的联网支付处理工作，这部分工作与因特网无关，属于传统的信用卡受理工作。

5. 发卡银行（Issuer）

扣款请求最后必须通过银行专用网络（对 VISA 国际卡则通过 VISANET）经收单银行传送到持卡人的发卡银行，进行授权和扣款。同收单银行一样，发卡银行也不属于 SET 交易的直接组成部分，且同样是完成交易的必要参与方。持卡人要参加 SET 交易，发卡银行必须要参加 SET 交易。SET 系统的持卡人软件（如电子钱包软件）一般是从发卡银行获得的，持卡人要申请数字证书，也必须先由发卡银行批准，才能从 CA 得到。参与 SET 交易的各方，包括网关、商户、持卡人，在参加交易前必须到数字证书认证中心 CA 申请数字证书，在证书到期时，还必须去 CA 进行证书更新，重新领一张新的证书。

（三）SET 协议交易支付流程

图 7-15 为简单的 SET 系统示意图。持卡人、商户、网关通过因特网进行交易，网关通过专线与收单银行之间传递交易信息，收单银行与发卡银行通过银行专用网络传递交易信息。CA 通过因特网向持卡人、商户、网关发放证书，并通过专用网络与收单银行、发卡银行建立联系，进行证书发放的身份认定工作。SET 安全协议的工作原理主要包括以下 9 个步骤：

（1）付款人在发卡行柜台办理应用 SET 在线支付的信用卡；收款人（商家）与收单行签订相关结算合同，得到商家服务器端的 SET 支持软件并安装。

（2）付款人从银行网站下载客户端软件，安装后设置应用此软件的用户、密码等，以防止被非法运行。

（3）付款人访问认证中心网站，把信用卡相关信息，如卡类别、卡号、密码、有效期等资料填入客户端软件，并且申请一张数字证书。

（4）付款人在商家网站上选购商品，结账时选择 SET 信用卡结算方式。这时客户端软件被激活，付款人输入软件用户名和密码，取出里面的相应信用卡进行支付（此时

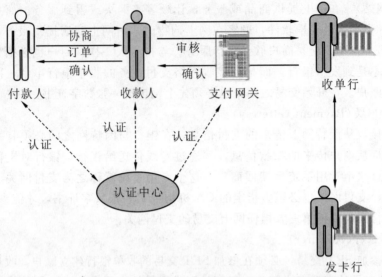

图 7-15 信用卡在线支付 SET 模式工作流程

SET 介入)。

(5)客户端软件自动与商家服务器对应软件进行身份验证,双方验证成功后,将订单信息及信用卡信息一同发送到商家。

(6)商家服务器接收到付款人发来的相关信息,验证通过后,一边回复付款人一边产生支付结算请求,连同从客户端发来的转发信息一并发给支付网关。

(7)支付网关收到相应支付信息后转入后台银行网络处理,通过各项验证审核后,支付网关收到银行端发来的支付确认信息。否则向商家回复支付不成功。

(8)支付网关向商家转发支付确认信息,商家收到后认可付款人的这次购物订货单,并且给付款人发回相关购物确认与支付确认信息。

(9)付款人收到商家发来的购物确认与支付确认信息后,表示这次购物与网络支付成功,客户端软件关闭。网络支付完毕。

(四)SET 协议的作用

安全电子交易的目的是提供信息的保密性,确保付款的完整性和能对商家及持卡人进行身份验证(Authentication),通过 SET 机制可以做到:

(1)对付款信息及订单信息能各自分别保密;

(2)能确保所有传送信息的完整性;

(3)能验证付款人是信用卡的合法使用者;

(4)能验证商家是该信用卡的合法特约商家;

(5)建立一个协议,该协议不是依赖传输安全机制;

(6)能在不同平台上及不同网络系统上使用。

当利用信用卡进行 SET 在线支付时,需要在客户端上安装一个特殊的客户端软件配合信用卡的运用才行。这个特殊的客户端软件通常称为电子钱包客户端软件,所以基于 SET 协议的信用卡支付模式本质上属于电子钱包网络支付模式。

三、SSL 协议和 SET 协议的比较

SSL 协议和 SET 协议的差别主要表现在以下几个方面：

(一) 用户接口

SSL 协议已被浏览器和 Web 服务器内置，无须安装专门软件；而 SET 协议中客户端需安装专门的电子钱包软件，在商家服务器和银行网络上也需安装相应的软件。所有这些使得用户使用 SET 协议要比使用 SSL 成本高。

(二) 处理速度

SET 协议非常复杂、庞大，处理速度慢。一个典型的 SET 交易过程需验证电子证书 9 次、验证数字签名 6 次、传递证书 7 次、进行 5 次签名、4 次对称加密和 4 次非对称加密，整个交易过程可能需花费 1.5 至 2 分钟；而 SSL 协议则简单得多，处理速度比 SET 协议快。

(三) 认证要求

早期的 SSL 协议并没有提供身份认证机制，虽然在 SSL3.0 中可以通过数字签名和数字证书实现浏览器和 Web 服务器之间的身份验证，但仍不能实现多方认证，而且 SSL 中只有商家服务器的认证是必须的，客户端认证则是可选的。相比之下，SET 协议的认证要求较高，所有参与 SET 交易的成员都必须申请数字证书，解决了客户与银行、客户与商家、商家与银行之间的多方认证问题。

(四) 安全性

安全性是网上支付中最关键的问题。SET 协议由于采用了公钥加密、信息摘要和数字签名可以确保信息的保密性、可鉴别性、完整性和不可否认性，且 SET 协议采用了双重签名来保证各参与方信息的相互隔离，使商家只能看到持卡人的订购数据，而银行只能取得持卡人的信用卡信息。SSL 协议虽也采用了公钥加密、信息摘要，可以提供保密性、完整性和一定程度的身份鉴别功能，但缺乏一套完整的认证体系，不能提供完备的防抵赖功能。因此，SET 的安全性远比 SSL 高。

(五) 协议层次和功能

SSL 属于传输层的安全技术规范，它不具备电子商务的商务性、协调性和集成性功能。而 SET 协议位于应用层，它不仅规范了整个商务活动的流程，而且制定了严格的加密和认证标准，具备商务性、协调性和集成性功能。

▶ 支付实务链接：招商银行"优 KEY"使用

"优 KEY"是招商银行为提高网上个人银行的安全级别，采用精尖加密技术，运用在网上个人银行中的新型移动数字证书（即数字证书存放在 USB Key 上）。与国内金融机构当前发放的 USB Key 相比，招商银行"优 KEY"的优势体现在免驱动，消除了 USB Key 安装失败的困扰。招商银行此次推出的"优 KEY"是方便实用的网银守护神，不仅突破了移动数字证书的应用瓶颈，而且有效提升了网

银客户体验，降低了网银使用门槛。"优 KEY"的外观如图：

"优 KEY"的申请启用步骤：请您携带本人有效身份证件和一卡通到招商银行营业网点填写《招商银行网上个人银行证书申请表》，申请网上个人银行专业版，关联您的银行卡并获得授权码，领取"优 KEY"，用证书启用。

第一步：下载专业版程序

登录招商银行"一网通"网站（www. cmbchina. com），选择网页右方的"个人银行专业版"后，根据电脑提示从下载专区下载专业版安装程序最新版本，运行此安装程序，并按照提示完成专业版安装。

第二步：启用证书

专业版程序下载、安装完毕后，您的电脑桌面上将会增加 █ 式样的图标。

（1）将"优 KEY"插入电脑 USB 端口。

（2）双击桌面的"招行专业版"图标，进入专业版登录界面，选择"使用移动数字证书"，点击"证书启用"，并按提示点击"下一步"操作。

（3）在"USB KEY 型号"处选择"类型 23"或者"类型 33"，在"USB KEY 标识号"处输入招商银行网上个人银行证书申请表》"客户留存联"中的 10 位移动数字证书KEY 号。

（4）在"授权码"处输入《招商银行网上个人银行证书申请表》"客户留存联"中的 16 位授权码，录入申请人证件资料和用户初始登录密码。

（5）录入其他个人资料信息。

（6）输入专业版关联卡取款密码，完成证书启用过程。

第三步：使用专业版

正常情况下，等待约 10 分钟至 1 小时后，再次登录专业版，移动数字证书就会下载到"优 KEY"上，您就可以体验"优 KEY"的安全和便捷啦！

本章小结

网络支付有诸如信用卡密码被盗、支付金额被篡改、收款抵赖等安全问题。网络支付的安全是当今电子商务交易过程中所面临的重大问题，也是电子商务顺利发展的必要保障。网络支付首先要保证网络支付系统的安全，特别是对网络黑客和计算机病毒的防范。其次，信息加密技术、数字签名和数字证书等技术的应用要满足支付信息的安全需求。中国金融认证中心对推动中国网上交易安全发挥了重要的作用。再次，SSL 与 SET 协议成为安全交易协议的两种重要形式，从不同的角度对网上支付提供了安全保障。

复习思考题

1. 网络支付的安全要求有哪些？

2. 什么是防火墙技术？防火墙有哪些类型？

3. 数字加密技术的方法有哪几种？各有什么特点？

4. 什么是数字摘要？数字摘要有什么作用？

5. 如何防治电脑病毒？

6. 说一说双重签名的原理。

7. SSL 协议与 SET 协议有什么区别？

8. 概括一下中国金融认证中心的业务特点。

技能实训题

1. 登入各银行网站，了解网站对用户使用网银有哪些安全提示？

2. 上网访问当地一家认证中心的网站。了解该认证中心可以提供哪些数字证书及如何应用这些证书？

案例分析

中国民生银行网上银行 CFCA 证书突破百万

2008 年 10 月 16 日，中国民生银行联合中国金融认证中心共同举办了"1～100 万"中国民生银行 CFCA 证书突破百万新闻发布会，共同见证了民生银行网上银行 CFCA 证书发行量突破百万这一激动人心的时刻。

CFCA 作为我国唯一一家经中国人民银行和国家信息安全管理机构审批成立的法定第三方金融安全认证机构，是我国重要的金融信息安全基础设施之一。第三方证书认证独立于交易双方的任何一方，更具有权威性和公正性，能有效保障网上交易双方身份的真实性、交易的私密性和不可否认性。第三方证书的普及应用符合当前国际发展趋势，也契合当前网银安全形势的需要。

2001 年中国民生银行推出网上银行服务，将网银安全作为业务发展第一要点，着力产品、服务、管理、渠道创新，积极培养核心竞争力，逐步凸显出高效率、低成本、数字化的电子渠道优势。几年间电子银行业务取得了快速的发展，尤其是 2008 年业务发展十分迅猛，2008 年以来新增个人网银客户已超 50 万户，较 2007 年同期增幅达192％，新增企业网银客户已超 1.5 万户，较 2007 年同期增长 118％。目前民生银行个人网银客户已达到 179 万户，U 宝客户已超过 20 万户，企业网银客户已达到 6.9万户。

为保障客户对网上银行的安全需求，给客户提供便捷、高效的网上银行服务，民生银行在坚持采用第三方认证机构证书的同时，不断加强电子银行建设，完善产品体系。目前民生银行个人网上银行已涵盖 7 大类 210 项子功能，企业网上银行已涵盖 10大类、201 余项子功能。2008 年创新推出的个人网银 U 宝，凭借其在创新、安全方面的出色表现，获得了客户的一致好评，并荣获"2008 年度金融机构十大 IT 创新案例"及"最佳安全性能奖"两项大奖。

CFCA 认证证书的发展同时见证了民生银行网上银行快速发展的历程，今后民生银行仍将秉承"以客为尊"的发展理念，加强创新，用专业、精细、个性化的优质服务，打造出让客户满意的网上银行。

案例思考题：

1. 中国金融认证中心在民生银行的发展中发挥了什么作用？
2. 从安全角度出发，分析民生银行怎样才能打造出让客户满意的网上银行？

第八章　网络支付法律、法规

本章学习目标

➤ 理解网络支付带来的支付法律关系的新变化。

➤ 了解我国网络支付立法状况。

➤ 理解我国法律对第三方支付平台的规范。

➤ 理解网上银行面临的主要风险。

➤ 掌握法律对银行卡交易当事人权利与义务的规定。

案例导读：银行卡存款不翼而飞该谁负责？

银行卡被复制，卡里的钱不翼而飞。电影中可见的情节如今真实地发生在张先生身上。在银行卡和身份证均未丢失的情况下，张先生的银行卡竟被取走6000多元。昨日，张先生又找到银行要求给予赔偿，银行方面负责人称，钱被盗走理应找警察。

2月13日19时20分左右，张先生从某银行大朗支行富华分理处的ATM机取了2500元现金汇到安徽老家。2月16日，张先生再次去该行取钱时，发现银行卡无法被ATM机识别。张先生把这件怪事告诉了大堂经理。经银行查询，张先生卡里的钱在2月14日被人从该银行东莞分行高埗支行尽数取走，银行建议张先生立即报警。

张先生称，2月初其卡中还有1万多元，后分别取了两次，卡里还剩有6020元。"身份证和银行卡都在我身上，2月14日那天也没有丢失过。"张先生不相信有人盗走自己卡里的钱，认为可能是银行工作人员干的。

该支行富华分理处办公室人员告诉记者，2月17日张先生第二次找上银行，分理处的负责人给张先生看了2月13日的监控录像，证明取钱前确有一伙疑犯在银行里面搞鬼。

张先生说，他看到的是2月13日18时52分至58分的监控录像。在录像中，一个小伙子在银行的ATM机前弄了一会儿，接着一个很胖的年轻人进去，扑到ATM机取钱口，用身体挡住摄像头，再接着一个较瘦的年轻人进来，这时3人一齐扑到ATM机前像安装什么东西一样，最后有个人用手捂着嘴巴走开。20多分钟后，张先生正好在那台ATM机上取了钱。

银行负责人告诉张先生，犯罪分子在ATM机上复制银行卡的信息和密码，然后把这些信息复制到另一张银行卡，从而取走了卡里的钱。该负责人认为，这是有组织的行骗，应该由公安机关进行侦查，并称已经向中国建设银行东莞分行汇报了情况。

张先生在大朗派出所报了警，警察告诉他，银行卡里的存款不翼而飞，而身份证和银行卡都没有被人盗窃走，这事不属于公安侦察范围，应该找银行。

案例启示：网络支付作为一种新的支付方式，以其方便、快捷的特点备受参与方的青睐，在其出现后以难以置信的速度迅猛发展。网络支付对金融业的发展产生了重要而深远的影响，同时也给传统法律带来了巨大的挑战，要求针对网络支付和网上交易有一些法律原理和具体条款进行创新。近年来，我国相继出台了《中华人民共和国电子签名法》《电子认证服务管理办法》《电子支付指引（第一号）》《电子银行业务管理办法》和《电子银行安全评估指引》等法律法规，但在网上支付领域，相关政策与法律还存在空白以及有待完善之处。我国有必要进一步加强相关法律法规的制定工作，并进一步健全和完善相应的法规制度，为电子商务和网络支付营造良好的法律环境。只有这样，才能使我国的电子商务和网络支付具有更强的生命力，在我国经济建设中发挥更大的作用。

▶ 第一节　网络支付法律、法规概述

一、网络支付带来了支付法律关系的新变化

支付法律关系是指当事人在支付活动中形成的权利和义务的法律关系。传统支付法律关系是以纸质货币和票据为基础形成的，随着支付法律制度的日渐完善，这种关系无论是在主体范围还是在内容方面都趋于相对稳定，成为规范的支付方式。网络支付方式的出现，不仅改变了支付赖以进行的媒介，使支付活动从现实世界转移到了虚拟空间，成为脱离纸质货币和票据的无纸化支付，而且当事人也因此变得更加复杂，当事人之间的关系也因此多样化。这种新型的支付活动在支付当事人、支付工具、支付环境、支付风险等方面都与传统支付活动存在不同之处。

因此，这种条件下形成的支付法律关系便具有了与传统支付法律关系不同的一些特点。尽管二者也存在一些共同之处，但调整传统支付关系的法律规范无论如何也不能复制到虚拟空间。网络支付的实践也证明，对传统支付的法律约束在网络支付领域并不十分有效。网络支付的出现，让支付法律关系面临新的变化，这主要体现在以下几个方面：

（一）网络支付涉及更多的当事人，使支付法律关系变得错综复杂

网络支付的当事人是指在网络支付活动中享有权利和承担义务的自然人、法人或者其他组织。一般而言，网络支付作为一种支付方法，其可能涉及的当事人有以下几种：

1. 付款人

在支付基础关系中负有支付资金义务的人就是付款人。支付基础关系是指当事人产生支付法律关系的原因或前提。付款人在不同的支付形式中有不同的称谓，如在POS系统下的支付中，称为持卡人；在网络现金支付中，称为支付者或者电子货币使用者；在跨行大额网络支付中，称为发起方。

2. 受款人

在支付基础关系中对付款人享有货币债权的人就是受款人。最常见的受款人有银行卡发卡银行的特约商户，ATM条件下的银行卡持有人，大额网络支付系统的大宗交易的债权人等。

3. 网络银行

网络银行是网络支付中最为常见的当事人，在网络支付中处于核心的地位。

4. 信用卡公司

信用卡作为可以透支消费、取现的金融服务品种，从诞生起就迅速发展，逐渐成

为主要的金融业务品种之一。经过长期发展，实践中已经出现了专营信用卡业务的公司，如美国的 VISA 和 MASTER 国际信用卡组织。

5. 认证机构

认证机构是适应网络支付安全的要求而出现的一类主体，可以是任何人或者实体，以数字签名为目的，颁发与加密密钥相关的身份证书。认证机构以独立于认证用户（商家和消费者）和参与者（检查和使用证书的相关方）之外的第三方的地位证明网络活动的合法性、有效性。

由此可见，网络支付与传统支付相比，不仅参加的当事方数量增加了，而且出现了信用卡公司、认证机构等新一类专营中间服务的主体，当事人之间的法律关系与传统支付相比更为复杂。在传统的支付方式中，当事人用现金支付，则仅在消费者和商家之间形成法律关系，银行只起到了中介作用。而在网络支付中，信用卡公司、认证机构都要参与其中，并且参与方都紧紧与支付行为产生的经济关系有直接联系，这就使得支付过程中涉及的经济关系更为复杂。

（二）网络支付方式为当事人增加了新的权利和义务

网络支付中使用了新的支付工具，如银行卡、电子现金等。为了保障这些新型支付方式能够顺利进行，需要围绕这些支付工具的特点与支付流程在当事人之间形成新的权利义务关系，例如，在银行卡支付中，持卡人、发卡行和特约商户就银行卡的发行、使用和密码保管形成的权利义务，就是在传统支付中无法产生的。

（三）网络支付条件下当事人之间的权利义务关系更加复杂

网络支付与传统支付有很大的差别，但本质上都是为了实现支付效果，因此，在诸如基础关系、支付的完结性等方面具有统一的适用性，规范传统支付关系的法律仍然适用于网络支付关系。但是网络支付关系在某些方面的权利义务关系更为复杂，例如，在传统支付中，无论是现金还是支票都具有不同程度的匿名性，即使涉及客户信息，银行也负有为客户保密的义务，即不得在未经许可的情况下将其知悉的客户的重要财产的资信信息泄露给第三人。总的来讲，银行的保密责任要轻得多，范围也要小得多，因为银行获得的信息是有限的。在网络支付中，如在 POS 支付条件下或者非匿名电子货币支付条件下，银行可以获得大量的客户消费信息，而这些信息有些属于客户隐私的范畴，因此银行不仅要为客户的财产和资信状况负有保密义务，还要为其消费隐私承担保密义务。可见，银行在网络支付条件下的保密义务更加宽泛。

（四）网络支付使得当事人权利义务的配置更加复杂

网络支付形态多样，流程复杂，发展迅速，还没有一个统一的标准，并因涉及一些技术性因素，所以在确定每一方当事人权利或者义务时需要考虑的因素很多。在当事人之间如何配置义务才符合公平、公正的原则，是所有电子商务参与方非常关心的问题。它关系到电子商务的发展前景。

因此，我们应该在传统支付法律的基础上，针对网络支付的特点制定新的权利义务关系，让网络支付在法制的轨道上健康发展。

二、国外网络支付的立法状况

1. 美国的立法

美国这个金融电子化的先行者,在对电子资金划拨立法方面走在前面。例如,美国 1973 年发生的埃弗拉案,促使美国 1978 年制定《电子资金划拨法》(Electronic Funds Transfer Act-EFTA)。1985 年 11 月 21 日纽约银行电子计算机系统出现了严重问题,促使美国 1989 年修订了《统一商法典》,在第 4 编银行存款和收款中,增设"4A 编——资金划拨"。

2. 英国的规范

在英国,几乎没有有关电子资金划拨的成文法与判例法。国家对电子资金划拨的法律调整,仍由普通法与银行实务惯例担当。调整电子资金划拨的法律框架,是建立在 19 世纪的商业惯例和调整纸面工具的支付系统的法律之上的。1992 年由英国银行协会(BBA)等民间团体共同公布并于 1994 年修订的《银行业惯例守则》,其虽然不是法律,但它实际上具有了法律的效力。

3. 欧洲的规范

欧洲中央银行在 1998 年的报告中讨论了建立电子货币系统的基本要求:严格管理、可靠明确的法律保障、技术安全保障、有效地防范洗钱等金融犯罪活动、货币统计报告、可回购、储备要求,等等。

4. 国际组织立法动向

由于金融的电子化、全球化,不同国家间的电子资金划拨法律问题亟待统一。国际标准化组织(ISO)的银行金融服务业委员会为电子资金划拨制定的"标准术语"已被国际社会认同。

国际商会(ICC)的银行业委员会正在拟订一个"银行间支付规则草案",旨在解决位于不同国家银行之间划拨资金发生的损失赔偿保险问题,以减少银行客户的疑虑,发生损失好补救于事后。

联合国国际贸易法委员会(UNCITRAL)秘书处 1986 年发表了国际支付小组起草的《电子资金划拨法律指南》供各国立法参考,与此同时,着手制定电子资金划拨的"示范法律规则"。经过数年的努力,联合国贸易法委员会第 25 届会议于 1992 年 5 月 15 日通过了《国际贷方划拨示范法》,以期给各国提供一个可供参考的蓝本,以达到这一领域的国际协调和统一。

三、我国网络支付立法

目前,我国还没有对电子资金划拨进行专门立法。1996 年 1 月 1 日生效的《中华人民共和国票据法》,确立的是以纸票据为基础的结算支付制度,完全未考虑到电脑与电信技术在支付系统中的运用。有关网络支付的规定散见于其他法律法规之中。

首先是对于计算机数据信息的安全保护。国务院 1994 年 2 月 18 日发布施行了《计算机信息系统安全保护条例》,对威胁计算机运行安全与信息安全的两大危害:病毒与黑客,做了具体的防范性规定。

1996 年 2 月 1 日国务院又发布施行《计算机信息网络互联网管理暂行规定》,要求计算机信息网络直接进行国际联网的,必须使用邮电部国家公用电信网提供的国际出入口信道,任何单位和个人不得自动建立或使用其他信道进行国际联网,接入单位必须符合规定的条件，并经主管部门审批许可，以保证国际互联网络的各种信息都经由一条信道出入国门。

其次在金融犯罪方面，1997年10月1日起施行的新《刑法》增列了相关内容，对于黑客侵入与利用计算机进行的金融诈骗均有刑事处罚规定。

在电子货币方面，许多发卡银行均推出了各自的信用卡章程，如《中国工商银行"牡丹"信用卡章程》《中国银行信用卡章程》《中国农业银行金穗信用卡章程》等。只有海南省于1995年11月6日率先颁布了《海南经济特区银行IC卡管理规定》，是我国第一部专门针对电子资金划拨的地方性法规。

1999年1月25日，中国人民银行颁布了《银行卡业务管理办法》，对银行信用卡、借记卡等做出了规范。

2001年6月中国人民银行公布了《网上银行业务管理暂行办法》。

2005年6月9日为规范和引导网络支付业务的健康发展，保障网络支付业务中当事人的合法权益，防范网络支付业务风险，确保银行和客户资金的安全，根据《中华人民共和国电子签名法》《支付结算方法》等法规制度，中国人民银行公布《电子支付指引（第一号）》，该文件主要针对第三方支付平台进行规范。

2006年1月颁布了《电子银行业务管理办法》。

▶ 第二节　信用卡使用法律、法规

一、我国银行卡法律制度

我国专门规范银行卡的法规是《银行卡业务管理办法》（以下简称为《办法》），由中国人民银行于1999年1月5日颁布，自1999年3月1日起施行。

（一）银行卡的一般规定

（1）银行卡的技术标准与外部形式要求。除发行带有国际信用卡组织标记的银行卡外，各类银行卡应当执行国家规定的技术标准。银行卡卡面应当载有以下要素：发卡银行一级法人名称、统一品牌名称、品牌标识（专用卡除外），卡号（IC卡除外），持卡人使用注意事项、客户服务电话、持卡人签名条（IC卡除外）等。

（2）银行卡的法律性质。银行卡被定性为具有消费信用、转账结算、存取现金等全部或部分功能的信用支付工具。

（3）银行卡的分类。按账户处理的不同方式分为信用卡和借记卡；按币种不同分为人民币卡和外币卡；按发行对象不同分为单位卡（商务卡）、个人卡；按信息载体不同分为磁条卡和芯片（IC卡）。信用卡（Credit Card）按是否向发卡银行交存备用金分为贷记卡和准贷记卡，二者的区别在于：发卡银行会先给贷记卡持卡人一定的信用额度，在这个额度内先消费、后还款，银行承受的持卡人不能按时还款的风险较大；准贷记卡则是持卡人须先按发卡银行的要求交存一定金额的备用金，当备用金账户余额不足支付时，可在发卡银行规定的信用额度内透支的信用卡。

我国目前发行的信用卡大多数属于准贷记卡。借记卡（Debt Card）则不具有透支功能，按功能不同分为转账卡（含储蓄卡）、专用卡和储值卡。《办法》分别对转账卡、专用卡和储值卡分别进行了定义，但未对储蓄卡做进一步的说明。转账卡是实时扣账的借记卡，具有转账结算、存取现金和消费功能；专用卡是具有在百货、餐饮、饭店、娱乐行业以外的专门用途，在特定区域使用的借记卡，具有转账结算和存取现金的功能。储值卡是发卡银行根据持卡人要求将其资金转至卡内储存，交易时直接从卡内扣款的预付钱包式借记卡。

(4)对于储值卡，《办法》规定了一些特别内容：

①市场准入的审批制：已开办信用卡或转账卡业务的商业银行可以向中国人民银行申请发行储值卡，商业银行发行全国使用的 IC 卡、储值卡应当报中国人民银行审批。

②发卡银行对储值卡(含 IC 卡的电子钱包)内的币值不计付利息。

③个人申请储值卡，无须在发卡银行开立记名账户。

④储值卡的面值或卡内币值不得超过 1000 元人发币。

⑤发卡银行对储值卡和 IC 卡内的电子钱包可不予挂失。

通过对这些特殊规定进行分析可以看出，目前我国储值卡的发行主体仍局限于商业银行(含邮政金融机构)；对于储值卡内的储值应属于何种性质，《办法》未做明确规定，但是将储值卡排除在其账户内的币值可以计付利息的借记卡种类之外；储值卡不与记名账户相链接，发卡银行也可以不予挂失。这些规定意味着《办法》没有把储值卡内的储值作为银行的活期储蓄存款对待，虽然《办法》没有直接说明储值的法律性质，但其已具有一定的匿名现金的色彩。《办法》未涉及储值卡的回赎问题。

(二)银行卡业务的市场准入监管

从字面理解，银行卡应该是由银行发行的卡片，但实际上其发行主体却不仅仅限于银行。《办法》规定，商业银行(含邮政金融机构)经过中国人民银行批准都可以发行银行卡。1995 年 7 月 1 日起实施的《商业银行法》规定："商业银行是指依照本法和《中华人民共和国公司法》设立的吸收公众存款、发放贷款、办理结算等业务的企业法人。"我国银行卡业务的市场准入实行的是审批制，有权进行审批的机关是中国人民银行，未经中国人民银行批准不得发行。《办法》规定，商业银行开办银行卡业务应当符合以下几项基本条件：

(1)开业 3 年以上，具有办理零售业务的良好业务基础；

(2)符合中国人民银行颁布的资产负债比例管理监控指标，经营状况良好；

(3)已就该项业务建立了科学完善的内部控制制度，有明确的内部授权审批程序；

(4)合格的管理人员和技术人员、相应的管理机构；

(5)安全、高效的计算机处理系统；

(6)发行外币卡还须具备经营外汇业务的资格和相应的外汇业务经营管理水平；

(7)中国人民银行规定的其他条件。

在满足上述条件的基础上，商业银行可向中国人民银行申请开办银行卡业务，并提交下列材料：

(1)申请报告：论证必要性、可行性，进行市场预测；

(2)银行卡章程或管理办法、卡样设计草案；

(3)内部控制制度与风险防范措施：由中国人民银行科技主管部门出具的有关系统安全性和支付标准合格的测试报告；

(4)中国人民银行要求提供的其他材料。《办法》除赋予了中国人民银行对银行卡业务的管理审批权限外，还针对不同银行卡规定了具体的审批程序。

(三)对银行卡账户及交易的一般管理规范

《办法》要求个人申领银行卡(储值除外)应当向发卡银行提供公安部门规定的本人有效身份证件，经发卡银行审查合格后，开立记名账户。由此可以看出，除储值卡以外的银行卡都要以银行记名账户为基础，这些与银行记名账户相联系的银行卡不是匿名的。《办法》对银行卡账户及交易做出了详细规定。关于个人人民币卡的规定具体有：

(1)银行卡及其账户只限经发卡银行批准的本人使用，不得出租或转借。

(2)个人人民币卡账户的资金以其持有的现金存入或以其工资性款项、属于个人的合法的劳务报酬、投资回报等收入转账存入。持卡人在还清全部交易款项、透支本息和有关费用后，可申请办理销户。

(3)对银行卡交易限定了金额限制：发卡银行对贷记卡的取现应当每笔授权，每卡每日累计取现不得超过2000元人民币；发卡银行应当对持卡人在自动柜员机(ATM)机取款设定交易上限，每卡每日累计提款不得超过5000元人民币。

(4)发卡银行依据密码等电子信息为持卡人办理的存取款、转账结算等各类交易所产生的电子信息记录，均为该项交易的有效凭据。发卡银行可以凭交易明细记录或清单作为记账凭证。银行卡通过联网的各类终端交易的原始单据至少保留两年备查。

二、银行卡交易当事人之间的权利与义务

银行卡交易一般涉及发卡机构(银行)、持卡人和特约商户、担保人等多方当事人，其中发卡银行与持卡人之间的关系属于银行卡交易的基础关系。《办法》中只规定了发卡银行与持卡人、发卡银行与特约商户法律关系之中的权利与义务。

(一)发卡银行与持卡人之间的法律关系

《办法》明确规定，银行卡申请表、领用合约是由发卡银行向持卡人提供的明确双方权责的契约性文件，持卡人签字，即表示接受其中各项约定。这说明，发卡银行与持卡人之间是一种购买服务的合同关系，该合同以银行卡申请表、领用契约等形式出现，是由发卡银行拟定的标准合同，持卡人签字即合同关系成立。为了防止银行利用优势地位损害持卡人利益，《办法》规定，发卡银行应当本着权利与义务对等原则来制定银行卡申请表及信用卡领用合约。依银行卡的不同种类，持卡人与发卡银行之间的法律关系性质也会不同，基本上会有三种法律关系：

(1)对转账卡、储蓄卡来说，它就是一个持卡人可以随身携带的、塑料的而非纸质的活期存折，持有储蓄卡、转账卡的持卡人与发卡银行之间形成了储蓄关系，账户内的款项要计付利息。信用卡中的款项也可视同于活期储蓄，因此持信用卡的持卡人在未发生透支时，也是储蓄关系；当信用卡的持卡人超出卡内款项金额的消费时，透支产生了，发卡银行允许持卡人在一定限度内进行透支，即向其提供了一定数额的消费信贷，二者之间就形成了借贷关系。

(2)持卡人在购物消费使用银行卡支付时，自己并不直接与特约商户进行结算，而是在特约商户向发卡银行移交签购单后，由发卡银行将款项从持卡人所有的账户内划走，双方之间形成代理关系，持卡人是委托人，发卡银行是代理人，适用代理合同的法律规定。

（3）在信用卡交易中，持卡人向发卡银行提供了抵押物的，双方之间就形成抵押担保关系，持卡人是抵押人，发卡银行是抵押权人，双方的关系受《担保法》调整。

依《办法》，发卡银行具有四项权利：

①审查申请人的资信状况，索取申请人的个人资料，并有权决定是否向申请人发卡及确定信用卡透支额度的审查权和决定权。

②发卡银行对持卡人透支享有追偿权。对持卡人不在规定期限内归还透支款项的，发卡银行有权申请法律保护并依法追究持卡人或有关当事人的法律责任。

③取消持卡资格权。发卡银行对不遵守其章程规定的持卡人，有权取消其持卡人资格，并可授权有关单位收回其银行卡。这意味着发卡银行享有单方终止与持卡人法律关系的权利。

④发卡银行对储值卡和 IC 卡内的电子钱包可不予挂失。

（4）持卡人作为银行业务的消费者，在进行银行卡交易时享有以下权利：

持卡人享有发卡银行对其银行卡所承诺的各项服务的权利，有权监督服务质量并对不符合质量的服务进行投诉。

知情权：申请人、持卡人有权知悉其选用的银行卡的功能、使用方法、收费项目、收费标准、适用利率以及有关的计算公式。

挂失权：持卡人有权在规定时间内向发卡银行索取对账单，并有权要求对不符的账务内容进行查询或改正。借记卡的挂失手续办妥后，持卡人不再承担相应卡账户资金变动的责任，司法机关、仲裁机关另有判决的除外。

持卡人有权索取信用卡领用合约。

相对应地，发卡银行应履行以下义务：

披露义务：发卡银行应当向银行卡申请人提供有关银行卡的使用说明资料，包括章程、使用说明及收费标准。现有持卡人也可以索取上述资料。

发卡银行应当设立针对信用卡服务的公平、有效的投诉制度，并公开投诉程序和投诉电话。发卡银行对于持卡人关于账户情况的查询和改正要求应当在 30 天内给予答复。

发卡银行应当向持卡人提供对账服务，按月向持卡人提供账户结单。在以下三种情况下发卡银行可以豁免此项义务：已向持卡人提供存折或其他交易记录；自上一月份结单后，没有进行任何交易，账户无任何未偿还余额；已与持卡人另行商定。

（5）发卡银行向持卡人提供的对账单应列出以下内容：

交易金额、账户余额（贷记卡还应该列出到期还款日、最低还款额和可用信用额度）；

交易金额记入有关账户或自有关账户扣除的日期；

交易日期与类别；

交易记录号码；

作为支付对象的商户名称或代码（异地交易除外）；

查询或报告不符账务的地址或电话号码。

（6）发卡银行应当向持卡人提供银行卡挂失服务，应当设立 24 小时挂失电话；提供电话与书面两种挂失方式，书面方式为正式挂失方式。发卡银行应当在章程和有关协议中明确发卡银行与持卡人之间的挂失责任。

（7）发卡银行应当在有关卡的章程或使用说明中向持卡人说明密码的重要性与丢失的责任。

（8）发卡银行对持卡人的资信资料负有保密的责任。相对来说，持卡人的一般义务不多，主要有四项：

①申请人应当向发卡银行提供真实的申请资料，并按照发卡银行规定向其提供符合条件的担保。

②持卡人应当遵守发卡银行的章程及领用合约的有关规定。

③及时通知义务：持卡人或保证人通信地址、职业发生变化时，应及时通知发卡银行。

④持卡人不得以和商户发生纠纷为由拒绝支付所欠银行款项。

这说明持卡人与商户之间的消费合同关系不会对持卡人与发卡银行之间的法律关系正常履行造成不利影响。发行银行拟订的各类银行卡章程是持卡人必须遵守的规则，是判断持卡人是否违反合同义务的重要依据。

（9）《办法》规定，发卡银行的各类银行卡章程应载明下列事项：

①卡的名称、种类、功能、用途。

②卡的发行对象、申领条件、申领手续。

③卡的使用范围（包括使用方面的限制）及使用方法。

④卡的账户适用利率，面向持卡人的收费项目及标准。

⑤发卡银行、持卡人及其他有关当事人的权利、义务。

⑥中国人民银行要求的其他事项。

银行卡章程或领用合约是由发卡银行一方制定的，属于《合同法》中所规定的"格式条款"，应受法律效力更高的《合同法》规范。《合同法》规定，格式条款是当事人为了重复使用而预先拟定的，并在订立合同时未与对方协商的条款。采用格式条款订立合同的，提供格式条款的一方应当遵循公平原则确立当事人之间的权利义务，并采取合理的方式提请对方注意免除或限制其责任的条款，按照对方的要求，对该条款予以说明。《合同法》的效力可以适用于银行卡章程及领用合约。银行卡章程及领用合约中如果有违反以上规定的内容，在法律上应属无效。

（二）发卡银行与（特约）商户之间的法律关系

发卡银行与（特约）商户之间的法律关系比较简单，是一种委托代理关系。二者之间关系的基础是发卡银行委托特约商户受理银行卡，特约商户应该按照发卡银行的委托要求进行受理。《办法》中对发卡行与（特约）商户之间的法律关系所做的规定极为简单：商业银行发展受理银行卡的商户，应该与商户签订受理合约，受理合约不得包括排他性条款。受理合约中的手续费率标准低于本规定标准的不受法律保护。这主要是为了实现减少及防止发卡银行之间的不正当竞争之目的的。发卡银行与特约商户签订的受理协议中一般都向特约商户施加了谨慎审核的业务，即要验证银行卡是否有效，确认银行卡和有效身份证件均为持卡人本人所有，在消费金额超过规定限额时必须向发卡银行申请授权等。特约商户在受理持卡人的购物消费支付后，应按照受理协议中约定的期限将经持卡人签字的签购单汇总后交送发卡银行办理结算。

（三）持卡人与特约商户之间的法律关系

持卡人在特约商户进行消费时，双方形成了（商品）买卖合同或提供劳务合同的关系。这种关系独立于银行卡交易关系，双方之间的纠纷不能影响发卡银行与持卡人之间的权利与义务。如果特约商户拒绝受理持卡人持卡支付时，持卡人并不能直接指责特约商户，而是应向与自己有直接法律关系的发卡银行追究违约责任，发卡银行再向特约商户追究违约责任。

三、银行卡业务的风险管理

在各种银行卡中，信用卡的风险程度最高，特别是具有循环信用的贷记卡。为了最大限度地降低银行业务的风险，《办法》以专章共计十条的篇幅详尽规定了发卡银行应遵守的风险管理原则。

（1）发卡银行应当认真审查信用卡申请人的资信状况，根据申请人的资信状况确定有效担保及担保方式。发卡银行还应当对信用卡持卡人的资信状况进行定期复查，并应当根据资信状况的变化调整其信用额度。

（2）发卡银行应当建立授权审批制度，明确对不同级别内部工作人员的授权权限和授权限额。

（3）发卡银行加强对止付名单的管理，及时接收和发送止付名单。

（4）发卡银行遵守下列信用卡业务风险控制指标：

同一持卡人单笔透支发生额个人卡不得超过 2 万元，单位卡不得超过 5 万元；二者均含等值外币。

同一账户月透支余额个人卡不得超过 5 万元（含等值外币），单位卡不得超过发卡银行对该单位的综合授信额度的 3%。无综合授信额度可参照的单位，月透支余额不得超过 10 万元（含等值外币）。

外币卡的透支额度不得超过持卡人保证金（含储蓄存单质押金额）的 80%。

从本办法施行之日（1999 年 3 月 1 日）起新发生的 180 天（含 180 天）以上的月均透支余额不得超过月均总透支额的 15%。

准贷记卡的透支期限最长为 60 天，贷记卡的首月最低还款额不得低于其当月透支余额的 10%。

由于借记卡属于"先存款、后消费"的银行卡，不存在超出账户余额的透支问题，相对信用卡来说，风险较小。

《办法》中只规定通过借记卡办理的各项代理业务，发卡银行不得为持卡人或委托单位垫付资金。《办法》还为发卡银行提供了追偿透支款项和诈骗款项的三种途径：从持卡人的保证金中扣减依法处理抵押物和质物；向保证人追索透支款项；通过司法机关的诉讼程序进行追偿。

▶ 第三节　电子银行法律、法规

一、电子银行的主要风险

计算机技术和网络技术的应用在为银行带来效益的同时，也给银行带来了与技术应用相关的风险，因此，网络安全问题决定了电子银行所面临的风险。电子银行所面临的主要风险大致可划分为以下几类：

（一）战略风险

战略风险是指银行董事会和管理者在制定电子银行发展战略时因决策不当或者决策的不当实施而造成的风险。银行开展电子业务需要制定一定的战略以及实现战略目标可利用的资源，包括有形的资源和无形的资源。当管理部门未能恰当地计划、管理和监控这些资源、服务、流程和业务的开展渠道时，网上银行业务的开展便会造成战略上的风险。

（二）系统风险

电子银行的业务以及大量的风险控制工作都是由计算机程序完成的，因此，电子银行所信赖的计算机硬件系统的停机、磁盘列阵破坏等不确定性因素，以及来自网络外部的数字攻击、计算机病毒破坏等因素，都会造成电子银行的系统风险。一方面，计算机系统软件和应用软件的不完善会导致系统故障，甚至系统崩溃；另一方面，随着网上"黑客"袭击范围的不断扩大，手段日益翻新，攻击活动量也正以每年 10 倍的速度增长。因此，系统风险不仅会干扰或中断电子银行提供正常的服务，给电子银行造成直接的经济损失，而且还会间接影响电子银行的形象和客户对其信任程度。

（三）操作风险

电子银行的开放性为客户带来便捷服务的同时，也使电子银行更容易受到外界的影响和攻击。虽然电子银行都会设计多层安全系统以保护虚拟金融柜台的平稳运行，但是电子银行的安全系统仍然是电子银行服务业务中最为薄弱的环节。由于电子银行网络系统的可靠性、稳定性和安全性存在缺陷而导致的潜在损失，构成了电子银行的操作风险。操作风险可能来自电子银行客户的疏忽，也可能来自电子银行安全系统和其产品设计缺陷及操作失误。操作风险主要涉及电子银行账户的授权使用、网络银行的风险管理系统、网络银行与其他银行和客户间的信息交流、真假电子货币的识别等领域。

目前，由于计算机处理能力的日益增强和客户的地理空间位置的日益分散，使电子银行对进入银行账户的授权管理变得日益复杂。银行不但要对未经过明确授权使用客户账户而导致的客户经济损失承担风险，而且也会由于内部员工的欺诈行为而承担风险。在网络通过的各银行分支机构的职员都有可能利用其职业便利，通过快捷的网络传输，轻而易举地盗窃银行资金、储蓄存款、信用存款，使银行和客户遭受损失。

二、电子银行风险的法律对策

（一）加强市场准入的监管

电子银行作为一个新兴的行业，其自身所呈现的新特点决定了一旦发生战略风险，对银行本身，甚至对整个金融业的影响都是巨大的。因此，要防范战略风险和系统风险，就要加强法律对电子银行市场准入的监管。银行开展网上业务，至少应当具备以下条件：

（1）具备网上银行技术设备条件。

（2）具有完善的安全保障体系。

（3）具有必要的内部控制制度。

目前我国对电子银行市场准入方面的规定是中国人民银行于 2001 年 7 月 9 日颁布

的《网上银行业务管理暂行办法》，其中第六条规定：开办网上银行业务的银行，应具备下列条件：

(1)内部控制机构健全，具有有效的识别、检测、衡量和控制传统银行业务风险和网上银行业务风险的管理制度。

(2)银行内部形成了统一标准的计算机系统和运行良好的计算机网络，具有良好的电子化基础设施。

(3)银行现有业务经营活动运行平稳，资产质量、流动性等主要资产负债指标控制在合理的范围内。

(4)具有合格的管理人员和技术人员。银行高级管理人员应具有必要的网上银行业务管理知识，能有效地管理和控制网上银行业务风险。

(5)外国银行分行申请开办网上银行业务，其总行所在国(地区)监管当局应具备对网上银行业务进行监管的法律框架和监管能力。

(6)中国人民银行要求的其他条件。

(二)明确事故、故障造成损失时各方当事人的责任

对于因计算机设备以及网络发生事故或故障所引起的系统风险，可以通过明确事故、故障造成损失时各方当事人的责任来加以防范。

传统银行的民事责任主体一般是简单的银行与储户、银行与贷方之间的单线关系，而电子银行由于客户通过与网络连接的计算机进入银行的计算机主机设备的终端与银行进行金融业务往来，因此，除了传统银行业务的银行和客户这两类风险责任承担主体外，还涉及计算机设备和通信设备的供应商、网络系统经营主体和通信线路的提供者等电子银行系统风险的责任承担主体。但是目前我国还没有法律对这类法律关系做出专门的规制，因此，立法有必要对此进行完善。

对于计算机设备和通信设备的供应商，由于银行和客户都需要通过计算机设备和通信设备进行业务操作，那么一旦这些硬件设备因质量原因造成银行和客户的存储数据丢失，导致银行客户的损失，则计算机设备和通信设备的供应商应当负相应的产品质量责任。而对于网络系统经营主体和通信线路的提供者，由于银行和客户的计算机都是通过网络系统和相应的通信线路进行连接，如果其网络系统与通信系统发生故障，那么也会造成客户的损失。对于这两类系统风险，由于法律一般都规定银行有义务保障对当事人服务的及时和准确，因此可以参照《产品质量法》的有关规定，先由银行承担责任，再由银行向为其提供计算机设备和通信设备的供应商，以及网络系统经营主体和通信线路的提供者追究责任。

另外，对于因不可抗力导致的事故或障碍引发的责任，应归入免责的范围。但是，对于电子银行而言，影响电子交易而属于不能预见、不可避免、不能克服的事件将会有新的表现。在传统的交易中，不可抗力是指自然灾害、战争、政府禁止行为等，这些当然也适用于电子交易，至于"黑客"袭击、系统故障、网络中断等是否列入不可抗力的范围，立法也应对此做出明确的规定。

(三)建立电子签名及其认证制度

电子银行的开放性使其在系统的可靠性或完整性不足时更容易受到来自于外部或内部的攻击，欺诈者就可能得逞，使银行承担责任，因而造成操作风险。防范电子银行的操作风险可以通过建立电子签名及认证制度来保证电子交易过程中的交易指令的真实性与完整性。传统合同法对于交易指令的真实性与完整性的确认是通过当事人的签字或盖章实现的，但是在无纸化的电子交易中，手签和盖章的可行性遇到了挑战，倘若还需经此程序则电子交易的优势就无法体现出来。因此各国都在电子交易法或电子商务法中肯定了电子签名的合法性，这也是电子银行业务得以开展的前提和基础。对于电子签名的保护，不少国家或组织已经有所举措。1995年美国犹他州颁布了第一部确立电子商务运行中数字签名的法律《数字签名法》，该法规定了用密码组成的数字与传统的签字具有同等的效力。与此相适应，美国《统一商法典》也对签名做出了扩大解释，认为签名包括"当事人意图认定一份书面材料所做的或使用的任何符号。"

对于电子签名，我国于2004年8月出台的《电子签名法》第一次赋予了符合一定条件的电子签名与手书签名或盖章具有同等的法律效力，确立了电子签名的法律效力，明确了电子签名的规则。当然，电子商务法制建设任重而道远。

三、对网上银行业务管理的具体实施措施

主要涉及以下几个方面：

(一)网上银行业务的准入程序

对增开网上银行业务品种也可以适用报告制——银行通过互联网增开无须中国人民银行审批或备案的业务品种，由其总行或主报告行事前向中国人民银行总行，分行或营业管理部书面报告即可开办，无需人民银行回复。

加强了中国人民银行分行和营业管理部以及申请行所在当地的管辖行的地位：中外合资银行、外商独资银行、外国银行分行的总行或主报告行以及总部在北京以外地区的股份制商业银行在向中国人民银行总行提交申请或向中国银行总行提交申请或报告的同时，应抄送中国人民银行相应分行或营业管理部以及当地管辖行。在审查期间，中国人民银行相应分行、营业管理部或当地管辖行如有不同意见，可及时向中国人民银行总行反馈。银行分支机构或主报告行以外的其他外国银行分行在其总行或主报告行已获批准的网上银行业务范围内增开网上银行业务，在取得其内部授权后，于事前向中国人民银行当地管辖行提交书面报告后即可开办，无须中国人民银行回复。中国人民银行当地管辖行收到银行分支机构或主报告行以外的其他外国银行分行的报告后，应及时对该机构开展网上银行业务的情况进行监督检查，及时向中国人民银行上级行报告发现的问题。

进一步明确了网上银行业务的准入形式：对适用备案制的网上银行业务申请，统一用"备案通知书"回复商业银行，由中国人民银行监管部门加盖本部门公章后直接发出。对适用审批的网上银行业务申请，中国人民银行行文批复商业银行。

规定了首次申请开办网上银行业务应补充报送的资料。银行机构首次申请开办网上银行业务，除按《暂行办法》第八条报送有关资料外，还应按照《暂行办法》第八条第(八)项的要求提供以下资料和信息：

(1)注册的网站名。

(2)演示光盘，显示用户界面并介绍申请机构业务运作系统的基本结构。

(3)外国银行分行还应报告其母行网上银行业务的开展情况，具体内容包括业务品种、业务规模、风险管理措施等。

(二)开办网上银行业务申请的审查要点

审查银行机构开办网上银行业务的申请,中国人民银行监管部门应掌握以下要点:

风险管理能力。网上银行业务申请机构应配备合格的管理人员和专业人员,应建立识别、监测、控制和管理网上银行业务风险的方法与管理制度。

安全性评估。银行开办网上银行业务,应对其业务运作的安全性进行评估。中国人民银行监管部门在对银行该项工作的审查过程中,应把握以下方面:

(1)安全性评估应由合格的机构或组织实施。

(2)应向中国人民银行提交安全评估报告。

安全评估报告应至少满足以下要求:评估报告应列明评估的范围。评估应突出对信息系统安全的评估,包括安全策略、物理安全、数据通信安全、应用系统安全等方面的内容。评估报告应列明所依据的国内和国际标准,判断网上银行业务运行系统是否符合标准。评估报告应指出安全隐患和提出整改的建议,并对网上银行业务的安全性做出明确的结论。评估报告应由相关责任人签字。

《暂行办法》颁布前,经人民银行批准已开办网上银行业务的银行机构,应根据《暂行办法》及本通知的要求,对网上银行业务运行的安全性进行重新评估,提交补充评估报告。

(三)对网上银行业务的监管和报告要求

中国人民银行现有对传统银行业务的风险监管要求对网上银行业务仍然适用,但应充分认识网上银行业务监管工作的复杂性和艰巨性,突出对技术性风险的监管,督促银行机构加强对网上银行业务运行安全的检查,并加强对网上业务监管人员的培训,建立网上银行业务专业监管力量。同时,中国人民银行应督促商业银行建立网上银行业务信息管理系统,按以下要求向中国人民银行报告网上银行业务经营情况和存在的问题:

定期向人民银行及分支机构的监管部门的统计部门报送《网上银行业务基本情况统计表》,于每年4月10日、7月10日、10月10日之前报送上一季度的网上银行业务开展情况,于每年1月10日之前报送上一年度第四季度的网上银行业务开展情况,于每年1月20日之前报送上一年度全年的网上银行业务开展情况。

每年初应就上一年度网上银行业务的基本情况、存在问题和下一年度的发展计划向中国人民银行监管部门报送总结报告。

根据《暂行办法》第二十四条建立网上银行业务运作重大事项报告制度,及时向监管当局报告网上银行业务经营过程中发生的重大泄密、"黑客"侵入、网址更名等重大事项。

各银行机构应按规定的报告格式,自2002年第一季度始向中国人民银行报告网上银行业务开展情况。对未按要求报告网上银行业务基本情况及风险状况的银行机构,人民银行监管部门有权按有关规定进行处罚。

(四)其他事项

根据《中华人民共和国商业银行法》的规定,城市信用合作社、农村合作社和邮政储蓄机构开办网上银行业务,可参照《暂行办法》执行。这个文件虽然是以"通知"形式出现,却具有非常重大的意义,它是中国人民银行在网上银行业务监管的道路上迈出的第二步，反映出中国人民银行为我国网上银行业务的发展建立更为具体的法律框架、实施有效监管职能的决心和能力。《通知》不仅有助于明确各种业务规范，有助于加强中国人民银行监管职能，而且使城市信用合作社、农村信用合作社和邮政储蓄机构开展网上银行业务有法可依，对网上银行业务进行有效监管是一项长期的、艰巨的工作，中国人民银行必须进一步提高监管能力，在充分了解、掌握我国网上银行业务的具体发展现状、存在的问题以及世界互联网银行业务的发展趋势、各国的立法动态与司法实践的基础上，制定符合我国实际发展情况与世界发展趋势的监管政策，不仅要具有现实性，还要有前瞻性，才能实现监管目标。只有这样创造了公平竞争的市场环境，才能为我国的网上银行业务提供巨大的推动力。

▶ 第四节　网络支付法律、法规

一、网络支付立法方向

互联网支付中，交易各方最关心的问题就是交易的安全性如何得到有力的保障，交易的安全与否将直接关系到交易各方的利益。我国这方面的立法仍较落后，还有太多的空白等待填补。

(一)规范主体资格

网上支付作为一项依托网络开展的金融服务，应当同其他任何金融服务一样受到严格的准入机制的调整，其中很重要的一个方面即体现在对提供金融服务的主体资格应有一定的标准和要求，并用法律规范的形式将它固定下来。然而，对于网上支付涉及的另外两个重要主体——认证机构和支付网关提供者，相关的主体资格研究还限于学术层面。

以认证机构为例，学界普遍认为其必须具有的品质应包括：真正的独立性或中立性；具有高度的公信力；是能够独立承担法律责任的法律实体；具有先进的信息鉴证手段或能力；不得以营利为目的。

认证机构作为一种权威的第三方验证机构，应以独立于认证用户(商家、消费者、支付网关)和参与者(检查和使用证书的相关方)的第三方地位对交易主体的数字证书、电子签名进行验证，判别实施支付行为的个人或机构的身份真实性，从而保证其认证结果的权威性与公正性；认证机构要为人们所认同和接受，就必须在社会上具有相当的影响力和可信度；认证机构作为独立的主体参与到网上支付中，它应当负有合理谨慎地根据已有信息对证书用户进行身份或信息鉴定的义务，一旦发生因其未尽合理谨慎义务产生错证的情况，就必须具备在法律规定的范围内承担责任的能力；至于先进的信息鉴证手段和能力，则更是认证机构不可或缺的要素，它是保障认证机构减少错证，提高交易安全系数的重要前提；不得以营利为目的之要求也非常符合认证机构的机构性质，因为作为交易主体之外的对交易主体身份及交易信息进行真实性鉴定的第三方机构，认证机构所肩负的职业责任要求其具有中立性和社会可信度。

学界对认证机构主体资格的研究结论符合认证机构自身的机构特点与性质，满足这些主体资格要求将对由认证机构负责验证的网上支付交易的安全起到保障作用，立法工作者应充分借鉴，以法律规范的形式将之明确。

（二）完善信用制度立法

法律为保障网上支付所能做的，也和传统的交易安全问题有关，就是推动社会信用制度的建立。发达的商业社会对社会包括个人的信用有着很高的要求，通过一系列公开透明的制度来维护和保障信用制度体系。美国是目前世界上信用体制最为成熟和完善的国家。与之相比，我国目前在对信用概念内涵的理解方面、信用信息公开的方式和程度方面、信用服务企业的市场发育程度方面，以及对失信者的惩戒制度方面都还十分落后，甚至存在空白。应当承认，我国还属于非征信国家，信用制度还很不健全。

然而，在电子商务和网上支付的范畴内，对交易主体的信用会有更严格的要求。这是因为网络带来的交易虚拟化，使得交易主体间无法通过传统的手段来核实对方身份及所提供信息的真实性。网上支付需要合法、透明的信息公开机制，使网上交易主体得以获得更多的渠道了解交易对方的信用状况，有的放矢地选择交易对象并进行网上支付，从而有利于提高网上支付的成功率和安全性，并为网上支付提供一种无形的制约机制，使得那些期望利用网络来实施金融犯罪的人无可乘之机。网上支付需要健全的对失信者的惩戒机制，通过对失信者实施某种形式的惩罚，既保护了信用人的利益，又为其他人提供了正确行为的指引，这有助于杜绝同类情况的再次发生，从而营造安全、稳定的网上交易环境。显然，我国目前在信用制度方面的落后现状无法适应网上支付的发展需要，不利于网上支付的安全，故亟待得到完善。

（三）建立信息保护法律制度

在网上支付中的很多个人信息，包括银行卡卡号、密码、支付金额等，都是机密程度很高的信息，必须采取有效合理的手段加以保护，如数据加密、电子签名以及电子认证等。这些信息安全的技术保护手段在许多发达国家已获得法律地位的确认，其法律效力得到了认可，具体内容受到法律的调整。例如联合国贸法委的《电子商务示范法》及《电子签名统一规则（草案）》、美国的《犹他州数字签名法》及《犹他州认证政策》，以及其他国家的相关立法均有体现。然而，我国在此方面还是空白。为此，建议国内立法界参考国外先进的立法理念和立法技术，因地制宜地制定调整电子签名、认证中心的法律，制定数据信息保护的法律，从而为保护网上支付中的交易信息和为交易安全提供法律上的支持。

（四）对网上支付中出现的新型计算机犯罪立法

虽然我国已基本建立了初步的网络安全保护及计算机犯罪制裁法律体系，但直接针对网上支付中出现的新的计算机犯罪问题，我国法律还很少涉及。这些新的计算机犯罪问题包括盗用用户网上支付账户的犯罪、伪造并使用网上支付账户的犯罪，盗用商家电子商务身份证书诈骗的犯罪、网络诈骗犯罪、虚假认证犯罪、侵犯电子商务秘密的犯罪，以及非法入侵电子商务认证系统的犯罪，等等。因此，对这些伴随着网上支付发展而凸显的新型犯罪，法律界应给予足够的重视，并通过相关立法来制裁此类犯罪，真正做到有法可依。

二、第三方支付立法

我国现行的网络支付立法主要是针对银行的。第三方支付在我国还处于探索阶段，出于鼓励创新的考虑，《电子支付指引（第1号）》暂时没有在这方面做出规定。

目前关于第三方支付的法律法规缺位，市场准入标准缺失，网上非法金融交易活动日益活跃，第三方支付的法律空白还有很多，要求我们进行有建设性的思考。

2005 年第三方支付飞速发展，已经成为中国的网上支付年。纯粹的第三方支付网关仅仅在消费者和银行之间架起一道桥梁，起屏蔽风险和格式转换作用，对现行制度冲击不大。需要关注的是第三方支付平台在网络支付中的法律问题。因为这种模式对现行金融制度安排的突破是比较大的。

(一)第三方支付服务的法律性质

国内的第三方支付平台采取的办法大多是试图确立自身是为用户提供网络代收代付的中介地位。但是从所有这些第三方支付平台的实际业务运行来看，在为买方和卖方(特别是为买方)提供第三方保障的同时，将有大量的资金沉淀下来。这就产生了一个问题：用户资金在第三方支付平台的账户产生的利息归谁所有？按照商业银行法的规定，吸收存款、发放贷款、办理结算是银行专有的一种业务。很多第三方支付企业为了绕开吸收公众存款这种说法，极力主张是从事代理收款服务。事实上，这种代理服务也是银行的业务，仍然属于特许业务。非银行机构从事这方面的业务意味着法律上的某种突破。可以这样说，目前很多第三方支付平台客观上已经具备了银行的某些特征，甚至被当做不受管制的银行。针对第三方支付，中国社科院金融所 2005 年年底发布了 VISA 国际组织委托的研究课题《现代网络支付与中国经济》报告。社科院金融所认为，第三方机构开立支付结算账户，提供支付结算服务，实际已突破了现有诸多特许经营的限制，它们可能为非法转移资金和套现提供便利，形成潜在的金融风险。

(二)第三方支付的法律责任问题

目前许多国家并无专门法律调整网络支付法律关系，一般而言，是通过一组合同群来调整各方当事人之间的法律关系，由合同法和侵权法调整。但是，如果将网络支付各当事人的法律关系完全交由合同法和侵权法调整，消费者的合法权益往往得不到充分保障，因为在网络支付的合同群中，作为消费者仅有接受与否的权利，但无决定合同内容的自由，消费者因其弱势地位往往权利难以得到有效保护。

网上支付较之于传统支付方式其技术性更强，而作为服务的提供者，在各方面的优势肯定比客户大得多，可能会出现服务商滥用技术优势损害客户利益的情况，一些从事网上支付服务的公司会在协议里把更多责任或者不公平条款强加给客户，所以需要有一个统一的规范。

现有的法律能否保护网上支付一系列的环节和各方的利益，如果出现问题损失由谁来承担。如果发生客户在交易后财产被盗取，或者系统故障，使得客户遭受损失，这时候应该由谁来承担责任。在实践中也出现了客户在第三方支付平台交易，导致资金丢失的案例。这些问题如果不在立法中予以规范，最终将制约第三方支付的发展。

(三)第三方支付的安全问题

金融监管机构，应该密切注意第三方支付可能存在的风险。目前国内的第三方支付进入门槛不高，国家也没有严格的资质审查，大量的小支付公司不断出现，而这些公司，通常要求消费者在其平台上开立一个支付账户用于消费者在该平台上的消费支付，消费者能对该账户进行重复充值，这些支付平台实质上充当了发起行的角色，取代了银行职能，直接支配交易款项，存在违反合同约定调用资金安全的风险。同时，监管机关难以跟踪其内部资金流向，这就给国家对资金流向的控制带来困难，也给犯罪分子的洗钱行为带来可乘之机。中央银行在充分引导发挥第三方网上支付业务积极作用的同时，还应当对非银行机构从事网上支付业务采取必要的监管措施，加强管理，以规范其健康发展。

（四）电子货币的管理问题

在第三方支付平台上，买卖双方对账户进行充值时可能会把一些钱先存进去，对支付服务提供服务商来说，相当于发行一种电子货币，虽然表现形式上可能会有所不同，但基本上都属于电子货币发行行为。从国际上网络支付发展来看，基于网络发行的电子货币将来肯定是网上支付一个很重要的工具，但是目前在国内，对电子货币的性质、发行主体、使用范围等这些方面确实在规定上还是空白。从事网上支付可能涉及基于网络或一些软件会发行电子货币，随着电子商务的发展，规模和范围达到一定程度后，会对现有货币体系产生冲击。

人民银行目前正在积极开展立法工作，加强对第三方支付的监督和管理。在第三方支付机构的管理方面，正在制定《支付清算组织管理办法》，将非银行机构纳入清算体系一管理。在具体支付结算规则方面，将在今后的"电子支付指引"中，针对第三方支付平台信用风险、资金交易安全、网络交易权利义务平衡、打击网上洗钱等方面制定相应的规则。

由于网络支付业务具有很强的国际性和技术性，银行凭借自身力量已有些力不从心。随着网络支付的发展，一些非银行组织从事网络支付业务已成为网络支付发展的不可逆转的趋势。第三方支付的出现符合电子商务的发展需要，也是网上支付业务创新的具体表现形式之一，应在积极规范的同时鼓励其健康发展。

▶ 支付实务链接：招商银行"网上企业银行"服务协议

企业向招商银行申请使用"网上企业银行"服务时，通常企业与招商银行通过协商需达成以下协议：

招商银行"网上企业银行"服务协议

甲方（全称）：招商银行　　　　　　　　分（支）行

负责人：

地址：

乙方（全称）：

法定代表人：

地址：

鉴于乙方向甲方申请使用"网上企业银行"服务，甲方经审查同意为乙方提供此项服务，双方经协商一致，达成以下协议：

第一条　关于网上企业银行的定义及服务范围

"网上企业银行"是指招商银行向企事业单位客户提供的基于 Internet 网络或其他公用信息网（如"视聆通"等）的客户端软件，实现将需求指令自主提交到开户银行，从而实现支付、查询等业务需求的服务系统。

第二条 网上企业银行的交易方式

网上企业银行采用数字交易方式，即以数字证书方式产生的数字签名为付款票据的有效合法印鉴，并在网上企业银行业务中使用数字签名作为支付的有效印鉴；甲方根据乙方在其账户上的电讯指示进行交易和记录并以此制作借记凭证。甲乙双方均认可网上企业银行业务中采取数字证书方式的合法性、有效性和安全性。

第三条 服务费用的收付

乙方在使用甲方的网上企业银行服务后，应向甲方交纳相应的服务费、电汇费等费用。该等费用由甲方从乙方账户中直接扣收，乙方保证在该账户中保留足够余额，否则甲方有权停止提供网上企业银行服务。

收费按甲方公布的标准执行，但甲方须在乙方申请此项业务前公布收费项目和标准。

第四条 甲方的陈述和保证

1. 及时为乙方办理网上企业银行的开通手续；

2. 负责向乙方提供网上企业银行业务的培训和咨询服务；

3. 甲方保证网上企业银行业务的收款入账时间不迟于在银行柜台办理相应业务的收款入账时间；

4. 网上企业银行版本如有更新，甲方负责及时向乙方提供更新的版本和对操作人员进行培训；

5. 对乙方提供的资料依法承担保密义务；

6. 因甲方技术、内部管理或人员操作失误而造成乙方资金损失，责任由甲方承担。

第五条 乙方的陈述和保证

1. 按照甲方网上企业银行培训和"联机帮助"的要求操作并分人分岗设置"网上企业银行"的各级操作人员，经办、授权人员不得串岗。乙方网上"企业银行"操作人员如果发生变动必须及时在系统中进行调整，否则，由此造成的损失由乙方承担；

2. 乙方的合法签名人有责任对自己的数字证书 IC 卡的密码绝对保密并妥善保管好该 IC 卡，乙方的合法签名人如忘记或泄露 IC 卡密码，损坏、丢失 IC 卡或 IC 卡失控，均应及时通知甲方，以便甲方及早做出处理。否则，由此造成的损失，责任由乙方承担；

3. 乙方同意向甲方交纳网上"企业银行"服务费、电汇费等费用，由甲方从其指定账户中直接扣收，并且保证在该账户中保留足够余额。

第六条 违约条款

合同各方违反本协议约定，造成对方损失的，应承担赔偿责任。

第七条 法律适用条款

本合同的成立、生效、履行和解释，均适用中华人民共和国法律；法律无明文规定的，可适用通行的交易惯例。

第八条 争议的解决

因本协议而发生的争议，可由双方协商解决；若协商不成，任何一方可将争议提交仲裁委员会以仲裁方式解决。

第十条 其他

本协议壹式叁份，甲方持有贰份，乙方持有壹份。

本协议自双方签字盖章后生效。

甲方：（公章）   乙方：（公章）

有权签字人：   有权签字人：

　　年　月　日　　　　　　　年　月　日

本章小结

网络支付对金融业的发展产生了重要而深远的影响，同时也给传统法律带来了巨大的挑战，要求针对网络支付和网上交易有一些法律原理和具体条款上的创新。网络支付的出现，使支付法律关系面临新的变化。我国专门规范银行卡的法规是《银行卡业务管理办法》。

网络安全问题决定了电子银行所面临的风险，电子银行风险应有相应的法律对策。《电子支付指引（第一号）》对银行从事网络支付业务提出指导性要求，以规范和引导网络支付的发展。互联网支付中，安全性直接关系到交易各方的利益。我国这方面的立法仍较落后，还有太多的空白等待填补。网络支付的发展是一个不可阻挡的趋势，网络支付的立法也应该跟上网络支付的发展速度，使网络支付潜在安全问题的解决和监管与立法同步。

复习思考题

1. 网络支付带来了支付法律关系的哪些新变化？
2. 简述我国的网络支付立法状况。
3. 银行卡交易当事人有什么权利与义务？
4. 哪些银行在我国开展网上银行业务必须遵守《电子银行业务管理办法》？
5.《电子支付指引（第一号）》对第三方支付立法有哪些启示？

技能实训题

通过网络，查找我国已经颁布的与网络支付相关的法律法规。

案例分析

网银被盗案再审 银行败诉赔偿储户 10 万元

据新华社电，国内首例网上银行被盗案再审有了结果，浙江省永嘉县人民法院近日维持了被告中国农业银行永嘉县支行赔偿储户全部存款及利息的一审判决。

2002 年 10 月，浙江省永嘉县人洪荣尧在农业银行永嘉支行罗浮营业所申办了一张借记卡。2005 年 2 月 2 日，洪荣尧的短信显示，其借记卡内少了 10.25 万元，遂向警方报案。经调查，2004 年 11 月 22 日，有人以"洪荣尧"的名义持假身份证到农业银行温州市分行开通了网上银行业务，获取了网上银行的客户证书及网上银行密码。注册成功后，此人于 2005 年 2 月 2 日通过网上银行将洪荣尧借记卡内的 10 万多元资金分两笔转划至他人账户，后领取了该款。另经查明，洪荣尧曾因业务需要将借记卡的密码告诉过他人。目前该案尚未侦破，被冒领的款项无从追回。

原判认为，银行未能认真核实验明办理网上银行注册人提供资料的真实性，违反了《中国农业银行网上银行业务章程》第六条的规定。正是由于银行的违规操作，导致犯罪分子获取了进入网上银行的客户证书和网上银行的密码，并成功注册。因此，银行在受理网上银行注册过程中存在严重过错。其次，银行不能一概以"凡是凭客户证书和密码进行操作皆视为客户本人所为，银行不承担任何责任"这一格式条款作为银行的免责理由进行抗辩，把本属于银行承担的责任也推向储户，这无疑有违公平的原则。永嘉县人民法院据此做出一审判决，中国农业银行永嘉县支行赔偿储户洪荣尧存款10.25万元，并支付利息。

一审判决生效后，中国农业银行永嘉县支行向检察机关提起申诉。检察机关认为一审判决有误，提出抗诉。永嘉县人民法院随后对案件启动了再审程序。

案例思考题：

1. 银行是否有义务对网上银行注册人所持假身份证进行确认，并为其负责？

2. 银行的格式条款即银行与用户间的合同有无法律效率，文中所提的"凡是凭客户证书和密码进行操作皆视为客户本人所为，银行不承担任何责任"，是否违背了公平原则？

附录 1 电子支付指引(第一号)

第一章 总则

第一条 为规范和引导电子支付的健康发展,保障当事人的合法权益,防范支付风险,确保银行和客户资金的安全,制定本指引。

第二条 电子支付是指单位、个人(以下简称客户)直接或授权他人通过电子终端发出支付指令,实现货币支付与资金转移的行为。

电子支付的类型按电子支付指令发起方式分为网上支付、电话支付、移动支付、销售点终端交易、自动柜员机交易和其他电子支付。

境内银行业金融机构(以下简称银行)开展电子支付业务,适用本指引。

第三条 银行开展电子支付业务应当遵守国家有关法律、行政法规的规定,不得损害客户和社会公共利益。

银行与其他机构合作开展电子支付业务的,其合作机构的资质要求应符合有关法规制度的规定,银行要根据公平交易的原则,签订书面协议并建立相应的监督机制。

第四条 客户办理电子支付业务应在银行开立银行结算账户(以下简称账户),账户的开立和使用应符合《人民币银行结算账户管理办法》《境内外汇账户管理规定》等规定。

第五条 电子支付指令与纸质支付凭证可以相互转换,二者具有同等效力。

第六条 本指引下列用语的含义为:

(一)"发起行",是指接受客户委托发出电子支付指令的银行。

(二)"接收行",是指电子支付指令接收人的开户银行;接收人未在银行开立账户的,指电子支付指令确定的资金汇入银行。

(三)"电子终端",是指客户可用以发起电子支付指令的计算机、电话、销售点终端、自动柜员机、移动通信工具或其他电子设备。

第二章 电子支付业务的申请

第七条 银行应根据审慎性原则,确定办理电子支付业务客户的条件。

第八条 办理电子支付业务的银行应公开披露以下信息:

(一)银行名称、营业地址及联系方式;

(二)客户办理电子支付业务的条件;

(三)所提供的电子支付业务品种、操作程序和收费标准等;

(四)电子支付交易品种可能存在的全部风险,包括该品种的操作风险、未采取的安全措施、无法采取安全措施的安全漏洞等;

(五)客户使用电子支付交易品种可能产生的风险;

(六)提醒客户妥善保管、使用或授权他人使用电子支付交易存取工具(如卡、密码、密钥、电子签名制作数据等)的警示性信息;

(七)争议及差错处理方式。

第九条 银行应认真审核客户申请办理电子支付业务的基本资料,并以书面或电子方式与客户签订协议。

银行应按会计档案的管理要求妥善保存客户的申请资料,保存期限至该客户撤销电子支付业务后5年。

第十条 银行为客户办理电子支付业务,应根据客户性质、电子支付类型、支付金额等,与客户约定适当的认证方式,如密码、密钥、数字证书、电子签名等。

认证方式的约定和使用应遵循《中华人民共和国电子签名法》等法律法规的规定。

第十一条 银行要求客户提供有关资料信息时,应告知客户所提供信息的使用目的和范围、安全保护措施以及客户未提供或未真实提供相关资料信息的后果。

第十二条 客户可以在其已开立的银行结算账户中指定办理电子支付业务的账户。该账户也可用于办理其他支付结算业务。

客户未指定的银行结算账户不得办理电子支付业务。

第十三条 客户与银行签订的电子支付协议应包括以下内容:

(一)客户指定办理电子支付业务的账户名称和账号;

(二)客户应保证办理电子支付业务账户的支付能力;

(三)双方约定的电子支付类型、交易规则、认证方式等;

(四)银行对客户提供的申请资料和其他信息的保密义务;

(五)银行根据客户要求提供交易记录的时间和方式;

(六)争议、差错处理和损害赔偿责任。

第十四条 有以下情形之一的,客户应及时向银行提出电子或书面申请:

(一)终止电子支付协议的;

(二)客户基本资料发生变更的;

(三)约定的认证方式需要变更的;

(四)有关电子支付业务资料、存取工具被盗或遗失的;

(五)客户与银行约定的其他情形。

第十五条 客户利用电子支付方式从事违反国家法律法规活动的,银行应按照有关部门的要求停止为其办理电子支付业务。

第三章 电子支付指令的发起和接收

第十六条 客户应按照其与发起行的协议规定,发起电子支付指令。

第十七条 电子支付指令的发起行应建立必要的安全程序,对客户身份和电子支付指令进行确认,并形成日志文件等记录,保存至交易后5年。

第十八条 发起行应采取有效措施,在客户发出电子支付指令前,提示客户对指令的准确性和完整性进行确认。

第十九条 发起行应确保正确执行客户的电子支付指令,对电子支付指令进行确认后,应能够向客户提供纸质或电子交易回单。

发起行执行通过安全程序的电子支付指令后,客户不得要求变更或撤销电子支付指令。

第二十条　发起行、接收行应确保电子支付指令传递的可跟踪稽核和不可篡改。

第二十一条　发起行、接收行之间应按照协议规定及时发送、接收和执行电子支付指令，并回复确认。

第二十二条　电子支付指令需转换为纸质支付凭证的，其纸质支付凭证必须记载以下事项(具体格式由银行确定)：

(一)付款人开户行名称和签章；

(二)付款人名称、账号；

(三)接收行名称；

(四)收款人名称、账号；

(五)大写金额和小写金额；

(六)发起日期和交易序列号。

第四章　安全控制

第二十三条　银行开展电子支付业务采用的信息安全标准、技术标准、业务标准等应当符合有关规定。

第二十四条　银行应针对与电子支付业务活动相关的风险，建立有效的管理制度。

第二十五条　银行应根据审慎性原则并针对不同客户，在电子支付类型、单笔支付金额和每日累计支付金额等方面做出合理限制。

银行通过互联网为个人客户办理电子支付业务，除采用数字证书、电子签名等安全认证方式外，单笔金额不应超过1 000元人民币，每日累计金额不应超过5 000元人民币。

银行为客户办理电子支付业务，单位客户从其银行结算账户支付给个人银行结算账户的款项，其单笔金额不得超过5万元人民币，但银行与客户通过协议约定，能够事先提供有效付款依据的除外。

银行应在客户的信用卡授信额度内，设定用于网上支付交易的额度供客户选择，但该额度不得超过信用卡的预借现金额度。

第二十六条　银行应确保电子支付业务处理系统的安全性，保证重要交易数据的不可抵赖性、数据存储的完整性、客户身份的真实性，并妥善管理在电子支付业务处理系统中使用的密码、密钥等认证数据。

第二十七条　银行使用客户资料、交易记录等，不得超出法律法规许可和客户授权的范围。

银行应依法对客户的资料信息、交易记录等保密。除国家法律、行政法规另有规定外，银行应当拒绝除客户本人以外的任何单位或个人的查询。

第二十八条　银行应与客户约定，及时或定期向客户提供交易记录、资金余额和账户状态等信息。

第二十九条　银行应采取必要措施保护电子支付交易数据的完整性和可靠性：

(一)制定相应的风险控制策略，防止电子支付业务处理系统发生有意或无意的危害数据完整性和可靠性的变化，并具备有效的业务容量、业务连续性计划和应急计划；

(二)保证电子支付交易与数据记录程序的设计发生擅自变更时能被有效侦测；

(三)有效防止电子支付交易数据在传送、处理、存储、使用和修改过程中被篡改,任何对电子支付交易数据的篡改能通过交易处理、监测和数据记录功能被侦测;

(四)按照会计档案管理的要求,对电子支付交易数据,以纸介质或磁性介质的方式进行妥善保存,保存期限为 5 年,并方便调阅。

第三十条 银行应采取必要措施为电子支付交易数据保密:

(一)对电子支付交易数据的访问须经合理授权和确认;

(二)电子支付交易数据须以安全方式保存,并防止其在公共、私人或内部网络上传输时被擅自查看或非法截取;

(三)第三方获取电子支付交易数据必须符合有关法律法规的规定以及银行关于数据使用和保护的标准与控制制度;

(四)对电子支付交易数据的访问均须登记,并确保该登记不被篡改。

第三十一条 银行应确保对电子支付业务处理系统的操作人员、管理人员以及系统服务商有合理的授权控制:

(一)确保进入电子支付业务账户或敏感系统所需的认证数据免遭篡改和破坏。对此类篡改都应是可侦测的,而且审计监督应能恰当地反映出这些篡改的企图。

(二)对认证数据进行的任何查询、添加、删除或更改都应得到必要授权,并具有不可篡改的日志记录。

第三十二条 银行应采取有效措施保证电子支付业务处理系统中的职责分离:

(一)对电子支付业务处理系统进行测试,确保职责分离;

(二)开发和管理经营电子支付业务处理系统的人员维持分离状态;

(三)交易程序和内控制度的设计确保任何单个的雇员和外部服务供应商都无法独立完成一项交易。

第三十三条 银行可以根据有关规定将其部分电子支付业务外包给合法的专业化服务机构,但银行对客户的义务及相应责任不因外包关系的确立而转移。

银行应与开展电子支付业务相关的专业化服务机构签订协议,并确立一套综合性、持续性的程序,以管理其外包关系。

第三十四条 银行采用数字证书或电子签名方式进行客户身份认证和交易授权的,提倡由合法的第三方认证机构提供认证服务。如客户因依据该认证服务进行交易遭受损失,认证服务机构不能证明自己无过错,应依法承担相应责任。

第三十五条 境内发生的人民币电子支付交易信息处理及资金清算应在境内完成。

第三十六条 银行的电子支付业务处理系统应保证对电子支付交易信息进行完整的记录和按有关法律法规进行披露。

第三十七条 银行应建立电子支付业务运作重大事项报告制度,及时向监管部门报告电子支付业务经营过程中发生的危及安全的事项。

第五章 差错处理

第三十八条 电子支付业务的差错处理应遵守据实、准确和及时的原则。

第三十九条 银行应指定相应部门和业务人员负责电子支付业务的差错处理工作,并明确权限和职责。

第四十条 银行应妥善保管电子支付业务的交易记录，对电子支付业务的差错应详细备案登记，记录内容应包括差错时间、差错内容与处理部门及人员姓名、客户资料、差错影响或损失、差错原因、处理结果等。

第四十一条 由于银行保管、使用不当，导致客户资料信息被泄露或篡改的，银行应采取有效措施防止因此造成客户损失，并及时通知和协助客户补救。

第四十二条 因银行自身系统、内控制度或为其提供服务的第三方服务机构的原因，造成电子支付指令无法按约定时间传递、传递不完整或被篡改，并造成客户损失的，银行应按约定予以赔偿。

因第三方服务机构的原因造成客户损失的，银行应予赔偿，再根据与第三方服务机构的协议进行追偿。

第四十三条 接收行由于自身系统或内控制度等原因对电子支付指令未执行、未适当执行或迟延执行致使客户款项未准确入账的，应及时纠正。

第四十四条 客户应妥善保管、使用电子支付交易存取工具。有关电子支付业务资料、存取工具被盗或遗失，应按约定方式和程序及时通知银行。

第四十五条 非资金所有人盗取他人存取工具发出电子支付指令，并且其身份认证和交易授权通过发起行的安全程序的，发起行应积极配合客户查找原因，尽量减少客户损失。

第四十六条 客户发现自身未按规定操作，或由于自身其他原因造成电子支付指令未执行、未适当执行、延迟执行的，应在协议约定的时间内，按照约定程序和方式通知银行。银行应积极调查并告知客户调查结果。

银行发现因客户原因造成电子支付指令未执行、未适当执行、延迟执行的，应主动通知客户改正或配合客户采取补救措施。

第四十七条 因不可抗力造成电子支付指令未执行、未适当执行、延迟执行的，银行应当采取积极措施防止损失扩大。

第六章 附则

第四十八条 本指引由中国人民银行负责解释和修改。

第四十九条 本指引自发布之日起施行。

附录2 中华人民共和国电子签名法

第一章 总则

第一条 为了规范电子签名行为,确立电子签名的法律效力,维护有关各方的合法权益,制定本法。

第二条 本法所称电子签名,是指数据电文中以电子形式所含、所附用于识别签名人身份并表明签名人认可其中内容的数据。

本法所称数据电文,是指以电子、光学、磁或者类似手段生成、发送、接收或者储存的信息。

第三条 民事活动中的合同或者其他文件、单证等文书,当事人可以约定使用或者不使用电子签名、数据电文。

当事人约定使用电子签名、数据电文的文书,不得仅因为其采用电子签名、数据电文的形式而否定其法律效力。

前款规定不适用下列文书:

(一)涉及婚姻、收养、继承等人身关系的;

(二)涉及土地、房屋等不动产权益转让的;

(三)涉及停止供水、供热、供气、供电等公用事业服务的;

(四)法律、行政法规规定的不适用电子文书的其他情形。

第二章 数据电文

第四条 能够有形地表现所载内容,并可以随时调取查用的数据电文,视为符合法律、法规要求的书面形式。

第五条 符合下列条件的数据电文,视为满足法律、法规规定的原件形式要求:

(一)能够有效地表现所载内容并可供随时调取查用;

(二)能够可靠地保证自最终形成时起,内容保持完整、未被更改。但是,在数据电文上增加背书以及数据交换、储存和显示过程中发生的形式变化不影响数据电文的完整性。

第六条 符合下列条件的数据电文,视为满足法律、法规规定的文件保存要求:

(一)能够有效地表现所载内容并可供随时调取查用;

(二)数据电文的格式与其生成、发送或者接收时的格式相同,或者格式不相同但是能够准确表现原来生成、发送或者接收的内容;

(三)能够识别数据电文的发件人、收件人以及发送、接收的时间。

第七条 数据电文不得仅因为其是以电子、光学、磁或者类似手段生成、发送、接收或者储存的而被拒绝作为证据使用。

第八条 审查数据电文作为证据的真实性,应当考虑以下因素:

(一)生成、储存或者传递数据电文方法的可靠性;

(二)保持内容完整性方法的可靠性;

(三)用以鉴别发件人方法的可靠性;

(四)其他相关因素。

第九条 数据电文有下列情形之一的,视为发件人发送:

(一)经发件人授权发送的;

(二)发件人的信息系统自动发送的;

(三)收件人按照发件人认可的方法对数据电文进行验证后结果相符的。

当事人对前款规定的事项另有约定的,从其约定。

第十条 法律、行政法规规定或者当事人约定数据电文需要确认收讫的,应当确认收讫。发件人收到收件人的收讫确认时,数据电文视为已经收到。

第十一条 数据电文进入发件人控制之外的某个信息系统的时间,视为该数据电文的发送时间。

收件人指定特定系统接收数据电文的,数据电文进入该特定系统的时间,视为该数据电文的接收时间;未指定特定系统的,数据电文进入收件人的任何系统的首次时间,视为该数据电文的接收时间。

当事人对数据电文的发送时间、接收时间另有约定的,从其约定。

第十二条 发件人的主营业地为数据电文的发送地点,收件人的主营业地为数据电文的接收地点。没有主营业地的,其经常居住地为发送或者接收地点。

当事人对数据电文的发送地点、接收地点另有约定的,从其约定。

第三章 电子签名与认证

第十三条 电子签名同时符合下列条件的,视为可靠的电子签名:

(一)电子签名制作数据用于电子签名时,属于电子签名人专有;

(二)签署时电子签名制作数据仅由电子签名人控制;

(三)签署后对电子签名的任何改动能够被发现;

(四)签署后对数据电文内容和形式的任何改动能够被发现。

当事人也可以选择使用符合其约定的可靠条件的电子签名。

第十四条 可靠的电子签名与手写签名或者盖章具有同等的法律效力。

第十五条 电子签名人应当妥善保管电子签名制作数据。电子签名人知悉电子签名制作数据已经失密或者可能已经失密时,应当及时告知有关各方,并终止使用该电子签名制作数据。

第十六条 电子签名需要第三方认证的,由依法设立的电子认证服务提供者提供认证服务。

第十七条 提供电子认证服务,应当具备下列条件:

(一)具有与提供电子认证服务相适应的专业技术人员和管理人员;

(二)具有与提供电子认证服务相适应的资金和经营场所;

(三)具有符合国家安全标准的技术和设备;

(四)具有国家密码管理机构同意使用密码的证明文件;

(五)法律、行政法规规定的其他条件。

第十八条　从事电子认证服务，应当向国务院信息产业主管部门提出申请，并提交符合本法第十七条规定条件的相关材料。国务院信息产业主管部门接到申请后经依法审查，征求国务院商务主管部门等有关部门的意见后，自接到申请之日起四十五日内做出许可或者不予许可的决定。予以许可的，颁发电子认证许可证书；不予许可的，应当书面通知申请人并告知理由。

申请人应当持电子认证许可证书依法向工商行政管理部门办理企业登记手续。

取得认证资格的电子认证服务提供者，应当按照国务院信息产业主管部门的规定在互联网上公布其名称、许可证号等信息。

第十九条　电子认证服务提供者应当制定、公布符合国家有关规定的电子认证业务规则，并向国务院信息产业主管部门备案。

电子认证业务规则应当包括责任范围、作业操作规范、信息安全保障措施等事项。

第二十条　电子签名人向电子认证服务提供者申请电子签名认证证书，应当提供真实、完整和准确的信息。

电子认证服务提供者收到电子签名认证证书申请后，应当对申请人的身份进行查验，并对有关材料进行审查。

第二十一条　电子认证服务提供者签发的电子签名认证证书应当准确无误，并应当载明下列内容：

（一）电子认证服务提供者名称；

（二）证书持有人名称；

（三）证书序列号；

（四）证书有效期；

（五）证书持有人的电子签名验证数据；

（六）电子认证服务提供者的电子签名；

（七）国务院信息产业主管部门规定的其他内容。

第二十二条　电子认证服务提供者应当保证电子签名认证证书内容在有效期内完整、准确，并保证电子签名依赖方能够证实或者了解电子签名认证证书所载内容及其他有关事项。

第二十三条　电子认证服务提供者拟暂停或者终止电子认证服务的，应当在暂停或者终止服务九十日前，就业务承接及其他有关事项通知有关各方。

电子认证服务提供者拟暂停或者终止电子认证服务的，应当在暂停或者终止服务六十日前向国务院信息产业主管部门报告，并与其他电子认证服务提供者就业务承接进行协商，作出妥善安排。

电子认证服务提供者未能就业务承接事项与其他电子认证服务提供者达成协议的，应当申请国务院信息产业主管部门安排其他电子认证服务提供者承接其业务。

电子认证服务提供者被依法吊销电子认证许可证书的，其业务承接事项的处理按照国务院信息产业主管部门的规定执行。

第二十四条　电子认证服务提供者应当妥善保存与认证相关的信息，信息保存期限至少为电子签名认证证书失效后五年。

第二十五条　国务院信息产业主管部门依照本法制定电子认证服务业的具体管理

办法，对电子认证服务提供者依法实施监督管理。

第二十六条 经国务院信息产业主管部门根据有关协议或者对等原则核准后，中华人民共和国境外的电子认证服务提供者在境外签发的电子签名认证证书与依照本法设立的电子认证服务提供者签发的电子签名认证证书具有同等的法律效力。

第四章 法律责任

第二十七条 电子签名人知悉电子签名制作数据已经失密或者可能已经失密未及时告知有关各方、并终止使用电子签名制作数据，未向电子认证服务提供者提供真实、完整和准确的信息，或者有其他过错，给电子签名依赖方、电子认证服务提供者造成损失的，承担赔偿责任。

第二十八条 电子签名人或者电子签名依赖方因依据电子认证服务提供者提供的电子签名认证服务从事民事活动遭受损失，电子认证服务提供者不能证明自己无过错的，承担赔偿责任。

第二十九条 未经许可提供电子认证服务的，由国务院信息产业主管部门责令停止违法行为；有违法所得的，没收违法所得；违法所得三十万元以上的，处违法所得一倍以上三倍以下的罚款；没有违法所得或者违法所得不足三十万元的，处十万元以上三十万元以下的罚款。

第三十条 电子认证服务提供者暂停或者终止电子认证服务，未在暂停或者终止服务六十日前向国务院信息产业主管部门报告的，由国务院信息产业主管部门对其直接负责的主管人员处一万元以上五万元以下的罚款。

第三十一条 电子认证服务提供者不遵守认证业务规则、未妥善保存与认证相关的信息，或者有其他违法行为的，由国务院信息产业主管部门责令限期改正；逾期未改正的，吊销电子认证许可证书，其直接负责的主管人员和其他直接责任人员十年内不得从事电子认证服务。吊销电子认证许可证书的，应当予以公告并通知工商行政管理部门。

第三十二条 伪造、冒用、盗用他人的电子签名，构成犯罪的，依法追究刑事责任；给他人造成损失的，依法承担民事责任。

第三十三条 依照本法负责电子认证服务业监督管理工作的部门的工作人员，不依法履行行政许可、监督管理职责的，依法给予行政处分；构成犯罪的，依法追究刑事责任。

第五章 附则

第三十四条 本法中下列用语的含义：

（一）电子签名人，是指持有电子签名制作数据并以本人身份或者以其所代表的人的名义实施电子签名的人；

（二）电子签名依赖方，是指基于对电子签名认证证书或者电子签名的信赖从事有关活动的人；

（三）电子签名认证证书，是指可证实电子签名人与电子签名制作数据有联系的数据电文或者其他电子记录；

（四）电子签名制作数据，是指在电子签名过程中使用的，将电子签名与电子签名人可靠地联系起来的字符、编码等数据；

（五）电子签名验证数据，是指用于验证电子签名的数据，包括代码、口令、算法或者公钥等。

第三十五条　国务院或者国务院规定的部门可以依据本法制定政务活动和其他社会活动中使用电子签名、数据电文的具体办法。

第三十六条　本法自 2005 年 4 月 1 日起施行。

附录3 银行卡业务管理办法

第一章 总 则

第一条 为加强银行卡业务的管理，防范银行卡业务风险，维护商业银行、持卡人、特约单位及其他当事人的合法权益，依据《中华人民共和国中国人民银行法》、《中华人民共和国商业银行法》、《中华人民共和国外汇管理条例》及有关行政法规制定本办法。

第二条 本办法所称银行卡，是指由商业银行（含邮政金融机构，下同）向社会发行的具有消费信用、转账结算、存取现金等全部或部分功能的信用支付工具。

商业银行未经中国人民银行批准不得发行银行卡。

第三条 凡在中华人民共和国境内办理银行卡业务的商业银行、持卡人、商户及其他当事人均应遵守本办法。

第四条 商业银行应在协商、互利的基础上开展信息共享、商户共享、机具共享等类型的银行卡业务联合。

第二章 分类及定义

第五条 银行卡包括信用卡和借记卡。

银行卡按币种不同分为人民币卡、外币卡；按发行对象不同分为单位卡（商务卡）、个人卡；

按信息载体不同分为磁条卡、芯片（IC）卡。

第六条 信用卡按是否向发卡银行交存备用金分为贷记卡、准贷记卡两类。

贷记卡是指发卡银行给予持卡人一定的信用额度，持卡人可在信用额度内先消费、后还款的信用卡。

准贷记卡是指持卡人须先按发卡银行要求交存一定金额的备用金，当备用金账户余额不足支付时，可在发卡银行规定的信用额度内透支的信用卡。

第七条 借记卡按功能不同分为转账卡（含储蓄卡，下同）、专用卡、储值卡。借记卡不具备透支功能。

第八条 转账卡是实时扣账的借记卡。具有转账结算、存取现金和消费功能。

第九条 专用卡是具有专门用途、在特定区域使用的借记卡。具有转账结算、存取现金功能。

专门用途是指在百货、餐饮、饭店、娱乐行业以外的用途。

第十条 储值卡是发卡银行根据持卡人要求将其资金转至卡内储存，交易时直接从卡内扣款的预付钱包式借记卡。

第十一条 联名/认同卡是商业银行与盈利性机构/非盈利性机构合作发行的银行卡附属产品，其所依附的银行卡品种必须是已经中国人民银行批准的品种，并应当遵守相应品种的业务章程或管理办法。

发卡银行和联名单位应当为联名卡持卡人在联名单位用卡提供一定比例的折扣优惠或特殊服务；持卡人领用认同卡表示对认同单位事业的支持。

第十二条 芯片(IC)卡既可应用于单一的银行卡品种，又可应用于组合的银行卡品种。

第三章 银行卡业务审批

第十三条 商业银行开办银行卡业务应当具备下列条件：

(一)开业 3 年以上，具有办理零售业务的良好业务基础；

(二)符合中国人民银行颁布的资产负债比例管理监控指标，经营状况良好；

(三)已就该项业务建立了科学完善的内部控制制度，有明确的内部授权审批程序；

(四)合格的管理人员和技术人员、相应的管理机构；

(五)安全、高效的计算机处理系统；

(六)发行外币卡还须具备经营外汇业务的资格和相应的外汇业务经营管理水平；

(七)中国人民银行规定的其他条件。

第十四条 符合上述条件的商业银行，可向中国人民银行申请开办银行卡业务，并提交下列材料：

(一)申请报告：论证必要性、可行性，进行市场预测；

(二)银行卡章程或管理办法、卡样设计草案；

(三)内部控制制度、风险防范措施；

(四)由中国人民银行科技主管部门出具的有关系统安全性和技术标准合格的测试报告；

(五)中国人民银行要求提供的其他材料。

第十五条 发卡银行各类银行卡章程应载明下列事项：

(一)卡的名称、种类、功能、用途；

(二)卡的发行对象、申领条件、申领手续；

(三)卡的使用范围(包括使用方面的限制)及使用方法；

(四)卡的账户适用的利率，面向持卡人的收费项目及标准；

(五)发卡银行、持卡人及其他有关当事人的权利、义务；

(六)中国人民银行要求的其他事项。

第十六条 银行卡的管理权限和审批程序

(一)商业银行开办各类银行卡业务，应当按照中国人民银行有关加强内部控制和授权授信管理的规定，分别制订统一的章程或业务管理办法，报中国人民银行总行审批。

商业银行总行不在北京的，应当先向中国人民银行当地中心支行申报，经审查同意后，由中国人民银行分行转报中国人民银行总行审批。

(二)已开办信用卡或转账卡业务的商业银行可向中国人民银行申请发行联名/认同卡、专用卡、储值卡；已开办人民币信用卡业务的商业银行可向中国人民银行申请发行外币信用卡。

(三)商业银行发行全国使用的联名卡、IC 卡、储值卡应当报中国人民银行总行审批。

(四)商业银行分支机构办理经中国人民银行总行批准的银行卡业务应当持中国人民银行批准文件和其总行授权文件向中国人民银行当地行备案。

商业银行分支机构发行区域使用的专用卡、联名卡应当持商业银行总行授权文件、联名双方的协议书报中国人民银行当地中心支行备案。

(五)商业银行变更银行卡名称、修改银行卡章程应当报中国人民银行审批。

第十七条 外资金融机构经营银行卡收单业务应当报中国人民银行总行批准。

银行卡收单业务是指签约银行向商户提供的本外币资金结算服务。

第四章 计息和收费标准

第十八条 银行卡的计息包括计收利息和计付利息，均按照《金融保险企业财务制度》的规定进行核算。

第十九条 发卡银行对准贷记卡及借记卡(不含储值卡)账户内的存款，按照中国人民银行规定的同期同档次存款利率及计息办法计付利息。

发卡银行对贷记卡账户的存款、储值卡(含 IC 卡的电子钱包)内的币值不计付利息。

第二十条 贷记卡持卡人非现金交易享受如下优惠条件：

(一)免息还款期待遇。银行记账日至发卡银行规定的到期还款日之间为免息还款期。免息还款期最长为 60 天。持卡人在到期还款日前偿还所使用全部银行款项即可享受免息还款期待遇，无须支付非现金交易的利息。

(二)最低还款额待遇。持卡人在到期还款日前偿还所使用全部银行款项有困难的，可按照发卡银行规定的最低还款额还款。

第二十一条 贷记卡持卡人选择最低还款额方式或超过发卡银行批准的信用额度用卡时，不再享受免息还款期待遇，应当支付未偿还部分自银行记账日起，按规定利率计算的透支利息。

贷记卡持卡人支取现金、准贷记卡透支，不享受免息还款期和最低还款额待遇，应当支付现金交易额或透支额自银行记账日起，按规定利率计算的透支利息。

第二十二条 发卡银行对贷记卡持卡人未偿还最低还款额和超信用额度用卡的行为，应当分别按最低还款额未还部分、超过信用额度部分的 5％收取滞纳金和超限费。

第二十三条 贷记卡透支按月记收复利，准贷记卡透支按月计收单利，透支利率为日利率万分之五，并根据中国人民银行的此项利率调整而调整。

第二十四条 商业银行办理银行卡收单业务应当按下列标准向商户收取结算手续费：

(一)宾馆、餐饮、娱乐、旅游等行业不得低于交易金额的 2％；

(二)其他行业不得低于交易金额的 1％。

第二十五条 跨行交易执行下列分润比例：

(一)未建信息交换中心的城市，从商户所得结算手续费，按发卡行 90％，收单行 10％的比例进行分配；

商业银行也可以通过协商，实行机具分摊、相互代理、互不收费的方式进行跨行交易。

(二)已建信息交换中心的城市,从商户所得结算手续费,按发卡行 80%,收单行 10%,信息交换中心 10%的比例进行分配。

第二十六条 持卡人在 ATM 机跨行取款的费用由其本人承担,并执行如下收费标准:

(一)持卡人在其领卡城市之内取款,每笔收费不得超过 2 元人民币;

(二)持卡人在其领卡城市以外取款,每笔收费不得低于 8 元人民币。

从 ATM 机跨行取款所得的手续费,按机具所有行 70%,信息交换中心 30%的比例进行分配。

第二十七条 商业银行代理境外银行卡收单业务应当向商户收取结算手续费,其手续费标准不得低于交易金额的 4%。

境内银行与境外机构签订信用卡代理收单协议,其分润比率按境内银行与境外机构分别占商户所交手续费的 37.5%和 62.5%执行。

第五章 账户及交易管理

第二十八条 个人申领银行卡(储值卡除外),应当向发卡银行提供公安部门规定的本人有效身份证件,经发卡银行审查合格后,为其开立记名账户;

凡在中国境内金融机构开立基本存款账户的单位,应当凭中国人民银行核发的开户许可证申领单位卡;

银行卡及其账户只限经发卡银行批准的持卡人本人使用,不得出租和转借。

第二十九条 单位人民币卡账户的资金一律从其基本存款账户转账存入,不得存取现金,不得将销货收入存入单位卡账户。

第三十条 单位外币卡账户的资金应从其单位的外汇账户转账存入,不得在境内存取外币现钞。其外汇账户应符合下列条件:

(一)按照中国人民银行境内外汇账户管理的有关规定开立;

(二)其外汇账户收支范围内具有相应的支付内容。

第三十一条 个人人民币卡账户的资金以其持有的现金存入或以其工资性款项、属于个人的合法的劳务报酬、投资回报等收入转账存入。

第三十二条 个人外币卡账户的资金以其个人持有的外币现钞存入或从其外汇账户(含外钞账户)转账存入。该账户的转账及存款均按国家外汇管理局《个人外汇管理办法》办理。

个人外币卡在境内提取外币现钞时应按照我国个人外汇管理制度办理。

第三十三条 除国家外汇管理局指定的范围和区域外,外币卡原则上不得在境内办理外币计价结算。

第三十四条 持卡人在还清全部交易款项、透支本息和有关费用后,可申请办理销户。销户时,单位人民币卡账户的资金应当转入其基本存款账户,单位外币卡账户的资金应当转回相应的外汇账户,不得提取现金。

第三十五条 单位人民币卡可办理商品交易和劳务供应款项的结算,但不得透支;超过中国人民银行规定起点的,应当经中国人民银行当地分行办理转汇。

第三十六条　发卡银行对贷记卡的取现应当每笔授权，每卡每日累计取现不得超过 2 000 元人民币。

发卡银行应当对持卡人在自动柜员机（ATM 机）取款设定交易上限，每卡每日累计提款不得超过 5 000 元人民币。

第三十七条　储值卡的面值或卡内币值不得超过 1 000 元人民币。

第三十八条　商业银行发行认同卡时，不得从其收入中向认同单位支付捐赠等费用。

第三十九条　发卡银行依据密码等电子信息为持卡人办理的存取款、转账结算等各类交易所产生的电子信息记录，均为该项交易的有效凭据。发卡银行可凭交易明细记录或清单作为记账凭证。

第四十条　银行卡通过联网的各类终端交易的原始单据至少保留二年备查。

第六章　银行卡风险管理

第四十一条　发卡银行应当认真审查信用卡申请人的资信状况，根据申请人的资信状况确定有效担保及担保方式。

发卡银行应当对信用卡持卡人的资信状况进行定期复查，并应当根据资信状况的变化调整其信用额度。

第四十二条　发卡银行应当建立授权审批制度，明确对不同级别内部工作人员的授权权限和授权限额。

第四十三条　发卡银行应当加强对止付名单的管理，及时接收和发送止付名单。

第四十四条　通过借记卡办理的各项代理业务，发卡银行不得为持卡人或委托单位垫付资金。

第四十五条　发卡银行应当遵守下列信用卡业务风险控制指标：

（一）同一持卡人单笔透支发生额个人卡不得超过 2 万元（含等值外币）、单位卡不得超过 5 万元（含等值外币）。

（二）同一账户月透支余额个人卡不得超过 5 万元（含等值外币），单位卡不得超过发卡银行对该单位综合授信额度的 3%。无综合授信额度可参照的单位，其月透支余额不得超过 10 万元（含等值外币）。

（三）外币卡的透支额度不得超过持卡人保证金（含储蓄存单质押金额）的 80%。

（四）从本办法施行之日起新发生的 180 天（含 180 天，下同）以上的月均透支余额不得超过月均总透支余额的 15%。

第四十六条　准贷记卡的透支期限最长为 60 天。贷记卡的首月最低还款额不得低于其当月透支余额的 10%。

第四十七条　发卡银行通过下列途径追偿透支款项和诈骗款项：

（一）扣减持卡人保证金、依法处理抵押物和质物；

（二）向保证人追索透支款项；

（三）通过司法机关的诉讼程序进行追偿。

第四十八条　发卡银行采取了第四十七条所列措施后仍不足以弥补的，将按照财政部《呆账准备金管理办法》执行。

第四十九条 对已核销的透支款项又收回的，本金和利息作增加"呆账准备金"处理。

第五十条 商业银行分支机构出资加入所在城市的银行卡信息交换中心，应当报经其总行批准。

第七章 银行卡当事人之间的职责

第五十一条 发卡银行的权利：

（一）发卡银行有权审查申请人的资信状况、索取申请人的个人资料，并有权决定是否向申请人发卡及确定信用卡持卡人的透支额度。

（二）发卡银行对持卡人透支有追偿权。对持卡人不在规定期限内归还透支款项的，发卡银行有权申请法律保护并依法追究持卡人或有关当事人的法律责任。

（三）发卡银行对不遵守其章程规定的持卡人，有权取消其持卡人资格，并可授权有关单位收回其银行卡。

（四）发卡银行对储值卡和 IC 卡内的电子钱包可不予挂失。

第五十二条 发卡银行的义务：

（一）发卡银行应当向银行卡申请人提供有关银行卡的使用说明资料，包括章程、使用说明及收费标准。现有持卡人亦可索取上述资料。

（二）发卡银行应当设立针对银行卡服务的公平、有效的投诉制度，并公开投诉程序和投诉电话。发卡银行对持卡人关于账务情况的查询和改正要求应当在 30 天内给予答复。

（三）发卡银行应当向持卡人提供对账服务。按月向持卡人提供账户结单，在下列情况下发卡银行可不向持卡人提供账户结单：

1. 已向持卡人提供存折或其他交易记录；

2. 自上一份月结单后，没有进行任何交易，账户没有任何未偿还余额；

3. 已与持卡人另行商定。

（四）发卡银行向持卡人提供的银行卡对账单应当列出以下内容：

1. 交易金额、账户余额（贷记卡还应列出到期还款日、最低还款额、可用信用额度）；

2. 交易金额记入有关账户或自有关账户扣除的日期；

3. 交易日期与类别；

4. 交易记录号码；

5. 作为支付对象的商户名称或代号（异地交易除外）；

6. 查询或报告不符账务的地址或电话号码。

（五）发卡银行应当向持卡人提供银行卡挂失服务，应当设立 24 小时挂失服务电话，提供电话和书面两种挂失方式，书面挂失为正式挂失方式。并在章程或有关协议中明确发卡银行与持卡人之间的挂失责任。

（六）发卡银行应当在有关卡的章程或使用说明中向持卡人说明密码的重要性及丢失的责任。

（七）发卡银行对持卡人的资信资料负有保密的责任。

第五十三条 持卡人的权利：

（一）持卡人享有发卡银行对其银行卡所承诺的各项服务的权利，有权监督服务质量并对不符服务质量进行投诉。

（二）申请人、持卡人有权知悉其选用的银行卡的功能、使用方法、收费项目、收费标准、适用利率及有关的计算公式。

（三）持卡人有权在规定时间内向发卡银行索取对账单，并有权要求对不符账务内容进行查询或改正。

（四）借记卡的挂失手续办妥后，持卡人不再承担相应卡账户资金变动的责任，司法机关、仲裁机关另有判决的除外。

（五）持卡人有权索取信用卡领用合约，并应妥善保管。

第五十四条 持卡人的义务：

（一）申请人应当向发卡银行提供真实的申请资料并按照发卡银行规定向其提供符合条件的担保。

（二）持卡人应当遵守发卡银行的章程及《领用合约》的有关条款。

（三）持卡人或保证人通讯地址、职业等发生变化，应当及时书面通知发卡银行。

（四）持卡人不得以和商户发生纠纷为由拒绝支付所欠银行款项。

第五十五条 商业银行发展受理银行卡的商户，应当与商户签订受理合约。

受理合约不得包括排他性条款。受理合约中的手续费率标准低于本办法规定标准的不受法律保护。

第五十六条 银行卡申请表、领用合约是发卡银行向银行卡持卡人提供的明确双方权责的契约性文件，持卡人签字，即表示接受其中各项约定。

发卡银行应当本着权利与义务对等的原则制订银行卡申请表及信用卡领用合约。

第八章 罚 则

第五十七条 商业银行有下列情形之一者，中国人民银行应当责令改正，有违法所得的，处以违法所得一倍以上三倍以下的罚款，但最高不超过 30 000 元；没有违法所得的，按有关法律、规章处以罚款；情节严重的，应当追究直接负责的主管人员和有关直接责任人员的行政责任，情节严重的追究有关领导人的责任：

（一）擅自发行银行卡或在申请开办银行卡业务过程中弄虚作假的；

（二）违反本办法规定的计息和收费标准的；

（三）违反本办法规定的银行卡账户及交易管理规定的。

第五十八条 发卡银行未遵守本办法规定的风险管理措施和控制指标的，中国人民银行应当责令改正，并给以通报批评。

第五十九条 持卡人出租或转借其信用卡及其账户的，发卡银行应当责令其改正，并对其处以 1 000 元人民币以内的罚款（由发卡银行在申请表、领用合约等契约性文件中事先约定）。

第六十条 持卡人将单位的现金存入单位卡账户或将单位的款项存入个人卡账户的，中国人民银行应责令改正，并对单位卡所属单位及个人卡持卡人处以 1000 元人民币以内的罚款。

第六十一条 任何单位和个人有下列情形之一的，根据《中华人民共和国刑法》及相关法规进行处理：

（一）骗领、冒用信用卡的；

（二）伪造、变造银行卡的；

（三）恶意透支的；

（四）利用银行卡及其机具欺诈银行资金的。

第六十二条 外资金融机构擅自经营信用卡收单业务的，中国人民银行应当责令改正，并按照《外资金融机构管理条例》的有关规定予以处罚。

第六十三条 非金融机构、金融机构的代表机构经营银行卡业务的，由中国人民银行依法予以取缔。

第九章　附　则

第六十四条 中华人民共和国境内的商业银行（或金融机构）发行的各类银行卡，应当执行国家规定的技术标准，但发行带有国际信用卡组织标记的银行卡除外。

单位卡应当在卡面左下方的适当位置凸印"DWK"字样。

银行卡卡面应当载有以下要素：发卡银行一级法人名称、统一品牌名称、品牌标识（专用卡除外）、卡号（IC 卡除外）、持卡人使用注意事项、客户服务电话、持卡人签名条（IC 卡除外）等。

第六十五条 经中国人民银行批准办理银行卡业务的其他金融机构、境外机构发行的银行卡在境内流通使用适用本办法。

第六十六条 本办法由中国人民银行负责解释。

第六十七条 本办法从一九九九年三月一日起施行，发卡银行应当在半年内达到本办法有关要求。中国人民银行一九九六年颁布的《信用卡业务管理办法》（银发［1996］27 号）同时废止；中国人民银行在本办法颁布之前制订的银行卡管理规定与本办法相抵触的，以本办法为准。

附录4 中国人民银行计算机
安全管理暂行规定(试行)

第一章 总 则

第一条 为加强中国人民银行计算机信息系统安全保护工作,保障中国人民银行计算机信息系统安全、稳定运行,根据《中华人民共和国计算机信息系统安全保护条例》和《金融机构计算机信息安全保护工作暂行规定》等有关法律、法规,制定本规定。

第二条 本规定适用于中国人民银行及其分支机构。

第三条 中国人民银行计算机安全管理工作的指导方针"预防为主,安全第一,依法办事,综合治理"。"预防为主"是计算机安全管理工作的基本方针。

第四条 中国人民银行计算机安全管理部门应对电子化项目建设的规划、立项、开发、验收、运行及废止各环节进行安全监管。

第五条 中国人民银行计算机安全工作实行统一领导和分级管理。中国人民银行总行负责组织、协调、监督和检查全国银行计算机安全管理工作,中国人民银行各级分支机构负责辖区银行计算机安全管理工作。

第二章 计算机安全人员管理

第一节 人员基本要求

第六条 本规定所称计算机安全人员,是指中国人民银行科技部门计算机安全管理机构人员和专(兼)职计算机安全管理人员。

第七条 计算机安全人员应当政治过硬、业务素质高、遵纪守法、恪尽职守。

第八条 计算机安全管理机构人员及专职计算机安全管理员应有银行计算机工作三年以上经历,具备本科以上学历。兼职计算机安全管理员应有银行业务工作五年以上或专职计算机维护管理工作三年以上经历,具备专科以上学历。

第九条 违反国家法律、法规和行业规章受到处罚的人员,不得从事计算机安全管理工作。

第十条 计算机安全人员应具有公安部门颁发的计算机安全培训合格证书,并获得中国人民银行颁发的《银行计算机安全检查证》证书。

第二节 人员配备与管理

第十一条 中国人民银行分行、省会(首府)城市中心支行计算机安全管理机构应配备必要的计算机安全管理人员;城市中心支行应配备专职计算机安全管理员;县(市)支行应配备专职计算机安全管理员或兼职计算机安全管理员。

第十二条 计算机安全人员的配备和变更情况,应向上一级行报告、备案。

第十三条 计算机安全人员必须实行持证上岗制度。

第十四条 计算机安全人员调离岗位,必须严格办理调离手续,承诺其调离后的保密义务。涉及人民银行业务核心技术的计算机安全人员调离单位,必须进行离岗审计，并在规定的脱密期后，方可调离。

第三节　职责范围

第十五条　计算机安全管理机构的职责是：

（一）贯彻执行银行计算机安全管理工作领导小组的决议，指导、监督、协调和规范银行系统计算机安全工作；

（二）拟订计算机安全总体规划和计算机安全管理制度，并监督执行；

（三）跟踪先进的计算机安全技术，提出计算机安全防范策略；

（四）参与计算机系统工程建设中的安全规划，监督安全措施的执行；

（五）负责计算机安全专用产品的选型，组织计算机信息系统安全的评估和审批；

（六）组织辖内计算机安全检查，分析辖内计算机安全总体状况，提出安全分析报告和安全防范建议；

（七）组织辖内计算机安全知识的培训和宣传工作；

（八）配合有关部门进行计算机安全内部审计和金融计算机犯罪案件调查，打击金融计算机犯罪；

（九）加强与公安机关计算机安全职能部门、政府安全保密职能部门联系，并接受指导；

（十）及时向计算机安全工作领导小组和有关部门、单位报告计算机安全事件。

第十六条　专（兼）职计算机安全管理员应履行以下职责：

（一）负责计算机安全管理的日常工作；

（二）开展计算机安全检查工作，对要害岗位人员安全工作进行指导；

（三）开展计算机安全知识的培训和宣传工作；

（四）监控计算机安全总体状况，提出安全分析报告；

（五）了解行业动态，为改进和完善计算机安全管理工作，提出安全防范建议；

（六）及时向计算机安全工作领导小组和有关部门、单位报告计算机安全事件。

第十七条　计算机安全人员在行使职责时，确因工作需要，经批准，可了解涉及银行计算机信息系统的机密信息。

第十八条　计算机安全人员发现本单位重大安全隐患，有权向上级机构计算机安全管理主管部门报告。

第十九条　计算机安全人员发现计算机信息系统要害岗位人员使用不当，应及时建议有关单位、部门进行调整。

第二十条　计算机安全人员必须严格遵守国家有关法律、法规和行业规章，严守国家、行业和岗位秘密。

第四节　培训与教育

第二十一条　计算机安全人员应定期参加下列计算机安全知识和技能的培训：

（一）计算机安全法律法规及行业规章制度的培训；

（二）计算机安全基本知识的培训；

（三）计算机安全专门技能的培训。

第二十二条　计算机安全人员应定期接受政治思想教育、职业道德教育和安全保密教育。

第三章 计算机信息系统要害岗位人员管理

第一节 人员管理

第二十三条 本规定所称计算机信息系统要害岗位人员，是指与重要计算机信息系统直接相关的系统管理员、网络管理员、系统开发员、系统维护员、业务操作员等岗位人员。

第二十四条 本规定所称重要计算机信息系统，是指涉及银行资金和金融秘密信息的计算机信息系统。

第二十五条 要害岗位人员上岗前必须经单位人事部门进行政治素质审查，技术部门进行业务技能考核，合格者方可上岗。

第二十六条 要害岗位人员上岗必须实行"权限分散、不得交叉覆盖"的原则。系统管理人员、网络管理人员、系统开发人员、系统维护人员不得兼任业务操作员；系统开发人员不得兼任系统管理员；系统管理人员不得兼任柜面及事后稽核工作。

第二十七条 对要害岗位人员应实行年度强制休假制度和定期考查制度，并进行必要的安全教育和培训。

第二十八条 要害岗位人员调离岗位，必须严格办理调离手续，承诺其调离后的保密义务。涉及人民银行业务保密信息的要害岗位人员调离单位，必须进行离岗审计，在规定的脱密期后，方可调离。

第二十九条 要害岗位人员离岗后，必须即刻更换操作密码或注销用户。

第二节 安全责任

第三十条 系统管理员安全责任

(一)负责系统的运行管理，实施系统安全运行细则；

(二)严格用户权限管理，维护系统安全正常运行；

(三)认真记录系统安全事项，及时向计算机安全人员报告安全事件；

(四)对进行系统操作的其他人员予以安全监督。

第三十一条 网络管理员安全责任

(一)负责网络的运行管理，实施网络安全策略和安全运行细则；

(二)安全配置网络参数，严格控制网络用户访问权限，维护网络安全正常运行；

(三)监控网络关键设备、网络端口、网络物理线路，防范黑客入侵，及时向计算机安全人员报告安全事件；

(四)对操作网络管理功能的其他人员进行安全监督。

第三十二条 系统开发员安全责任

(一)系统开发建设中，应严格执行系统安全策略，保证系统安全功能的准确实现；

(二)系统投产运行前，应完整移交系统源代码和相关涉密资料；

(三)不得对系统设置"后门"；

(四)对系统核心技术保密。

第三十三条 系统维护员安全责任

(一)负责系统维护，及时解除系统故障，确保系统正常运行；

(二)不得擅自改变系统功能；

（三）不得安装与系统无关的其他计算机程序；

（四）维护过程中，发现安全漏洞应及时报告计算机安全人员。

第三十四条　业务操作员安全责任

（一）严格执行系统操作规程和运行安全管理制度；

（二）不得向他人提供自己的操作密码；

（三）及时向系统管理员报告系统各种异常事件。

第三十五条　各要害岗位人员必须严格遵守保密法规和有关计算机安全管理规定。

第四章　计算机机房安全管理

第一节　机房建设安全管理

第三十六条　机房安全建设和改造方案应通过上级保卫部门的安全审批。

第三十七条　机房安全建设应通过上级保卫部门组织的安全验收。

第三十八条　机房应按重要性进行分级管理，分级标准按有关规定执行。

第三十九条　机房应按相应级别合理分区，保障生产环境与运行环境有效的安全空间隔离。

第四十条　机房建设应当符合下列基本安全要求：

（一）机房周围 100 米内不得存在危险建筑物，如加油站、煤气站等。

（二）机房应配备防电磁干扰、防电磁泄漏、防静电、防水、防盗、防鼠害等设施。

（三）机房应安装门禁系统、防雷系统、监视系统、消防系统、报警系统，并与当地公安机关 110 联网。

（四）机房应设专用的供电系统，配备必要的 UPS 和发电机。

第二节　机房运行安全管理

第四十一条　机房是重点保护的要害部位，机房主管部门应依照安全第一的原则，建立、健全严格的机房安全管理制度，如值班制度、紧急安全事件联系制度、安全应急制度、安全事件处理制度、机房安全防护系统维护制度等，并定期检查制度执行情况。

第四十二条　计算机机房实行分区管理原则。核心区实行 24 小时连续监控，生产区实行工作时间连续监控，辅助区实施联动监控。

第四十三条　监控设备的安装应符合安全保密原则，确保监控的安全规范运作，防止监控信息的泄密。

第四十四条　加强进出机房人员管理。禁止未经批准的外部人员进入机房。非机房工作人员进出机房须经机房主管部门领导批准，外来人员进出机房还须办理登记手续，并由专人陪同。

第四十五条　发生机房重大事故或案件，机房主管部门应立即向有关单位报告，并保护现场。

第五章　计算机网络安全管理

第一节　网络建设安全管理

第四十六条　网络建设方案应通过上级计算机安全主管部门的安全审批。

第四十七条 网络投入使用前应通过计算机安全主管部门组织的安全测试和验收。

第四十八条 网络建设应配备必要的安全专用产品。

第四十九条 网络建设中涉及网络安全的资料，应备案建档，统一管理。

第五十条 网络建设应符合下列基本安全要求：

（一）网络规划应有完整的安全策略；

（二）能够保证网络传输信道的安全，信息在传输过程中不会被非法获取；

（三）应具有防止非法用户进入网络系统盗用信息和进行恶意破坏的技术手段；

（四）应具备必要的网络监测、跟踪和审计的功能；

（五）应根据需要对网络采取必要的技术隔离措施；

（六）能有效防止计算机病毒对网络系统的侵扰和破坏；

（七）应具有应付突发情况的应急措施。

第二节 网络运行安全管理

第五十一条 重要网络设备应放置在主机房内，由网络管理员负责管理。其他人员不得对网络设备进行任何操作。

第五十二条 网管设备属专管设备，必须严格控制其管理员密码。

第五十三条 重要网络通信硬件设施、网管应用软件设施及网络参数配置应有备份。

第五十四条 改变网络路由配置和通信地址等参数的操作，必须具有包括时间、目的、内容及维护人员等要素的书面记录。

第五十五条 与其他业务相关机构的网络连接，应采用必要的技术隔离保护措施，对联网使用的用户必须采用一人一账户的访问控制。

第五十六条 网络管理人员应随时监测和定期检查网络运行状况，对获得的信息应进行分析，发现安全隐患应报告计算机安全人员。

第五十七条 有权单位使用专用设备对网络进行检测时，网络管理人员应给予必要的协助和监督。

第五十八条 网络扫描、监测结果和网络运行日志等重要信息应备份存储。

第五十九条 联网计算机应定期进行查、杀病毒操作，发现计算机病毒，应按照规定及时处理。

第六十条 严禁超越网络管理权限，非法操作业务数据信息，擅自设置路由与非相关网络进行连接。

第三节 接入国际互联网管理

第六十一条 内联网上的所有计算机设备，不得直接或间接地与国际互联网相联接，必须实现与国际互联网的物理隔离。

第六十二条 凡要求接入国际互联网的计算机，须由使用部门提出申请，报本行安全保密委员会审批、备案。

第六十三条 经许可连接国际互联网的计算机，使用部门应报计算机安全管理机构备案。

第六十四条 经许可连接国际互联网的计算机，不得存留涉密金融数据信息；存有涉密金融数据信息的介质，不得在接入国际互联网的计算机上使用。

第六十五条 国际互联网接入账户和密码必须实行专人管理，并不定期更换密码。

第六十六条 从国际互联网上下载的任何信息资源，未经检测不得在银行内联网上使用。

第六十七条 各使用部门应自觉接受本行保密委员会和计算机安全工作领导小组的监督检查。

第六章　计算机信息系统建设安全管理

第一节　系统规划与立项的安全管理

第六十八条 计算机信息系统的规划和建设应同步做好系统安全保护工作，以确保系统安全目标的实现。

第六十九条 计算机信息系统应采取与业务安全等级要求相应的安全机制，在安全防护方面应符合下列基本安全要求：

（一）采取必要的技术手段，建立严密的安全管理控制机制，保证数据信息在处理、存储和传输过程中的完整性和安全性，防止数据信息被非法使用、修改和复制；

（二）提供完整的数据备份和恢复功能，能方便地根据系统和数据的备份介质进行灾难恢复；

（三）具有严格的用户和密码管理，能对不同级别的用户进行有限授权，特别应严格限制和分流特权用户的权限，防止非法用户的侵入和破坏；

（四）重要计算机信息系统应设置审计监控程序，具有身份识别和实体认证功能。能够自动记录操作人员的重要操作，具有防止抵赖机制；

（五）涉密信息系统的安全设计应符合涉密信息保密管理的有关规定。

第七十条 重要计算机信息系统立项的安全管理实行审批制度。对项目管理部门初审合格的项目申报材料，计算机安全管理部门应进行安全性专项审查，提出审查意见后由项目管理部门最后审批。

第七十一条 项目申报材料在符合电子化项目管理规定有关要求的同时，还应包括以下与信息系统安全有关的内容：

（一）业务主管部门对保证业务正常开展的安全需求；

（二）系统的安全性指标；

（三）系统运行平台的安全性要求；

（四）系统采取的安全策略、安全保护措施及其安全功能设计；

（五）涉密信息系统的申报还应取得同级或上级保密部门的同意。

第七十二条 对没有通过计算机安全管理部门审查的项目，项目管理部门不得予以立项。

第二节　系统开发的安全管理

第七十三条 计算机信息系统的开发必须符合软件工程规范，并在软件开发的各阶段按照安全管理目标进行管理和实施。

第七十四条 计算机信息系统的开发人员或参加开发的协作单位应经过严格资格审查，并签订保密协议书，承诺其负有的安全保密责任和义务。

第七十五条 计算机信息系统的开发环境和现场应当与生产环境和现场隔离。

第七十六条 计算机信息系统开发完成后，开发人员或参加开发的外部单位应及时移交程序源代码及其相关技术文档。

第七十七条 计算机信息系统采用的关键安全技术措施和核心安全功能设计不得进行公开学术交流或发表。

第三节 系统安全的评估与审批

第七十八条 计算机信息系统投入运行前，应向计算机安全管理部门提出安全评估和审批申请，并报送下列材料：

（一）系统的用途、总体结构及软硬件配置等基本情况；

（二）关于系统安全需求、安全策略、安全性指标、安全保护措施以及安全功能设计等情况的说明；

（三）系统安全性测试提纲和测试报告；

（四）填制的《银行计算机应用系统安全评估和审批报告书》。

第七十九条 计算机安全管理部门应当对计算机信息系统主管部门（单位）报送的书面材料进行初步审查。初审合格后，委托相关权威机构组建由相关业务和技术专家组成的安全评估委员会或安全评估专家组，对信息系统进行安全性测试、认证。

第八十条 对信息系统的安全评估应当包括以下内容：

（一）系统的安全策略；

（二）系统的安全措施；

（三）系统安全功能的实现程度；

（四）系统运行的稳定性、可靠性；

（五）系统运行平台的安全可靠性。

第八十一条 安全评估委员会或安全评估专家组应对测试、认证的信息系统提出安全评估报告，并填制《银行计算机应用系统安全评估和审批报告书》。

第八十二条 计算机安全管理部门应对系统安全评估报告进行审查。对符合安全运行要求的，颁发《中国人民银行计算机信息系统安全许可证》。

第八十三条 计算机信息系统获得《中国人民银行计算机信息系统安全许可证》后方可投入运行。对不能保证安全运行的，经修改完善后另行申报评估。

第八十四条 对尚未经过安全审批但已经投入使用的计算机信息系统，计算机安全管理部门应要求其主管部门（单位）报送系统安全建设情况书面材料，并按照上述程序进行安全评估和审批。

第四节 系统使用与废止的安全管理

第八十五条 计算机信息系统投入使用时业务部门应当建立相应的操作规程和安全管理制度，以防止各类安全事故的发生。

第八十六条 计算机信息系统使用人员应严格按照操作规程和有关安全管理制度进行操作，保证系统安全运行。

第八十七条 对计算机信息系统在运行过程中出现的异常现象，以及有关安全制度在执行过程中出现的问题，操作人员有责任向部门领导和计算机安全管理机构报告。

第八十八条 计算机信息系统的使用部门应当加强对计算机系统运行环境的管理，加强对计算机病毒的防治，保证系统安全运行。

第八十九条　计算机信息系统的使用部门应当严格用户和密码（口令）的管理，严格控制各级用户对数据的访问权限。

第九十条　计算机信息系统应定期进行数据备份，对备份介质应按有关规定指定专人妥善保管，重要业务系统的备份介质必须异地保存。

第九十一条　重要计算机信息系统应当制订计算机安全保护的应急计划，保证业务的不间断运行。

第九十二条　重要计算机信息系统应严格执行保密管理的有关规定，确保国家秘密的安全。

第九十三条　对计算机信息系统使用部门及有关操作人员报告的安全问题，计算机安全管理部门应当认真受理并及时反馈处理意见。

第九十四条　计算机信息系统的废止实行备案制度，退出使用应向计算机安全管理部门报告并备案。

第九十五条　对废止的计算机信息系统，在业务规定的保存期限内应当对软硬件和数据备份媒体妥善加以保管。超过保存期限后需要销毁的，应在计算机安全管理部门的监督下予以不可恢复性销毁。

第七章　计算机信息系统运行安全管理

第一节　系统安全运行基本要求

第九十六条　计算机信息系统的使用部门应建立相应安全操作规程与规章制度。

第九十七条　计算机信息系统的运行场所应满足相应的安全等级要求。

第九十八条　计算机信息系统应配备必要的计算机病毒防范工具。

第九十九条　重要计算机信息系统应配备必要的备份设备和设施。

第二节　系统数据的安全管理

第一百条　计算机信息系统使用部门应按规定进行数据备份，并检查备份介质的有效性。

第一百〇一条　使用部门应对备份介质（磁带、磁盘、光盘、纸介质等）统一编号，并标明备份日期、密级及保密期限。

第一百〇二条　使用部门应对备份介质妥善保管，特别重要的应异地存放，并定期进行检查，确保数据的完整性、可用性。

第一百〇三条　使用部门应建立备份介质的销毁审批登记制度，并采取相应的安全销毁措施。

第一百〇四条　重要计算机信息系统所用计算机设备的维修，应保证金融数据信息的完整性和安全性。在维修过程中不得泄露涉密金融数据信息。

第一百〇五条　重要计算机信息系统使用的计算机设备更换或报废时，应彻底清除相关业务信息，并拆除所有相关的涉密选配件，由使用部门登记封存。

第三节　系统运行平台的安全管理

第一百〇六条　系统管理人员应合理配置操作系统、数据库管理系统所提供的安全审计功能，以达到相应安全等级标准。

第一百〇七条　系统管理人员应屏蔽与应用系统无关的所有网络功能，防止非法用户的侵入。

第一百○八条　系统管理人员应及时安装正式发布的系统补丁，修补系统存在的安全漏洞。

第一百○九条　系统管理人员应启用系统提供的审计功能，监测系统运行日志，掌握系统运行状况。

第一百一十条　系统管理人员不得泄露操作系统、数据库的系统管理员账号、密码。

第一百一十一条　联网设备的IP地址及网络参数，必须按照网络管理规范及其业务应用范围进行设置，非系统管理人员不得修改。

第四节　口令密码、密钥安全管理

第一百一十二条　计算机信息系统要害人员的口令密码编制应具有一定的复杂性，对记录密码的载体应严格管理，确保其物理安全。

第一百一十三条　计算机信息系统要害岗位人员的口令密码，应定期或不定期进行更换，独享使用，不得泄露。

第一百一十四条　应用密钥保障信息安全时，对所用密钥生命周期的全过程（产生、存储、分配、使用、废除、归档、销毁）应实施严格的安全保密管理。

第一百一十五条　密钥必须作为绝密数据由专人保管。密钥必须通过机要渠道传递或采用加密通信方式网内分配。

第一百一十六条　密钥必须定期更换，对已泄露或怀疑泄露的密钥必须及时废除。旧密钥必须安全归档，并在安全管理负责人的严格监督下，由管理责任人定期销毁。

第一百一十七条　密钥备份是针对主要密码设备和保密工作人员的意外事件而采取的必要措施，密钥副本的保存必须是物理安全的。必须有在紧急情况下销毁密钥的手段和措施，以防密钥丢失。

第五节　系统文档安全管理

第一百一十八条　网络参数配置文档、重要计算机信息系统详细开发资料及其源程序等核心技术文档，由科技部门严格管理。

第一百一十九条　系统核心技术文档资料的外借应有审批手续和记录，借阅人不得转借给他人，不得复制、泄露和引用具体内容。

第六节　系统的安全监测

第一百二十条　安全人员要经常监测、分析计算机信息系统运行状况，发现异常情况应立即采取应对措施。

第一百二十一条　业务操作人员应审查业务处理结果，发现问题应及时查明原因。对不能确认的异常现象，必须向计算机安全管理部门报告。

第一百二十二条　对计算机信息系统安全运行的监测记录及其分析结果应严格管理，未经计算机安全工作领导小组许可不得对外发布或引用。

第七节　应急处理

第一百二十三条　中国人民银行及其分支机构应加强计算机安全防范意识，建立应急处理指挥体系，以指挥协调各职能部门能迅速进入应急处理程序。

第一百二十四条　中国人民银行及其分支机构应优化组合和配置应急技术人员及

应急资源，集中使用，统一调度，以保证应急处理的高效性。

第一百二十五条　中国人民银行及其分支机构应制订重要计算机信息系统应急方案，明确岗位职责、人员分工以及应急处理程序。

第一百二十六条　中国人民银行及其分支机构应加强应急处理技能的培训和应急处理方案的演练。提高各岗位人员判断、处理问题的能力，验证应急处理程序的有效性。

第八节　重大安全事件处理

第一百二十七条　非法侵入、破坏计算机信息系统或利用计算机实施金融诈骗、盗窃、贪污、挪用公款的计算机犯罪案件以及造成不良社会影响的计算机安全事故，属重大安全事件。

第一百二十八条　确认计算机信息系统出现重大安全事件，必须果断采取控制措施，立即报告计算机安全工作领导小组并逐级如实上报计算机安全主管部门。

第一百二十九条　重大安全事件发生后，有关人员应保护事件现场，积极协助计算机安全事件的调查，做好善后处理工作。

第一百三十条　重大安全事件的处理情况，计算机安全管理机构必须写具书面材料，报告上级计算机安全主管部门。

第八章　计算机信息系统安全专用产品管理

第一节　安全专用产品的准入

第一百三十一条　本规定所称安全专用产品，是指用于保护计算机信息系统安全的专用软件、硬件产品。

第一百三十二条　安全专用产品准入工作由中国人民银行总行计算机安全管理部门组织实施。

第一百三十三条　经审核准入的安全专用产品信息，由中国人民银行总行计算机安全管理部门发布。

第一百三十四条　安全专用产品在准入审核时，供应商应提出申请并提供下列资料：

（一）公安部颁发的安全专用产品销售许可证和其他必须的证明材料；

（二）产品型号、产地、功能及报价；

（三）产品采用的技术标准，产品功能及性能的说明书；

（四）生产企业概况（包括人员、设备、生产条件、隶属关系等）；

（五）供应商的质量保证体系、售后服务措施等情况的说明。

第一百三十五条　安全专用产品有下列情形之一的，取消其准入资格：

（一）安全专用产品的功能已发生变化，但未通过检测的；

（二）经使用发现有严重问题的；

（三）不能提供良好售后服务的；

（四）国家有关部门取消其销售资格的。

第二节　安全专用产品的选型与购置

第一百三十六条　安全专用产品由中国人民银行总行组织选型，并选择准入范围内的产品。

第一百三十七条　安全专用产品的购置应统一规划，在中国人民银行总行选型范围内购置并逐级上报备案。

第一百三十八条　安全专用产品中的扫描、检测产品购置应经中国人民银行总行审批。

第三节　安全专用产品的使用管理

第一百三十九条　安全专用产品购置后，应按照电子化设备管理办法管理。

第一百四十条　扫描、检测产品应专人专管，使用实行审批登记制度。

第一百四十一条　安全专用产品在使用中，应监测生成的信息，对生成的信息应及时分析并做出分析报告。

第一百四十二条　在监测中如发现重大问题，应立即采取相应控制措施并将有关情况逐级上报。

第一百四十三条　安全专用产品使用中产生的重要报告应备份存档，并按密级资料管理方式履行有关手续。

第一百四十四条　安全专用产品应及时进行升级和维护并登记备案。

第一百四十五条　安全专用产品报废后，应报有关部门审批方可封存或销毁。

第一百四十六条　中国人民银行计算机安全管理部门必须对安全专用产品的使用情况进行定期检查。

第九章　奖励与处罚

第一百四十七条　执行本规定，计算机安全管理工作成绩突出的单位与个人，由上级行对其进行通报表彰，并给予一定形式的奖励。

第一百四十八条　违反本规定，造成重大安全事故或计算机犯罪的，根据有关部门法律法规，追究其主管领导、相关部门及其他直接责任人的责任。

第一百四十九条　违反本规定的单位与个人，由计算机安全管理部门通报批评。

第十章　附　则

第一百五十条　本办法由中国人民银行负责解释。

第一百五十一条　本办法自发布之日起执行。

参考文献

1. 刘克强. 电子交易与支付. 北京：人民邮电出版社，2007

2. 张卓其，史明坤. 网上支付与网上金融服务. 大连：东北财经大学出版社，2006

3. 屈武江，王斌. 电子商务安全与支付技术. 北京：中国人民大学出版社，2006

4. 王铁栋. 电子支付风险责任划分与管理. 北京：对外经济贸易大学出版社，2004

5. 孙瑞新. 金融电子化与网上支付. 北京：电子工业出版社，2002

6. 李洪心，马刚. 银行电子商务与网络支付. 北京：机械工业出版社，2007

7. 周虹. 电子支付与网络银行. 北京：中国人民大学出版社，2006

8. 王蜀黔. 电子支付法律问题研究/金融电子化法律问题研究丛书. 武汉：武汉大学出版社，2005

9. 陈健. 电子支付法研究. 北京：中国政法大学出版社，2006

10. 杨坚争. 电子商务安全与支付. 北京：机械工业出版社，2007

11. 沈凤池. 电子商务概论. 北京：中国电力出版社，2005

12. 张宽海. 网上支付结算与电子商务. 重庆：重庆大学出版社，2004

13. 李晓燕. 电子商务概论. 西安：西安电子科技大学出版社，2008

14. 吴敏良. 电子商务. 北京：对外经济贸易大学出版社，2005

15. 陈艳春，陈联刚. 网络金融与实训. 经济科学出版社，2008

16. 彭晖，吴拥政. 网络金融理论与实践. 西安：西安交通大学出版社，2008

17. 蔡元萍. 网上支付与结算. 大连：东北财经大学出版社，2007

18. 张磊，韩刚. 电子支付与安全. 北京：人民邮电出版社，2006

19. 马刚，李洪心. 电子商务支付与结算. 大连：东北财经大学出版社，2009

20. 陈新林. 电子支付与网络银行. 大连：大连理工大学出版社，2009